사서장도
은괄총요

四書章圖
檃栝總要

【상】

사서장도 은괄총요【상】
四書章圖檃栝總要 上

1판 1쇄 인쇄 2018년 3월 28일
1판 1쇄 발행 2018년 3월 31일

저 자 | 정복심
역 자 | 전병욱
발행인 | 이방원

발행처 | 세창출판사
신고번호 · 제300-1990-63호 | 주소 · 서울 서대문구 경기대로 88 냉천빌딩 4층
전화 · 02-723-8660 | 팩스 · 02-720-4579
http://www.sechangpub.co.kr | e-mail: edit@sechangpub.co.kr

ISBN 978-89-8411-749-5 94140
978-89-8411-748-8 (세트)

이 도서의 국립중앙도서관 출판시도서목록(CIP)은 e-CIP홈페이지(http://www.nl.go.kr/ecip)와
국가자료공동목록시스템(http://www.nl.go.kr/kolisnet)에서 이용하실 수 있습니다.(CIP제어번호: CIP2018010177)

이 번역서는 2014년 정부(교육부)의 재원으로 한국연구재단의 지원을 받아 수행된 연구임(NRF-2014S1A5A7038218).
This work was supported by the National Research Foundation of Korea Grant funded by the Korean Government (NRF-2014S1A5A7038218).

사서장도은괄총요

四書章圖檃栝總要

The Translation and Annotation of
“The Diagrammed Chapters of the Four Books”

【상】

정복심程復心 저
전병욱 역

세창출판사

역자의 말

이 책은 조선시대의 학자들에게 흔히 『사서장도四書章圖』로 불린 『사서장도은괄총요四書章圖檃栝總要』를 번역한 것이다. 『사서장도』는 주자의 『사서집주』를 그림으로 해석한 저작으로서 원나라의 학자 정복심이 지은 것이다.

정복심程復心(1255-1340)은 자字가 자견子見이고 호號는 임은林隱이며 1255년에 지금의 중국中國 강서성江西省 무원婺源에서 출생하여 줄곧 그곳에서 활동하였다. 무원은 송대宋代에 휘주徽州(지금 안휘성의 대부분)에 속하였고 휘주는 엄주嚴州(절강성의 서부 지역)와 함께 진晉나라 시기에 신안新安으로 불렸다. 이 무원은 파양호鄱陽湖의 서쪽 지역으로서 주자의 본적지로 주자 당시에 제자가 배출되었고 주자학의 주요 근거지 백록동서원白鹿洞書院에서 멀지 않다. 그래서 정복심이 성장하는 시기에 무원에는 여러 주자학파가 공존하고 있었다. 주자의 제자인 동수董銖·정단몽程端蒙·황간黃榦에게서 두루 배운 동몽정董夢程이 강서성 덕홍德興에서 학파를 형성하여 무원까지 세를 확장하면서 이 지역에서 심귀보沈貴珤·허월경許月卿·주홍범朱洪範 등이 배출되었다. 이들은 1279년 남송이 완전히 멸망한 뒤에도 원元나라 정권에 협조하지 않고 주자학에 종사하였다. 정민정程敏政의 『신안문헌지新安文獻志』에 실린 전기문에는 정복심이 주홍범(호는 소옹小翁)의 제자로 소개되어 있는데, 그의 친구였던 운봉雲峰 호병문胡炳文(1250-1333)의 부친이 바로 주홍범의 문인이었으므로 정복심은 주홍범의 만년 제자인 셈이다. 그리고 『사서장도』에 인용된 면면을 통해 정복심이 심귀보와 허월경의 영향을 많이 받았음을 확인할 수 있다.

정복심은 20세경부터 주자의 『사서집주四書集註』의 각 장에 담긴 요지를 도식으로 그려 『사서장도四書章圖』(뒷날 정복심의 저작 전체를 지칭하는 『사서장도은괄총요四書章圖』와는 다른 의미이다. 아래도 동일)를 저술하기 시작하였고, 이어서 조순손趙順孫의 『사서찬소四書纂疏』를 토대로 『사서집주』에 대한 새로운 주석서인 『사서찬석四書纂釋』을 제자인 왕약홍汪若虹 등과 함께 완성한 뒤에 1302년에 서문을 지었다.

1308년에 원나라 무종武宗이 등극하여 유교를 중시하면서 조여호趙與虎라는 학자가 항주로杭州路의 유학儒學[1]에 정복심의 이 『사서장도』와 『사서찬석』을 추천하였기 때문에 항주로 유학이 상급기관인 강절등처 유학제거사江浙等處 儒學提擧司[2]에 보고하고 강절등처 유학제거사는 이것을 상급기관인 강절등처 행중서성江浙等處 行中書省에 보고하였다. 1310년경에는 당시에 명망이 높았던 방회方回와 장몽해臧夢解가 정복심의 저작에 대한 추천서를 썼고 이를 토대로 송강부松江府의 지사知事[3]가 그것을 강절등처 유학제거사에 추천했다. 그러다 1311년에는 인종仁宗이 즉위하여 인재를 선발하라는 칙령을 내렸기 때문에 강절등처 행중서성은 정복심의 저작을 중서성에 보고하였으며, 중서성은 예부禮部에 보내 검토하게 하였고 예부는 검토 작업을 한림국사원翰林國史院에 맡겼다. 그리고 1312년에는 집현원 학사集賢院 學士인 조맹부趙孟頫도 한림국사원에 정복심을 추천하였다. 1313년 정월 말에 한림국사원의 검토 결과를 보고받은 예부가 중서성에 보고하였고, 이즈음 정복심도 무원을 떠나 연경燕京으로 향했다. 같은 해 7월에는 중서성이 한림국사원의 평가를 토대로 정복심을 무원로婺源路 유학의 교수敎授에 제수하였고 연경에 도착한 정복심은 교수 직함으로 퇴직하여 귀향하기로 선택하고서는 당시 명사들로부터 서문을 받았다.

정복심은 귀향한 뒤에 친척 등 좁은 범위 안에서 교육활동을 하였던 것으로 보이며, 무원婺源의 호병문胡炳文과 이웃 지역인 휴녕休寧의 진력陳櫟이 각각 『사서통四書通』과 『사서발명四書發明』을 저술하는 과정에서 서로 의견을 교환할 때 정복심은 거기에 참여하지 않았고 그의 저작은 두 사람에게 전혀 언급되지 않았다.

정복심의 저작이 언제 처음 출판되었는지는 명확하지 않은데 그의 생전인 1337년에 복건성福建省 건양建陽의 부사富沙에 있던 덕신서당德新書堂에서 출간되었다. 이 판본은 정복심의 『사서장도』와 『사서찬석』을 통합하여, 『사서집주』의 각 장마다 도식과 주석을 붙인 『사서장도찬석四書章圖纂釋』과, 『사서집주』의 어느 한 장에 포함시키기 어렵거나 통합적인 부분 등을 하나로 묶은 『사서장도은괄총요四

書章圖槩栝總要』로 구성되어 있다. 현재 남아 있는 덕신서당본은 판본 상태가 좋지 않은데 일본의 노무라 아츠시野邨溫가 1804년 교정하여 필사한 판본에 따르면 『사서장도은괄총요』 상·중·하권에 수록된 내용은 다음과 같다.

상권의 첫 부분에는 정복심을 조정에 추천하고 교수직에 제수하는 과정에 있었던 공문서들이 수록되어 있고, 그다음에는 서문과 시들이 수록되어 있다. 그다음부터가 정복심이 지은 글들인데, 먼저 정복심의 서문이 있고 그다음에는 범례와 함께 보편적 독서법, 『사서』를 읽는 법, 『사서집주』를 읽는 법 등이 수록되어 있으며, 그다음에는 도통道統과 관련된 계보가 소개되어 있다. 그다음이 『사서장도』의 본문이라고 할 수 있는데, 주염계周濂溪의 『태극도설太極圖說』과 관련된 일련의 그림들과 글들이 대부분을 차지하고 그 다음에는 장횡거張橫渠의 「서명西銘」과 「동명東銘」에 대한 그림들과 글들이 수록되어 있다.

중권에는 『사서四書』의 핵심적인 개념에 대한 분석을 담고 있다. 『논어論語』 → 『맹자孟子』 → 『대학大學』 → 『중용中庸』의 순서로 구성되어 있는데 『논어』와 관련해서는 심心·성性·인仁·의義·충서忠恕·지행知行·사잠四箴·박문약례博文約禮 등에 대해 설명하고 『맹자』와 관련해서는 진심盡心·부동심不動心·성性·사단四端·천天 등에 대해 설명하였으며, 『대학』과 관련하여서는 명덕明德·신민新民·치지격물致知格物·성의誠意 등에 대해 설명한 뒤 『대학』과 『중용』의 이동異同에 대해 다루었고 『중용』에 대해서는 중용中庸·비은費隱·인심도심人心道心·귀신鬼神·성性·도道·교敎·중화中和·천도인도天道人道

등에 대해 설명하였다.

하권에는 명물제도名物制度와 관련된 부분으로 북극北極·팔일八佾·체禘·협祫·오묘소목五廟昭穆·사직단社稷壇·명당위明堂位·정전제井田制·왕기王畿·향사鄕射·향음주鄕飮酒 등에 설명하는 내용을 담고 있다.

진력陳櫟의 제자 예사의倪士毅가 1337년에 편찬하여 1384년에 출간한 『사서집석四書輯釋』은 호병문의 『사서통』과 진력의 『사서발명』을 절충하여 만든 것인데, 이 책에는 정복심의 저작이 전혀 언급되어 있지 않다. 그런데 뒷날 정복심의 "사서장도四書章圖" 부분을 가려 뽑아서 거기에 예사의의 『사서집석』과 왕원선王元善의 『사서통고四書通攷』를 결합하여 만든 『중간사서집석重刊四書輯釋』이 출간되었다. 그리고 『영락대전永樂大典』이나 『성리대전性理大全』에도 곳곳에 『사서장도』(정복심의 저작을 통칭한 것이다. 아래도 마찬가지이다.)가 수록되어 있는 것을 보면 이 책이 뒷날까지도 중시되었음을 알 수 있다. 또한 주이존朱彝尊(1629-1709)의 『경의고經義考』에 『사서장도』가 여러 명사들의 서문들과 함께 소개되어 있는 것을 보면 이 책이 후대까지 전해졌음을 알 수 있다. 하지만 현재 덕신서당본은 중국과 한국에는 남아 있지 않고 일본 국립공문서관國立公文書館과 궁내청宮內廳 서릉부書陵部에 소장되어 있으며 그와 별도로 위에 언급한 교정본이 전해지고 있다.

조선의 경우, 양촌陽村 권근權近의 제자로서 대사성을 지낸 김반金泮은 양촌의 『입학도설入學圖說』에 보설補說을 붙이면서 『사서장도』(1337년에 출간된 정복심의 전체 저작인 것으로 보인다. 아래도 동일)를 활용하였다. 그 뒤 청송聽松 성수침成守琛(1493-1564)의 제자가 어렵게 『사서장도』를 구해서 청송에게 소개하였는데 청송은 도학道學 공부를 하는 사람은 굳이 이 책에 의존할 필요가 없다고 내쳤다. 조선철학사에서 『사서장도』(『사서장도은괄총요』 3권을 의미한다. 아래도 동일)가 크게 주목받기 시작한 것은 1565년 퇴계가 이 책을 입수하면서부터이다. 자신의 사단칠정설四端七情論을 뒷받침해 줄 논거들을 찾던 퇴계는 『사서장도』에 수록된 「논심통성정도論心統性情圖」에 주목하였고, 정복심의 사람됨과 함께 『사서장도』를 높이 평가하여 출판하려고 하였다. 마침 조정에서도 이 책을 주목하여 출판하게 되었는데, 윤근수尹近壽(1537-1616)는 명明나라 학자 설선薛瑄이 『독서록讀書錄』에서 『사서장도』의 지나친 분석적 설명이나 기氣에 대한 과도한 논의를 문제 삼았던 것을 근거로 선조宣祖에게 『사서장도』를 중시하지 말도록 청하였고 고봉高峰 기대승奇大升도 같은 입장을 취하였다. 그런 탓인지 남명南冥 조식曺植의 『학기도學記圖』와 퇴계의 『성학십도聖學十圖』에 『사서장도』의 내용이 다수 수록되는 등 일시적으로 큰 주목을 받기는 하였지만 임진왜란 이후로 『사서장도』는 조선학계에서 거의 자취를 감추게 되었다. 이렇게 퇴계학의 주요한 논거가 되었던 서적이 망실됨으로써 퇴계 철학의 연원을 연구하는 데 있어서도 큰 제약이 있었다.

주자학의 발전사에서 볼 때 남송南宋 말기부터 원대元代 초기는 주자의 3전 제자나 4전 제자들이 주자의 학술에 대한 성숙한 이해를 바탕으로 체계적인 설명을 시도한 시기이다. 원대의 학술과 관련하여 그동안 흔히 정치적 영향력이나 전국적 명성과 관련하여 허형許衡이나 오징吳澄을 주목하였지만, 실제로 주자학의 심화라는 측면에서 본다면 무원을 비롯한 신안新安 지역의 학자들에 대한 연구가 더욱 활성화될 필요가 있다. 명나라 영락永樂 연간에 편찬되어 한국과 중국의 표준 교과서가 된『사서대전四書大全』이 바로 원대 신안 지역의 학술적 성과인 예사의의『사서집석』을 저본으로 삼았다는 것이 하나의 실례이다. 그리고『사서장도은괄총요』는 성리학의 기초적인 개념과 명제에 대한 설명을 집중적으로 수록하고 있어『성리대전性理大全』에 큰 영향을 미쳤다. 이 책에 대한 번역은 주자학의 심화, 원대의 학술, 조선 초기의 학술, 퇴계학의 연원을 연구하는 데 있어 도움이 없지 않으리라고 본다.

이 책을 국내에 처음으로 소개한 것은 고려대학교 철학과의 이승환 교수이다. 일본 국립공문서관國立公文書館 도서관에서 찾아내어 사진으로 담아 온 과정에 대해서는 그의 저작『횡설과 수설』에 잘 묘사되어 있다. 번역하는 과정에서 많은 도움을 주신 이승환 선생님께 감사드린다. 이 책을 출판하는 데 도움을 준 한국연구재단과 세창출판사에게도 감사드린다.

2018년 3월 중국 江西省 南昌大學에서
전병욱 씀

1 유학을 교육의 주요 내용으로 삼은 학교이다.

2 강절등처는 지금의 江蘇省·浙江省·安徽省 등을 포괄하는 지역이고, 유학제거사는 지역 내 학교인 儒學을 관장하는 기구로서 바로 이해, 1308년에 설치되었다.

3 송강부는 지금의 上海 지역을 포괄하는 행정구역이고, 지사는 하급관리이다.

사서장도총목四書章圖總目

대학구문찬석大學句問纂釋

경1장 전10장凡經一章傳十章 · 그림23개圖二十有三

중용구문찬석中庸句問纂釋

33장凡三十三章 · 그림44개圖四十有四

논어주문찬석論語注問纂釋

20편凡二十篇 · 그림395개圖三百九十有五

맹자주문찬석孟子注問纂釋

상하14편上下凡十四篇 · 그림111개圖一百一十有一

총목 끝總目 畢

* 여기까지가 이른바 '은괄총요檃括總要'이다. 이 번역본의 번역 범위이다. 이하의 번역은 다음을 기약한다.

상권 차 례

도통道統 도표

사서장도은괄총요 권상 四書章圖檃栝總要 卷之上

일러두기

1. 번역의 저본으로는 일본 국립공문서관(National Archives of Japan)에 수록되어 있는 판본을 사용하였다.
   - 四書章圖纂釋 檃栝總要 上中(https://www.digital.archives.go.jp/DAS/meta/listPhoto?LANG=default&BID=F1000000000000094384&ID=M2012112920034756716&TYPE=&NO=)
   - 四書章圖纂釋 檃栝總要 下(https://www.digital.archives.go.jp/DAS/meta/listPhoto?LANG=default&BID=F1000000000000094384&ID=M2012112920042956717&TYPE=&NO=)
2. 그 외에 상기 도서관의 다음 판본을 참고하였다.
   - 四書章圖檃栝總要 1(https://www.digital.archives.go.jp/DAS/meta/listPhoto?LANG=default&BID=F1000000000000094385&ID=M2015090311304509883&TYPE=&NO=)
   - 四書章圖檃栝總要 2(https://www.digital.archives.go.jp/DAS/meta/listPhoto?LANG=default&BID=F1000000000000094385&ID=M2015090311305509884&TYPE=&NO=)
   - 四書章圖檃栝總要 3(https://www.digital.archives.go.jp/DAS/meta/listPhoto?LANG=default&BID=F1000000000000094385&ID=M2015090311310409885&TYPE=&NO=)
3. 리(理) 등 일부 개념어에 대해서는 두음법칙을 적용하지 않았다.
4. 고유명사나 개념어는 필요한 경우 한글발음에 한자어를 병기하는 방식으로 파기하였다.
5. 번역본의 이미지는 1337년에 출판된 덕신서당본(일러두기 1.의 판본)을 사용하되 편집은 일본학자 野邨溫의 교정본을 근거로 조정하였다.

정복심과 그 저작을 추천한 공문서

○江浙等處行中書省咨

皇帝聖旨裏江浙等處行中書省據江浙等處儒學提舉司申備
杭州路儒學申據耆宿儒人趙與虎等狀呈切見徽州路婺
源州儒人程復心生同朱子之鄉蚤佩先儒之訓嘗取大學
中庸章句及論語孟子集註分章析義各布為圖又於纂疏
語錄諸書辨證同異增損詳畧著纂釋二十餘卷發明脩齊
治平要旨彪分昈列粲然可觀誠有補於後學似此著書之
功良可嘉尚呈乞照詳得此畢學今將本人所著文字繳連
前去申乞照詳施行得此又准松江府知事邵從仕牒呈切
見徽州路老儒程復心年將六袠學貫四書樂道安貧久擅
老成之譽脩身謹行端為茂異之才本儒生居朱文公故里
曾將文公四書分章為圖開析言意本末終始精粗畢備粲
然可觀又取纂疏語錄等書參訂異同增損詳略編註纂釋
二十餘卷凡用工二三十年始成全書其間如大學言心而
不言性中庸言性而不言心論語專言仁孟子兼言義等語
皆發明濂洛諸儒未盡之蘊誠有功於後學前建德路總管

강절등처 행중서성 자문[1]
江浙等處行中書省咨

皇帝聖旨裏, 江浙等處行中書省：

據江浙等處儒學提擧司申：

備杭州路儒學申：據耆宿儒人趙與虎等狀呈："切見徽州路婺源州儒人程復心生同朱子之鄉, 蚤佩先儒之訓, 嘗取《大學、中庸章句》及《論語、孟子集註》, 分章析義, 各布爲圖. 又於《纂疏》、《語錄》諸書, 辨證同異, 增損詳略, 著《纂釋》二十餘卷, 發明修齊治平要旨, 彪分昈列, 粲然可觀, 誠有補於後學. 似此著書之功, 良可嘉尚. 呈乞照詳."

得此, 卑學今將本人所著文字繳連前去, 申乞照詳施行.

得此, 又准松江府知事邵從仕牒呈："切見徽州路老儒程復心年將六衮, 學貫《四書》, 樂道安貧, 久擅老成之譽, 修身謹行, 端爲茂異之才. 本儒生居朱文公故里, 曾將文公《四書》分章爲圖, 開析言意, 本末、終始、精粗畢備, 粲然

方處咨及前浙東海右道廉訪副使臧魯山先生俱有序跋
深加贊賞本儒苦節著書才德俱美不求仕進若不舉明呈
不有負
朝廷崇儒重道之意如蒙准保備申上司依例優加擢用庶免
遺材准此考校得程復心所著四書發明縕奥開悟學者用
意精嚴誠有可嘉今將程復心所著文字繳連前去申乞照
驗事得此本省今將程復心所著文字隨咨前去咨請
照詳施行須至咨者
右咨
中書省 蒙古文字一方
咨程復心書籍
至大 年 月 日 押
令史普達世理承 押
中書省批奉
都堂鈞旨送禮部照擬施行

可觀. 又取《纂疏》《語錄》等書, 參訂異同, 增損詳略, 編註《纂釋》二十餘卷. 凡用工二三十年, 始成全書. 其間如'《大學》言心而不言性,《中庸》言性而不言心;《論語》專言仁,《孟子》兼言義'等語, 皆發明濂洛諸儒未盡之蘊, 誠有功於後學. 前建德路總管方虛谷及前浙東海右道廉訪副使臧魯山先生俱有序跋, 深加贊賞. 本儒苦節著書, 才德俱美, 不求仕進, 若不擧明, 豈不有負朝廷崇儒重道之意? 如蒙准保, 備申上司, 依例優加擢用, 庶免遺材."

准此, 考校得程復心所著《四書》, 發明蘊奧, 開悟學者, 用意精覈, 誠有可嘉. 今將程復心所著文字, 繳連前去, 申乞照詳施行. 須至咨者.

右咨

中書省

蒙古文字一行

咨程復心書籍

至大　年　月　日　(印)　押

令史 普達世理 承　押

中書省批, 奉

都堂鈞旨, 送禮部, 照擬實行

황제의 성지聖旨 하에서, 강절등처江浙等處 행중서성行中書省은,
강절등처江浙等處 유학제거사儒學提擧司의 보고에,

"그 관할 항주로 유학杭州路儒學이 보고하기를, '나이 많고 덕망 높은 유인儒人(선비)인 조여호趙與虎 등이 청원서를 올리기를,「삼가 살펴보건대 휘주로徽州路 무원주婺源州의 유인儒人 정복심程復心은 주자朱子의 향리[2]에서 태어나 일찍부터 선유先儒들의 가르침을 가슴에 새겼고, 일찍이 《대학장구大學章句》·《중용장구中庸章句》와 《논어집주論語集註》·《맹자집주孟子集註》를 가져다 각 장章에 따라 그 의미를 분석하고 각각 그림으로 그렸습니다. 또 《사서찬소四書纂疏》와 《주자어록朱子語錄》 등의 책에 대해 같고 다름을 변증辨證하고 상세하거나 소략한 내용에 대해서는 적절히 가감하여 《사서찬석四書纂釋》 20여 권을 지었습니다. 수신제가·치국평천하의 요지를 잘 밝혀서 명확히 분석하고 선명하게 나열하였으니 찬연하게 볼만해서 참으로 후학들에게 보탬이 됩니다. 이와 같이 책을 저술한 공은 참으로 가상합니다. 이 점을 잘 살펴 주십시오.」라고 하였습니다. 이 청원서를 받고서 저희 학교(즉 항주로 유학)가 지금 그 본인(즉 정복심)이 지은 책을 바치겠으니, 이것을 잘 살펴서 시행해 주십시오.'라고 하였습니다. 이 보고를 받은 뒤에 또 송강부松江府 지사知事[3] 소종사邵從仕가 첩정牒呈[4]을 보내, '삼가 살피건대 휘주로徽州路의 나이든 유인儒人인 정복심程復心은 나이가 장차 60세가 되어 가는데 학문이 《사서四書》를 꿰고 있으며, 도道를 즐거워하고 가난 속에서도 편안히 지내서 오래전부터 어른스럽다는 명성을 누려 왔고 몸을 수양하

고 근신하여 행동하니 참으로 대단한 인재입니다. 이 유인儒人은 주문공朱文公(주자)의 고장에서 태어나 일찍이 문공文公(주자)의 《사서四書》를 가져다 장章마다 그림을 그려서 그 말의 의미를 분석해 주었는데 근본과 말엽, 처음과 끝, 정미함과 거침이 모두 구비되어 있으니 찬연하게 볼만합니다. 또 《사서찬소四書纂疏》와 《주자어록朱子語錄》 등을 가져다 같고 다름을 비교하여 바로잡고 상세하거나 간략한 것을 적절히 더하거나 덜어서 편집하고 주석을 단 《사서찬석四書纂釋》 20여 권을 지었습니다. 편찬 작업을 한 지 2, 30년 만에 비로소 전체 책을 완성하였습니다. 그 내용 속에서 예를 들어 「《대학大學》은 심心만을 말하고 성性을 말하지 않았고, 《중용中庸》은 성性만 말하고 심心을 말하지 않았으며, 《논어論語》는 전적으로 인仁만을 말하고, 《맹자孟子》는 의義를 겸하여 말하였다」와 같은 설명들은 모두 주렴계周濂溪·이정二程·장횡거張橫渠 등 여러 성리학자들이 미처 다 설명하지 않은 내용을 밝혀낸 것이니 참으로 후학들에게 공을 세운 것입니다. 전 건덕로建德路 총관總管인 방허곡方虛谷[5]과 전 절동해우도浙東海右道 염방부사廉訪副使인 장노산臧魯山 선생[6]이 모두 그 책에 서문 내지 발문跋文을 지어 깊이 칭찬하였습니다. 본 유인儒人은 힘든 상황 속에서 절조를 잘 지키며 책을 저술하였고 재능과 덕이 모두 아름다웠는데 벼슬에 오르는 길을 찾지 않았습니다. 만약 그를 천거하지 않는다면 어찌 조정의 선비를 높이고 도道를 중시하는 뜻을 저버리게 되지 않겠습니까? 보증을 서서 상급 기관에 상신하여 조정이 규례대로 그를 높이 발탁하여 등용할 수 있게 된다면 인재를 버려 두는 잘못을 면하게 될 것입니다.'라고 하였습니다. 이 첩정까지 받고서 정복심이 지은《사서四書》관련 저술을 살펴보니, 숨은 뜻을 밝혀내서 배우는 이들을 깨우쳐 주는 데 있어 마음을 쓴 것이 아주 정밀하고 엄격하였으니 참으로 가상히 여길 만하였습니다. 지금 정복심이 지은 글을 바치니 잘 살펴서 시행해 주십시오. 이런 일로 자문을 올립니다."

라고 한 것에 근거하여, 위의 자문咨文을

중서성中書省[7]에 올립니다.

〈몽고蒙古 문자 한 줄〉

정복심程復心의 서적에 대한 자문입니다.

지대至大 년[8] 월 일 (인印) 압押[9]

영사令史 보달세리普達世理[10] 승압承押[11]

중서성中書省이 비준하고서

도당都堂[12]의 균지鈞旨를 받들어 예부禮部로 보내 그대로 실행하게 하였다.[13]

○禮部呈中書省

皇帝聖旨裏中書禮部奉

中書省判送江浙省咨批奉

都堂鈞旨送禮部照擬施行奉此行據翰林國史院司直司

呈承奉本院劄付送據待制許奉議呈依上考校得本人所

解四書纂釋精詳深造其奧呈乞照詳得此合下仰照驗施

行承此具呈照詳得此本部參詳江浙省咨儒人程復心著

解四書二十三冊翰林國史院考校得纂釋精詳深造其奧

若於江南路府教授內擢用相應合行具呈

中書省

照詳施行須至呈者

右謹具

呈

皇慶二年正月二十八日　勵恭　大亨　夏日

禮部呈儒人程復心著書　對同主事趙　鳳儀

初四日　押　押　押

押

예부가 중서성에 올린 정문[14]
禮部呈中書省

皇帝聖旨裏, 中書禮部：

承奉中書省判送江浙省咨云云, 批, 奉都堂鈞旨："送禮部, 照擬實行."

奉此, 行. 據翰林國史院司直司呈："承奉本院劄付, 送, 據待制薛奉議呈：依上考校得'本人所解《四書纂釋》精詳, 深造其奧. 呈乞照詳.'" 得此, 本部參詳江浙省咨, 儒人程復心著解《四書》二十三冊, 翰林國史院考校得《纂釋》精詳, 深造其奧, 若於江南路府教授內擢用相應. 合行具呈中書省, 照詳施行. 須至呈者.

右 謹 具

呈

皇慶二年正月二十八日　處恭　大亨

禮部呈儒人程復心著書　對同主事趙 鳳儀

初四日	押	押	押 押	

황제의 성지聖旨 하에서, 중서 예부中書禮部[15]는 중서성中書省으로부터 "강절성江浙省의 운운한 자문[16]을 비준하고서는 '예부禮部로 보내 그 내용을 잘 살펴서 실행하라'는 도당都堂의 균지鈞旨를 받들었다."라는 내용을 담아 보내온 공문을 받들고서는 그 업무와 관련하여 한림국사원翰林國史院에 공문을 하달하였습니다. 한림국사원 사직사司直司[17]가 올린 정문呈文에, "본원本院이 차부箚付[18]를 받고서는 담당자에게 하달하였는데, 그 담당자인 대제待制인 설봉의薛奉議가 바친 정문呈文에 따르면, '위의 공문에 의거하여 본인(즉 정복심)이 풀이한 《사서찬석四書纂釋》을 검토해 보니 정밀하고 상세하여 그 오묘한 내용까지 깊이 들어갔습니다. 이것을 살펴 주시기 바랍니다.'라고 하였습니다."라고 되어 있었습니다. 이 보고를 받고서 본부가 강절성江浙省의 자문을 상세히 살펴보니 유인儒人 정복심程復心은 《사서四書》를 풀이한 책 23책을 지었고 한림국사원이 '그의 《사서찬석四書纂釋》은 정밀하고 상세하여 그 오묘한 내용까지 깊이 들어갔습니다.'라는 검토 결과를 내놓았으니, 만약 강남로부江南路府 교수敎授 중의 한 자리에 발탁하여 등용한다면 합당하겠습니다. 정문呈文을 갖추어 중서성中書省에 올려 그대로 시행해 주도록 요청해야 하니, 정문을

올려야 할 일입니다.

위의 일로 삼가 정문呈文을 갖추어 올립니다.

황경皇慶 2년[19] 정월 28일[20] 처공處恭 대형大亨[21]

예부가 유인儒人 정복심程復心의 저서를 바칩니다.

대동對同[22]: 주사主事 조봉의趙鳳儀[23]

초4일[24] 압押 압押 압押

압押

○中書省禮房呈

禮房

禮部呈奉省判江浙省咨保儒人程復心著解四書集註分章析義各布爲圖通註纂釋二十二冊翰林國史院考校得纂釋精詳深造其奥本部參詳若於江南路府教授内擢用相應具呈照詳得此覆奉

都堂鈞旨連送吏部依上施行奉此合行具呈者

右謹具

呈

皇慶二年七月 日省掾封 元英 押

左司都事已後䟦蒙古字 旨 晋 押

左司都事 旨

左司都事 [illegible] 酉 押

左司都事 朴良 押

左司員外郎 [illegible] [illegible] 押

중서성 예방이 올린 정문[25]

中書省禮房呈

禮房

禮部呈：

奉省判, 江浙省咨保："儒人程复心著解《四書集註》, 分章析義, 各布爲圖, 通註《纂釋》精詳, 深造其奥." 本部參詳, 若於江南路府教授內擢用相應. 具呈照詳. 得此, 覆奉都堂鈞旨, 連送吏部, 依上施行.(奉此, 合行具呈者)

右 謹 具

呈

皇慶 二年 七月 日 省掾 封元英 押

左司都事(已後并蒙古字) 晉 押

左司都事

左司都事 押

左司都事 仲良 押

左司員外郎 押

左司郎中 押

左司郎中 押

參議中書省事 押

參議中書省事 押

參議中書省事 押

參議中書省事 押

押

十四日 省印

左司員外郎　押

左司員外郎　押

左司郎中　押

左司郎中　押

參議中書省事　押

參議中書省事　押

參議中書省事

參議中書省事

押　押　押

省印

十四日　押

예방禮房은,

예부禮部로부터 "강절성江浙省이 자문을 올려서, '유인儒人 정복심程復心은 『사서집주四書集註』를 풀이하여 장章마다 의미를 해석하고 각각 그림으로 그려 내었으며, 『사서집주四書集註』 전체에 대한 주석인 『사서찬석四書纂釋』은 정밀하고 상세하여 그 오묘한 내용까지 깊이 나아갔습니다.'라고 보증한 것과 관련하여 중서성이 보낸 판부를 받들어 본부가 상세히 검토해 보니, 강남로江南路 소재 부府의 교수敎授 직위에 발탁하여 등용한다면 합당하겠습니다. 정문을 갖추어 바치니 이것을 잘 살펴주십시오."라는 정문呈文을 받았고, 이 정문을 받은 뒤에 "이부吏部로 보내어 위

와 같이 시행하라."라고 한 도당都堂의 균지鈞旨를 다시 받들었습니다(이를 받들었으니 정문을 보내야 합니다).

위의 일로 삼가 정문呈文을 갖추어 바칩니다.

황경皇慶 2년(1313) 7월 일

성연省掾[26] 봉원영封元英 압押

좌사도사左司都事(이후는 모두 몽고자蒙古字) 진晋 압押

좌사도사左司都事

좌사도사左司都事 압押

좌사도사左司都事 중량仲良 압押

좌사원외랑左司員外郎 압押

좌사원외랑左司員外郎 압押

좌사랑중左司郎中 압押

좌사랑중左司郎中 압押

참의중서성사參議中書省事 압押

참의중서성사參議中書省事 압押

참의중서성사參議中書省事

참의중서성사參議中書省事

압押 압押 압押

14일[27] 압押

○集賢學士趙孟頫咨

皇帝聖旨裏集賢侍講學士中奉大夫照得欽奉
聖旨內一欵節該如今老秀才每少了也外頭儒學的秀才每學得的也有俺選着國學裏并翰林秘書監太常寺等文翰衙門裏委付的并外頭儒學提舉司委付呵後人每肯向學也者麼道奏呵是有休問品從在是白身的人呵選好的委付者麽道

집현학사 조맹부의 자문
集賢學士趙孟頫咨

皇帝聖旨裏, 集賢侍講學士、中奉大夫照得欽奉聖旨內一欵節該 : “如今老秀才每少了也, 外頭後學的秀才每學得的, 也有俺選著, 國學裏並翰林、秘書監、太常寺等文翰衙門裏委付的, 並外頭儒學提舉司裏委付呵, 後人每肯向學也者. 麽道奏呵是有, 休問品從, 雖是白身的人呵, 選好的委付者. 麽道聖旨了也. 欽此.”

切見徽州路婺源州, 朱文公故里, 有老儒程復心, 隱居不仕, 惟務著書, 復取『大學』、『中庸』而圖之, 發先儒言外之意, 彪分昈列, 粲然可觀. 又所授其從遊汪若虹等撰著『四書纂釋』二十餘卷, 開明後學, 誠非小補. 若蒙直諸館閣, 俾居撰述之末, 必能罄其所長, 闡明大典. 即目將六十, 尚未沾拜朝命, 實爲淹滯賢能. 如將本人從優錄用, 不次銓注, 似爲奬借人才, 激昻後學, 不負聖上崇儒重道之美意. 爲此合行移咨. 請

聖旨了也欽此切見徽州路婺源州朱文公故里有老儒程復心
隱居不仕惟務著書復取大學中庸而圖之發先儒言外之
意處分門列粲然可觀又所授其從遊汪若虹等撰著四書
纂釋二十餘卷開明後學誠非小補若蒙置諸館閣俾爲撰
述之末必能罄其所長闡明大典即目年將六十尚未沾拜
朝命實爲淹滯賢能如將本人從優録用不次銓注似爲獎借人
才激昂後學不負
聖上崇儒重道之美意爲此合行移咨請
照驗施行須至咨者
右　咨
翰林國史院伏請
照　驗　謹　咨
保程復心考書
皇慶二年　月　日

照驗施行. 須至咨者.

右　　　咨

翰林國史院伏請

照　驗　謹　咨.

保程復心著書

皇慶元年　　月　　日

황제의 성지聖旨 하에서, 집현원集賢院 시강학사侍講學士 중봉대부中奉大夫인 저는,

삼가 성지聖旨를 받들어 보니 그 안에 한 내용은 대략 "지금은 노숙한 수재秀才가 매번 적다. 지방의 후학인 수재秀才가 학문을 잘 익혔다면 국학國學에 선발하거나, 한림원翰林院 · 비서감秘書監 · 태상시太常寺 등 문한文翰을 다루는 아문衙門에 배치하거나, 지방의 유학제거사儒學提擧司에 배치해야 한다. 그런 뒤에야 사람들이 학문을 하려고 할 것이다. 이런 내용의 상주上奏가 있었으니, 품계를 묻지 말고 비록 벼슬하지 않은 사람이라도 좋은 수재라면 선발하여 배치하라. 이것은 성지聖旨이다. 이대로 경건히 행하라."라고 하였습니다.[28] 삼가 살피건대, 휘주로徽州路 무원주婺源州는 주문공朱文公의 고향인데, 이곳에 늙은 선비인 정복심程復心이 있어 은거하여 벼슬은 하지 않고, 오직 책을 저술하는 데 힘을 기울였습니다. 다시 『대학大學』과 『중용中庸』을 가져다 그림으로 그려 선유先儒가 말한 내용 밖의 의미를 밝혀서 명확하게

분석하고 선명하게 나열하였으니 찬연하여 볼만합니다. 또 제자인 왕약홍汪若虹 등에게 전수하여 찬술한 저서『사서찬석四書纂釋』20여 권은 후학들을 깨우쳐 준 것이 참으로 작은 보탬이 아닙니다. 만약 관각館閣[29]에 배치하여 찬술하는 관직의 끄트머리에라도 종사하게 한다면 반드시 그의 장점을 온전히 발휘하여 경전을 잘 해석할 수 있을 것입니다. 현재 장차 60세가 되려고 하는데 아직 조정에 벼슬을 하지 못하였으니 실로 현능한 이를 묵혀 두고 있는 것입니다. 만일 본인(즉 정복심)을 높이 등용하고 차례에 구애되지 말고 좋은 관직에 배치한다면 인재를 장려하고, 후학들을 격려하는 길이 될 듯하니, 성상의 선비를 높이고 도道를 중시하는 아름다운 뜻을 저버리지 않게 될 것입니다. 이런 까닭에 자문咨文을 보내 잘 검토하여 시행해 주기를 청하려고 자문을 보내게 되었습니다.

위의 일로 자문을 올립니다.

한림국사원翰林國史院이 삼가 바라건대
잘 검토해 주십시오. 삼가 자문을 올립니다.

정복심程復心의 저서著書에 대해 보증합니다.

황경皇慶 원년(1312) 월 일

미주

1 강절등처江浙等處는 남송南宋의 수도였던 임안臨安, 항주杭州 등을 포함한 절강성浙江省, 상해上海 등을 포함한 강소성江蘇省, 무원婺源 등을 포함한 안휘성安徽省을 아우르는 지역이고, 행중서성行中書省은 성省 정부에 해당하며, 자문咨文은 정부 기관 사이의 공문서이다. 이 자문은 강절등처 행중서성이 중앙의 중서성에 올린 공문서이다. 강절등처 행중서성의 하급 기관에 강절등처 유학제거사가 있고, 그 아래에는 항주로 유학 등이 있다. 유학儒學은 유가의 경전을 위주로 교육하는 학교를 의미한다. 이 자문의 하단에는 중서성이 이 자문을 조치한 내용까지 들어있다.

2 주자의 부친은 무원婺源에서 태어나서 관직 생활을 위해 복건성福建省으로 옮겼고, 주자는 복건성 우계尤溪에서 태어나 같은 성의 건양建陽 등지에서 살았다. 하지만 주자는 스스로를 신안新安 사람이라고 여겼는데, 무원婺源이 신안 지역에 속하기 때문이다.

3 송강부松江府는 원元나라가 강소성江蘇省에 설치한 행정 관청으로서 지금의 상해上海 지역이다. 지사知事는 부府의 속관이다.

4 하급기관이 상급기관에 올리는 공문서이다.

5 방회方回(1227-1305)는 안휘성 협현歙縣 사람이고, 호가 허곡虛谷이다. 남송 경정景定 연간에 급제하여 엄주嚴州 지부知府를 지냈다. 원나라에 투항하여 건덕로建德路 총관이 되었다. 강서시파江西詩派의 끝자락이며, 시문집에 《동강시집桐江詩集》이 있고, 당송 근체시에 평론을 붙인 《영규율수瀛奎律髓》 49권을 남겼다.

6 장몽해臧夢解는 경원慶元 사람이고 호가 노산魯山이다. 남송 말에 과거에 급제하였지만 벼슬하기 전에 나라가 망하였다. 원元나라에서 무주로婺州路 군민인장제거軍民人匠提擧를 시작으로 절동浙東海右道 숙정염방부사肅政廉訪副使 등을 역임하였으며, 호남湖南 선위부사宣慰副使로 치사致仕하고, 지원至元 원년(1335)에 세상을 떠났다. 저서로 《주관고周官考》 3권 등이 있다.

7 원元나라 시기에 전국의 정무政務를 총괄하는 최고의 행정 기구이다. 좌 3부

인 이부, 호부, 예부와 우 3부인 병부, 형부, 공부를 통괄하였다.

8 《신안문헌지新安文獻志》에 따르면 원元나라 무종武宗 지대至大 원년(1308)이다.

9 서명을 하는 것이다.

10 보달세리普達世理는 몽고인蒙古人 관리의 이름인데, 그 밖에 알려진 바는 없다. 원통元統 원년(1333)에 26세의 나이로 과거에 급제한 보달세리普達世理와는 다른 사람이다.

11 서명을 받는 것이다.

12 원元나라 시기의 도당都堂은 중서성中書省의 최고 지위인 중서령中書令과 그 아래 우승상右丞相과 좌승상左丞相 등이 정무를 보는 곳이다. 균지는 도당이 내린 지시를 말한다.

13 이 부분은 중서성이 이 자문을 처리한 내용이다.

14 정문呈文은 하급이 상급에 올리는 공문이다. 앞서 예부는 중서성으로부터 정복심의 《사서장도》를 검토하라는 명을 받고서는 《사서장도》를 그 관할 하의 한림국사원翰林國史院에 보내 검토하게 하였다. 한림국사원의 설봉의薛奉議가 그 업무를 맡아 검토 결과를 한림국사원의 사직사司直司에게 보고하였고, 사직사가 다시 예부에 보고하였다. 이 자문은 예부가 정복심을 포상하는 데 대한 건의를 담아 첨부하여 중서성에 보고한 것이다.

15 중서성 관할 하의 예부라는 뜻이다.

16 위의 자문이다.

17 원나라 인종仁宗 지대至大 4년 5월 한림국사원翰林國史院에 승지 5원, 학사·시독侍讀·시강侍講·직학사直學士 각 2원을 두도록 제정하였다. 황경皇慶 원년 정월에 한림 국사원의 관질을 종1품으로 올리고, 3월에 한림국사원 사직사를 경력사經曆司로 고쳤다.

18 상급이 하급에게 보내는 문서이다.

19 원나라 인종仁宗의 연호이며 1313년이다.

20 원주: 여기에 부部의 도장이 있다.

21 원주: 여기에 몽고문자蒙古文字가 있다.

22 원문과 대조하고 수정하는 일을 말한다.

23 조봉의趙鳳儀는 자가 서경瑞卿이고 호는 이재怡齋이다. 관직이 경기 도조운사京畿都漕運使에 이르렀다.

24 원주: 성인省印(중서성의 인장)이 찍혀 있다.

25 이 글은 중서성의 직속 부서인 예방이 올린 공문이다. 예방은 예부에 대응하

는 업무를 관장하는 부서이다.

26 중서성의 보좌관이다.

27 원주: 성인省印.

28 이 내용은 원元나라 왕사점王士點의 《비서감지秘書監志》 권4에 수록되어 있다. 중서성이 상주上奏한 것에 대해 비준한 내용이다. "至大四年七月二十一日中書省奏准事內一件節該" 如今老秀才每少了也. 外頭後學, 每學得好的, 也有可選著於國子監裏, 并翰林院秘書監太常寺等文翰衙門委付, 并外頭儒學提擧司裏委付呵後人每肯向前也. 者麽道奏呵是有, 休問品從, 雖是白身人呵, 好的委付. 者麽道.

29 한림원 등을 말한다.

조정에 바쳐진 사서장도 찬석에 조정 고관들이 지어 증여한 서문들의 총목

經進四書章圖纂釋朝貴題贈序文總目

經進四書章圖纂釋朝貴題贈序文總目

序

翰林學士承 旨榮祿大夫知制誥兼修國史程 鉅夫 元名文海 號雪樓

集賢大學士榮祿大夫王 約 字彥博 號豫齋

集賢侍講學士正奉大夫趙 孟頫 字子昂

翰林侍講學士中奉大夫知制誥同修國史元 明善 字復初

儒林郎國子司業鄧 文原 字善之

翰林待制承務郎同知制誥兼國史院編修官袁 桷 字伯長

將仕郎國子博士虞 集 字伯生

翰林國史院編修官楊 載 字仲弘

奉政大夫前浙東海右道肅政廉訪副使臧 夢解 號魯山

증서贈序

- 한림학사翰林學士 승지承旨 영록대부榮祿大夫 지제고 겸 수국사知制誥兼修國史 정거부程钜夫(원래 이름은 문해文海이고, 호는 설루雪樓)
- 집현 대학사集賢大學士 영록대부榮祿大夫 왕약王約(자字는 언박彥博이고 호는 예재豫齋)
- 집현 시강학사集賢侍講學士 정봉대부正奉大夫 조맹부趙孟頫(자는 자앙子昂)
- 한림 시강학사翰林侍講學士 중봉대부中奉大夫 지제고 동수국사知制誥同修國史 원명선元明善(자는 복초復初)
- 유림랑儒林郎 국자사업 國子司業 등문원鄧文原(자는 선지善之)
- 한림 대제翰林待制 승무랑承務郎 동지제고 겸 국사원편수관同知制誥兼國史院編修官 원각袁桷(자는 백장伯長)[1]
- 장사랑將仕郎 국자박사國子博士 우집虞集(자는 백생伯生)
- 한림翰林 국사원 편수관國史院編修官 양재楊載(자는 중홍仲弘)
- 봉정대부奉政大夫 전 절동해우도숙정염방부사前浙東海右道肅政廉訪副使 장몽해臧夢解(호는 노산魯山)

詩

銀青榮祿大夫中書平章政事齊國公劉 珪 字天瑞

昭文館大學士榮祿大夫大司徒劉 夔 號雲心

集賢待制奉訓大夫周 應極 字南翁

翰林國史院編脩官范 梈 字德機

翰林國史院編脩官吳 善 字養浩

憲司知事除江西儒學提舉徐 明善 號芳谷

見任江浙儒學提舉余 澧 字

朝貴題贈序文畢

증시贈詩

- 은청영록대부銀青榮祿大夫 중서평장정사中書平章政事 제국공齊國公 유규劉珪(자는 천서天瑞)[2]
- 소문관 대학사昭文館大學士 영록대부榮祿大夫 대사도大司徒 유기劉夔(자는 운심雲心)
- 집현 대제集賢待制 봉훈대부奉訓大夫 주응극周應極(자는 남옹南翁)[3]
- 한림翰林 국사원 편수관國史院編修官 범팽範梈(자는 덕기德機)
- 한림翰林 국사원 편수관國史院編修官 오선吳善(자는 양호養浩)
- 헌사 지사憲司知事로 강서유학제거江西儒學提擧에 제수된 서명선徐明善(호는 방곡芳谷)
- 현임 강절유학제거見任江浙儒學提擧 여조余澧(자字는[4] 모름)

조정 고관들이 지어 증여한 서문의 총목 끝

朝貴題贈序文 畢

程雪樓學士序

夾漈鄭氏謂古者書必有圖然稍見於六經傳註之家惟器
服名數而已余少學於臨川見雙峰饒氏大學中庸圖始識
古人立圖之意去今又五十餘年乃得吾宗子見四書圖章
爲之圖圖爲之釋有本有末有終有始如天之文地之理莫
不合於自然非深得古人之意不能也世之譚神仙學金鼎
者猶必假圖說以達其旨況爲聖人之道者哉此圖之於書
必不可已者也子見書既成上之
朝將畀之秩慨然曰凡吾所以至此者非以進取爲也欲俾
天下知有吾書也吾親老矣吾歸養吾親復何求哉即以爲
鄉郡教授致仕嗚呼此所以爲古人之學也余既不能爲子
見留乃序以送之延祐改元歲在甲寅暮春程鉅夫書于遠
齋

증서
贈序

정설루 학사[5]의 서문증서
程雪樓學士序

—

夾漈[6]鄭氏謂"古者書必有圖", 然稍見於『六經』傳注之家, 惟車服名數而已. 余少學於臨川, 見雙峯饒氏『大學·中庸圖』, 始識古人立圖之意, 去今又五十餘年. 乃得吾宗子見『四書圖』, 章爲之圖, 圖爲之釋, 有本有末, 有終有始, 如天之文、地之理, 莫不合於自然. 非深得古人之意不能也. 世之譚神仙學金鼎者, 猶必假圖說以達其旨, 況爲聖人之道者哉? 此圖之與書, 必不可已者也. 子見書旣成, 上之朝, 將畀之秩, 慨然曰:"凡吾所以至此者, 非以進取爲也. 欲俾天下知有吾書也. 吾親老矣, 吾歸養吾親, 復何求哉?" 即以爲鄕郡教授, 致仕. 嗚呼! 此所以爲古人之學也. 余旣不能爲子見留, 乃序以送之. 延祐改元歲在甲寅暮春程鉅夫書于遠齋.

협제夾漈 정씨鄭氏[7]가 말하기를, "옛날에는 글이 있으면 반드시 그림이 있었다."라고 하였다.[8] 하지만 『육경六經』의 주석가들에 의해 조금 제시된 것은 오직 수레나 의복의 세부 명칭이나 규격 등에 대한 것일 뿐이었다. 나는 어려서 임천臨川에서 공부하면서 거기서 쌍봉雙峯 요씨饒氏[9]의 『대학도大學圖』와 『중용도中庸圖』를 보고서야 비로소 옛사람들이 그림을 그린 의도를 알 수 있게 되었는데, 지금으로부터 또 50여 년이 지난 일이다.

이제 우리 종족宗族인 자견子見(정복심)의 『사서도四書圖』를 보게 되었는데 장章마다 그림을 그리고 그림마다 해석을 붙여 근본과 말단이 있고 시작과 끝이 있어 마치 하늘의 무늬와 땅의 결처럼 자연에 부합되지 않는 것이 없다. 옛사람의 뜻을 깊이 이해하지 않고서는 할 수 없는 일이다. 세상에 신선神仙에 대해 말하고 금정金鼎(연단술)을 배우는 자들도 오히려 반드시 도설圖說에 의탁하여 그 의도를 밝히는데 더구나 성인의 도리를 추구하는 경우이겠는가. 이것이 그림이 글에 반드시 결여될 수 없는 이유이다.

자견의 책이 이미 완성된 뒤에 조정에 바쳐져서 장차 벼슬을 하사하려고 하였는데, 그는 탄식하며, "내가 여기에 온 것은 벼슬을 하기 위해서가 아니다. 천하에 나의 책이 있다는 것을 알게 하려고 한 것이었다. 나의 부모가 이미 늙으셨다. 나는 돌아가 우리 부모를 모실 것이니, 다시 무엇을 구하겠는가?"라고 하였다.[10] 그래서 바로 향군鄕郡의 교수敎授에 제수하였고, 그는 그 명의를 가지고 치사致仕하였다. 아, 이것이 그를 옛사람의 학문이라고 인정할 수 있는 연유이다. 내가 이미 자견子見을 만류할 수는 없기에 서문을 써서 그를 전송한다.

연우延祐로 개원改元한 갑인년(1314) 봄에
정거부程钜夫가 원재遠齋에서 쓴다.

王彥博學士序

集賢待制尸君南翁持諸公所作四書圖引見示且曰圖乃吾鄉士程子見進於有司者子見年踰耳順以親老授新安教授致仕歸養敢丐子言予因告南翁曰道學之稱肇於河南二程子四書之目起於考亭朱文公在宋有川洛朔之黨互爲詆訾莫能相尚要其歸但視主之者勢力隆替耳而公是公非殆有不可掩者逮我

朝魯齋先生許公出道學四書復盛然從之者多而眞知者寡坐談者易而行之者難道也四書也皆吾夫子天包地載範世立極千萬祀不易之良法也蓋人人得而知人人得而有人人得而用同育而不相害並行而不相悖固不可標榜曰道學分别曰四書拘拘然紂紂然徒事虛文而已顧言行相副表裏一致而後可見眞知篤行之效也噫發源者初未

왕언박 학사[11]의 서문
王彦博學士序

集賢待制周君南翁持諸君所作四書圖引見示, 且曰："圖乃吾鄉士程子見進於有司者. 子見年踰耳順, 以親老授新安教授, 致仕, 歸養. 敢丐子言." 予因告南翁曰："道學之稱肇於河南二程子, 四書之目起於考亭朱文公. 在宋有川、洛、朔之黨, 互爲詆訾, 莫能相尚, 要其歸, 但視主之者勢力隆替耳, 而公是公非, 殆有不可掩者. 逮我朝魯齋先生許公出, 道學四書復盛. 然從之者多, 而真知者寡；坐談者易, 而行之者難. 道也四書也, 皆吾夫子天包地載, 範世立極, 千萬祀不易之良法也. 蓋人人得而知, 人人得而有, 人人得而用, 同育而不相害, 並行而不相悖, 固不可標榜曰道學, 分別曰四書, 拘拘然紆紆然徒事虛文而已. 顧言行相副表裏一致, 而後可真知篤行之效也. 噫! 發源者初未必然, 濬流者激而至此. 予觀子見撰述如此之富, 去就如此之明, 質諸所學而不詭, 庶幾服膺吾夫子之訓者歟!" 南翁愕曰："異哉, 子之說! 請書以爲子見南轅序". 豫齋王約於是乎書.

집현원 대제待制 주남옹周南翁[12]이 누군가가 지은 『사서도四書圖』를 가지고 와서 내게 보여주며 말하기를, "이 그림은 우리 고을의 선비인 정자견程子見(정복심)이 유사有司[13]에게 바친 것이오. 자견은 나

必然濬流者激而至此予覩子見撰述如此之富矣勤〻此
之明質諸所學而不詭庶幾服膺吾夫子之訓者歟南翁愕
曰異哉子之說請書以爲子見南畝序豫齋王約於是乎書

이가 이순耳順을 넘겼는데 부친이 연로하다는 이유로 신안新安[14] 지역의 교수敎授에 제수되어 치사致仕하고 부모를 모시러 귀향하였소. 이에 감히 그대에게 한 마디 해 주기를 요청하오."라고 하였다. 나는 그 말을 듣고 남옹에게 이렇게 말해 주었다. "'도학道學'이라는 명칭은 하남河南의 이정자二程子에게서 비롯되었고 '사서四書'라는 명목은 고정考亭의 주문공朱文公[15]에게서 나왔소. 송宋나라 때는 천당川黨·낙당洛黨·삭당朔黨[16]이 있어서 서로 비방하며 어느 누구도 압도하지 못하였는데, 그 원인을 따져보면 결국 단지 주도하는 사람의 세력이 강한가, 약한가에 달린 것일 뿐이었고 그 공정한 시비는 대체로 엄폐할 수 없소. 우리 왕조王朝에 이르러 노재선생魯齋先生 허공許公[17]이 나와서 도학道學과『사서四書』가 다시 홍성하게 되었소. 그러나 따르는 사람은 많아도 진정으로 아는 사람은 적었고, 앉아서 얘기하는 것은 쉬워도 행하기는 어려웠소. 도道니 사서四書니 하는 것은 모두 우리 부자夫子께서 하늘처럼 아우르고 땅처럼 실으며 세상에 알맞은 규범을 제시한 것이어서 천만년에 걸쳐 바뀔 수 없는 양법良法이오. 대개 사람마다 알 수 있는 것이고 사람마다 가진 것이며 사람마다 쓸 수 있는 것이어서 동시에 육성하더라도 서로 해치지 않고 동시에 시행하더라도 서로 어그러지지 않는 것이니, '도학道學'이라고 표방하거나 '사서四書'라고 분별하여서 갑갑하고 구질구질하게 허문虛文만 좇아서는 안 될 것이오. 언행이 서로 부합하고 표리가 일치한 뒤에야 참되게 알고 독실하게 실천한 효과라고 간주할 수 있을 것이오. 아, 샘이 쏟아날 때는 애초에 꼭 그러하지는 않았을 텐데 하류에서 준설하는 사람들이 물결을 부딪치게 해서 이렇

게까지 된 것이오. 내가 자견을 보니 지은 글이 이와 같이 풍부하고 거취去就가 이와 같이 분명하여 자신이 배운 바에 비춰 보아 어긋나지 않으니 우리 부자夫子의 가르침을 잘 실천한 사람이라고 할 수 있을 것이오." 남옹은 내 말을 듣고 놀라면서 말하기를, "대단하오, 그대의 말이여! 글로 써서 자견이 남쪽으로 돌아가는 데 증정할 서문으로 삼고 싶소."라고 하였다.

예재豫齋 왕약王約이 이런 연유로 쓴다.

趙子昂學士序

古今類書多矣大而天地日月山岳河海微而昆蟲草木以至人事之成敗興廢言語文字之等莫不會萃据拾人誇多而家競富其用也不過爲詞章而已其於道德仁義則無有也新安程子見白首窮理於朱子之學若飢之於食渴之於飲寒暑之於裘葛晝不舍而夜不輟貫穿精熟於是類而爲書列而爲圖道德性命仁義各以類從使學者一攬而盡得之其有補於理學甚大豈古今類書所能望也予旣讀之知其用心之篤而予見引年而歸予甚高之故書其篇首以致意云延祐改元春三月十二日吳興趙孟頫書

조자앙 학사[18]의 서문
趙子昂學士序

古今類書多矣. 大而天地日月山嶽河海, 微而昆蟲草木, 以至人事之成敗興廢、言語文字之等, 莫不會稡捃拾. 人誇多而家競富, 其用也不過爲詞章而已, 其於道德仁義, 則無有也. 新安程子見白首窮理於朱子之學, 若饑之於食、渴之於飲、寒暑之於裘葛, 晝不舍而夜不輟, 貫穿精熟, 於是類而爲書, 列而爲圖, 道德性命仁義, 各以類從, 使學者一覽而盡得之. 其有補於理學甚大, 豈古今類書所能望也. 予旣讀之, 知其用心之篤, 而子見引年而歸, 予甚高之, 故書其篇首以致意云. 延祐改元春三月十二日吳興趙孟頫書.

고금에 걸쳐 유서類書는 많이 있었다. 크게는 천지天地·일월日月·산악山嶽·하해河海로부터 작게는 곤충과 초목까지, 그리고 인간사의 성패와 홍망, 언어와 문자 등에 이르기까지 어느 것 하나 끌어 담지 않은 것이 없었다. 사람들마다 자기가 많다고 자랑하고 집집마다 자기가 풍부함을 다투었는데, 그 쓰임새를 보면 문장을 짓는 것에 지나지 않았고, 도덕과 인의에 대한 것은 없었다. 신안新安의 정자견程子見(정복심)은 백발이 되도록 주자朱子의 학문을 궁리하여 마치 배고플 때 먹을 것을 찾듯이 목마를 때 마실 것을 찾듯이 춥거나 더울 때 갖옷이나 갈포葛布옷을 찾듯이 낮에도 쉬지 않고 밤에도

그치지 않아 그 학문에 통달하고 정밀해졌다. 이에 분류하여 글을 쓰고 나열하여 그림을 그리되, 도덕道德 · 성명性命 · 인의仁義를 각각 개념별로 분류하여 배우는 사람들로 하여금 한 번 보고 다 이해할 수 있도록 하였다. 그가 리학理學에 보탬이 되는 것이 몹시 크니 어찌 고금의 유서類書들이 따라잡을 수 있는 수준이겠는가. 내가 이미 그 책을 읽고 그가 마음을 쓴 것이 독실함을 알고 있었는데, 자견이 나이를 이유로 대며 돌아가려고 하므로 나는 그를 몹시 고상하게 여긴다. 그래서 그 책머리에 이 글을 써서 내 마음을 전한다.

연우延祐로 개원한 해의 봄 3월 12일에

오홍吳興의 조맹부趙孟頫가 쓴다.

元復初學士序

理學至宋九大儒言之可謂詳且明矣苟潛心於四書發之以近思錄而後進於易書詩春秋何理不窮以之脩身治人聖賢事業不外乎是然理自難明言之易差非明師良友講授之眞幾何不有千里之繆哉新安程君復心四書章圖取朱子章句集註一一爲之圖觀者瞭然即曉大義深有補於初學雖然四書之旨深矣有非圖所能盡者學者因是以求章句集註因章句集註以得聖賢之心聖賢之事業爲可企及也歟延祐改元清明後二日清河元明善書

원복초 학사[19]의 서문

元復初學士序

理學至宋九大儒, 言之可謂詳且明矣. 苟潛心於『四書』, 發之以『近思錄』, 而後進於『易』、『書』、『詩』、『春秋』, 何理不窮? 以之修身治人, 聖賢事業不外乎是. 然理自難明, 言之易差, 非明師良友講授之真, 幾何不有千里之繆哉? 新安程君復心四書章圖, 取朱子章句集注, 一一爲之圖, 觀者瞭然即曉大義, 深有補於初學. 雖然, 四書之旨深矣, 有非圖所能盡者. 學者因是以求章句集注, 因章句集注以得聖賢之心, 聖賢之事業, 爲可企及也歟? 延祐改元清明後二日淸河元明善書.

리학理學은 송宋나라 때에 이르러 아홉 대유大儒가 설명을 해놓은 것이 상세하고도 명백하다. 만일『사서四書』에 마음을 깊이 두고『근사록近思錄』으로 시작한 뒤에『역易』·『서書』·『시詩』·『춘추春秋』로 나아간다면 무슨 이치든 궁구하지 못하겠는가? 그것을 토대로 자신을 수양하고 남을 다스린다면 성현의 사업이라 해도 이 범위를 벗어나 있지 않을 것이다. 하지만 이치는 본디 명백하게 밝히기 어려워서 설명하다 보면 쉽게 어긋나게 되니, 밝은 스승과 좋은 벗과 함께 참되게 강학한 경우가 아니라면 천 리나 되는 오류가 생기지 않는 경우가 얼마나 될까? 신안新安의 정복심程復心 공이 지은『사서장도四書章圖』는 주자의『사서장구집주四書章句集注』를 가져다 하나하나

그림으로 그린 것이니 보는 사람이 환하게 바로 그 대의를 알 수 있어서 처음 배우는 사람들에게 아주 깊은 보탬이 된다. 비록 그렇지만 『사서四書』의 취지는 심오하여서 그림으로 다 표현할 수는 없다. 배우는 이들이 이 책을 토대로 『사서장구집주』를 이해하려고 노력하고, 『사서장구집주』를 토대로 성현의 마음을 얻는다면 성현의 사업에 이를 수 있지 않겠는가?

연우延祐로 개원한 해의 청명清明 이틀 뒤에

청하淸河의 원명선元明善이 쓴다.

鄧善之司業序

書之有圖猶天之曆象本於自然雖聖智不能加豪末曆則寫之乘除贏縮以求合乎天者也故治曆而不得其理歲久必差象則昭晰烜著凡有目者皆可睹而定書自六經而

등선지 사업[20]의 서문

鄧善之司業序

書之有圖, 猶天之曆象. 象本於自然, 雖聖智不能加毫末; 曆則陰爲之乘除贏縮, 以求合乎天者也. 故治曆而不得其理, 歲久必差, 象則昭晰烜著, 凡有目者, 皆可睹而定. 書自六經而下, 衆言淆亂, 有戾於聖人之道者矣, 而圖不能以强爲, 譬諸山川草木宮室器物, 日與人接, 繪者一有訛謬, 輒爲衆訕笑. 夫圖之難如此. 四書始表章於濂洛, 而大盛於考亭朱子. 發幽闡微, 旨義炳煥, 使習其讀者, 可以遡聖賢於數千載之上, 若身列諸門弟子而授受焉也. 新安程君子見, 復爲之圖, 以惠學者, 章分句析, 鉅細不遺. 吾獨惜君之生也後, 不得親取正於朱子也, 又幸學者因圖以求朱子之意, 而有得於四書者, 其效未有止也. 雖然吾獨有說焉. 自四書之學行, 家傳而人誦之矣, 求諸致知而力行者, 率千百不一二, 更世之論儒者, 常以是相詬病. 凡道必有對待, 自陽剛柔仁義, 引而伸之, 不可殫盡. 學者每有所偏, 或擧一而遺其二, 從其易而不究其所難, 故去道日遠. 聽言視行, 聖人猶爲宰予而改, 矧去聖人若是其遠也哉! 夫圖也書也, 致知之事也, 而未及乎力行也. 傳之書者, 可圖也, 傳之心者, 不可圖也. 必得傳心之妙, 而後可與學道. 子見年才六十, 朝廷旌用爲郡博士, 而子見以親老乞致仕, 其於進退出處, 不亢不汙, 庶幾乎力行之士下衆言淆亂有戾於聖人之道者矣而圖不能以強為辯諸山川草木宮室器物日與人接繪者一有訛謬輒為衆訕笑夫圖之難如此四書始表章於濂洛而大盛於考亭朱子發幽闡微旨義炳煥使習其讀者可以遡聖賢於數千載之上若身列諸門弟子而授受焉也新安程君子見復為之圖以惠學者章分句析鉅細不遺吾獨惜君之生也後不得親取正於朱子也又幸學者因圖以求朱子之意而有得於四書者其效未有止也雖然吾猶有說焉自四書之學行家傳而人誦之矣求諸致知而力行者率千百不一二更世之論儒者常以是相詬病凡道必有對待自陰陽剛柔仁義引而伸之不可殫盡學者每有所偏或舉一而遺其二從其易而不究其所難故去道日遠聽言觀行聖人猶為宰予而改矧去聖人若是其遠也哉夫圖也書也致知之事也而未及乎力

矣. 故予爲序其編首而歸之. 巴西鄧文原序.

글에 그림이 있는 것은 마치 하늘의 '역상曆象'과 같다. '상象'은 자연에 근본을 둔 것이니 비록 성현의 지혜라고 하더라도 거기에 조금도 더 보탤 수 없는 것이며, 역曆(역법)은 곱하고 나누며 늘이고 줄여서 하늘의 법칙에 부합하도록 추구하는 계산법이다. 그렇기 때문에 역법은 그것을 다룰 때 그 이치를 깨닫지 못하면 세월이 오래 지난 뒤에는 반드시 착오가 생기지만, '상'은 밝고 환해서 눈이 있는 사람이라면 모두 보고서 정할 수가 있다. 글은 『육경六經』 이래로 여러 사람들의 말이 뒤섞여 들어가서 성인의 도道에 어긋나는 것이 있었지만, 그림은 억지로 그릴 수가 없으니 비유하자면 산천山川 · 초목草木 · 궁실宮室 · 기물器物처럼 날마다 사람들이 접하는 것이어서 그리는 사람이 하나라도 잘못 그리면 바로 여러 사람들의 비방과 비웃음이 몰려든다. 그림은 잘 그리기 어려운 것이 이와 같다. 『사서四書』는 주렴계周濂溪와 이정二程에 의해 비로소 선양되기 시작하였고 고정考亭[21]의 주자朱子에 이르러 크게 융성해졌다. 숨겨진 것을 드러내었으며 미세한 부분까지 밝혀서 그 내용이 환하게 해석되었기에 그들의 해석을 읽고 익힌 사람은 마치 자신이 공자와 맹자 등의 제자들 틈에서 직접 수업을 받은 것처럼 수천 년 뒤에도 성현의 경지로 거슬러 올라갈 수 있게 되었다. 신안新安의 정자견程子見 공은 다시 거기에 그림을 그려서 배우는 사람들에게 도움을 주었는데, 장章마다, 구句마다 분석하여 크고 작은 것을 모두 빠뜨리

行也傳之書者可圖也傳之心者不可圖也必得傳心之妙而後可與學道子見年才六十朝廷旌用爲郡博士而子見以親老乞致其仕於進退出處不亢不汙庶幾乎力行之士矣故余爲叙其編首而歸之巴西鄧文原序

지 않았다. 나는 오직 공이 늦게 태어나서 주자朱子에게 그 득실을 검토받을 기회가 없었던 것이 아쉽다. 또 배우는 사람들이 이 그림을 토대로 주자朱子의 의도를 이해하고 『사서四書』를 이해할 수 있게 된다면 그 효과가 무궁할 것이다. 비록 그러하지만 나는 홀로 조금 다른 생각이 있다. 『사서四書』의 학문이 유행한 뒤로 집집마다 전수하고 사람마다 외우고 있는데 그들이 정말 앎을 온전히 이루고 힘껏 실천하였는지 살펴보면 그런 사람은 거의 천 명이나 백 명 중의 한둘에 지나지 않는다. 세상사를 많이 겪고서 유학儒學에 비판적인 사람들은 늘 이 문제로 공격한다. 무릇 모든 도道는 반드시 상대가 되는 것이 있으니 음과 양, 강剛과 유柔, 인仁과 의義로부터 시작하여 더 확장해가면 그러한 사례가 무궁무진하다. 배우는 이들은 매번 치우친 바가 있어서 혹은 하나만 챙기고 나머지 둘은 빠뜨리며, 그중 쉬운 것만 종사하고 그 어려운 것은 관심을 두지 않기 때문에 도道로부터 나날이 멀어진다. 그 말을 들었더라도 그 행동까지 살펴보아야 하겠다고 성인聖人(공자)께서도 오히려 재여宰予로 인해 생각을 고치셨으니, 더구나 성인으로부터 이렇게 멀리 떨어진 경우이겠는가. 무릇 그림이니 글이니 하는 것은 앎을 온전히 이루기 위한 도구이지 힘껏 행하는 것까지 보장하지는 못한다. 글로 전한 것은 그림으로 그릴 수 있지만, 마음으로 전한 것은 그림으로 그릴 수 없다. 반드시 마음으로 전해진 오묘한 내용을 이해할 수 있어야만 함께 도道를 배울 수 있다. 자견子見은 나이가 막 60세인데 조정이 그의 저술을 기려서 군郡의 박사博士에 제수하자 자견은 부모가 연로하시다는 이유로 치사致仕하겠다고 요청하였다. 그는 진퇴進退와 출

처出處에 있어 지나치게 높지도 지나치게 낮지도 않으니 힘껏 실천하는 선비라고 할 수 있다. 그래서 나는 그를 위해 그 책머리에 서문을 써서 전송한다.

파촉巴蜀 등문원鄧文原이 서문을 쓴다.

虞伯生學士序

右四書章圖纂要者新安程君復心之所著也其爲書也蓋
取　朱子論語孟子集註大學中庸章句之說有對待者若
體用知行之類有相反者若君子小人義利之類有成列者
若學問辨思行之類隨義立例章爲之圖以究　朱子爲書
之旨其意可謂勤且切矣皇慶二年有司以君與書薦於
朝明年以徽州路儒學教授致仕而歸年才六十耳間出其
書以示集使集識之集曰昔之爲圖者蓋未始有書也姑假
夫奇偶之畫以擬其不測之迹而著可見之象引其方圓逆

우백생 학사[22]의 서문

虞伯生學士序

右四書章圖纂要者, 新安程君復心之所著也. 其爲書也蓋取朱子『論語、孟子集注』、『大學、中庸章句』之說, 有對待者, 若體用知行之類；有相反者, 若君子小人義利之類；有成列者, 若學問辨思行之類, 隨義立例, 章爲之圖, 以究朱子爲書之旨, 其意可謂勤且切矣. 皇慶二年有司以君與書薦於朝, 明年以徽州路儒學教授致仕, 而歸年才六十耳. 間出其書以示集, 使集識之. 集曰：昔之爲圖者, 蓋未始有書也, 姑假夫奇偶之畫, 以擬其不測之跡, 而著可見之象, 引其方圓逆順之體, 而極夫消息變化之妙, 簡奧微妙, 未易知也. 後聖後賢有作, 然後推以立言, 而天地人之蘊盡矣, 則書固所以明圖者也. 今君之圖, 則又以明夫書者也. 蓋孔門諸子敘述夫子所言與曾子子思孟子之所述, 煥乎大哉! 昭如日星. 又有周子、二程子、張子與其門人弟子, 相與講明之, 聖賢之微言大義, 豈復有不盡者哉! 及朱子爲之集注章句, 然後會衆說而歸於一, 其所以極博約之功者, 千古所未有也. 凡終始本末之說、內外精麤之辨, 條分縷析, 粲然有序, 今其書家藏而人讀之. 然而習之而不察者, 猶衆也. 夫舍朱子之言, 則何以知四書之旨, 然非有以貫通其條理, 而分別其節目, 則朱子立言之意, 又何以得之也哉! 然則君之爲圖也, 可謂有功於考亭, 有

順之體而極夫消息變化之妙蘊奧微妙未易知也　後聖
後賢有作然後推以立言而天地人之蘊盡矣則書固所以
明圖者也今君之圖則又以明夫書者也蓋　孔門諸子敘
述　夫子所言與曾子子思孟子之所述煥乎大哉昭如日
星又有周子二程子張子與其門人弟子相與講明之聖賢
之微言大義豈復有不盡者哉及朱子爲之集註章句然後
會衆說而歸於一其所以極博約之功者千古所未有也凡
終始本末之詳內外精粗之辨條分縷析粲然有序今其書
家藏而人讀之然而習之而不察者猶衆也夫舍朱子之言
則何以知四書之旨然非有以貫通其條理而分別其節目
則朱子立言之意又何以得之也哉然則君之爲圖也可謂
有功於　考亭有補於同志者矣集不敏三復三嘆敬識而
歸之雖然集嘗聞之曰書不盡言圖不盡意又曰體用一原

補於同志者矣. 集不敏, 三復三歎, 敬識而歸之. 雖然, 集嘗聞之曰 : "書不盡言, 圖不盡意." 又曰 : "體用一原, 顯微無間." 嗚呼! 安得因子之圖以得言而忘圖, 因言以得意而忘言者, 而與之共論此乎? 延祐元年三月甲午, 後學蜀郡虞集書.

위의 『사서장도찬요四書章圖纂要』[23]는 신안新安 정복심程復心 공이 지은 것이다. 그 책은 대개 주자朱子의 『논어집주論語集注』·『맹자집주孟子集注』·『대학장구大學章句』·『중용장구中庸章句』의 설명을 토대로 삼은 것인데, 그 내용 중에는 체體와 용用, 지知와 행行처럼 대대對待를 이루는 것도 있고, 군자君子와 소인小人, 의義와 이利처럼 상반된 것도 있으며, 학學·문問·변辨·사思·행行처럼 한 줄로 늘어선 것도 있다. 개념이나 범주에 따라 사례를 제시하고 장章마다 그림을 그려 주자朱子가 쓴 글의 취지를 해석하였으니 그 열정이 부지런하고 절실하다고 하겠다. 황경皇慶 2년(1313)에 유사有司가 공과 그 책을 조정에 추천하였고, 이듬해에 휘주로徽州路의 유학교수儒學教授로 치사致仕하여 귀향하니 나이가 겨우 60세였다. 그사이에 그 책을 꺼내 나에게 보여 주면서 나에게 서문을 써 주기를 요청하였다. 나는 이렇게 말한다. 옛날에 그림을 그린 이들의 경우 대개 아직 글이 없어서 우선 짝수와 홀수의 획을 빌어다 손에 잡히지 않는 개념을 그려내어 눈으로 볼 수 있는 상象으로 드러내고, 네모와 원과 역逆과 순順의 모습을 원용하여 사라지고 자라나는 변화의 오묘함을 최대한 드러내었으므로 간명하고 오묘하여 쉽게 이해할 수가 없었다. 뒷

顯微無間嗚呼安得因子之圖以得言而忘圖因言以得意
而忘言者而與之共論此乎延祐元年三月甲午後學蜀郡
虞集書

날의 성인과 현인이 나온 뒤에 그 그림을 바탕으로 발전시켜 이론화하면서 하늘과 땅과 사람의 모든 내용이 다 밝혀졌다. 그러니 글이란 본래 그림의 의미를 드러내는 수단이다. 그런데 지금 공의 그림은 또 반대로 글의 의미를 드러내는 구실을 하고 있다. 대개 공자 문하의 여러 제자들이 부자夫子가 한 말을 서술한 것과 증자曾子·자사子思·맹자孟子가 공자를 계승하고 발전시킨 내용을 서술한 것은 환하게 커서 해처럼 밝다. 또 주렴계·정명도·정이천·장횡거와 그 문인 제자가 서로 강론하여 밝혔으니 성현의 미언대의微言大義(정미한 말과 큰 뜻)가 어찌 다 밝혀지지 않은 것이 있는가! 그리고 주자朱子가 거기에 『집주集注』와 『장구章句』를 쓴 뒤에는 여러 설들을 모아서 하나로 그가 널리 읽고 간략히 정리하는 작업을 최대한 해낸 정도는 천고에 없었던 바이다. 무릇 시종始終이나 본말本末에 대한 설명과 내외나 정추精麤(미세한 것과 큰 것)에 대한 논변은 가지별로 나누고 가닥별로 쪼개서 찬연하게 순서가 있으니 지금 그 책은 집집마다 소장하고 있고 사람마다 읽고 있다. 하지만 익숙하면서도 그 의미를 살피지 못하는 사람들이 여전히 많다. 주자의 설명을 버리고 어떻게 『사서四書』의 본래 의미를 알 수 있겠는가마는 그 조리條理를 꿰뚫어 보고 그 절목節目을 분별할 수 없다면 주자가 그렇게 설명한 의도를 또 어떻게 알 수 있겠는가. 그렇다면 공이 이 그림을 그린 것은 고정考亭에게 공을 세운 것이고 동지들에게 보탬이 되는 것이라고 할 수 있다. 나는 명민하지 못하지만 세 번 읽고 세 번 탄복하고서는 삼가 서문을 써서 고향으로 가는 그를 전송한다. 비록 그러하지만, 내가 일찍이 듣건대, "글은 말의 의미를 다 표현하

지 못하고, 그림은 의도를 다 표현하지 못한다."라고 하였고, 또 "체體와 용用은 일원一原이고 드러난 것과 은미한 것은 사이가 없다."라고 하였다. 아, 어디서 공의 그림을 토대로 (주자가) 말한 의미를 알아내고 그림을 잊으며 (주자의) 말을 토대로 의도를 알아내고 말을 잊을 수 있는 사람을 만나 그와 함께 이것에 대해 논할 것인가?

연우延祐 원년(1314) 3월 갑오에

후학後學 파촉군巴蜀郡 우집虞集이 쓴다.

楊仲弘編修序

四書者王道之骨髓五經之根柢也自孟子後無傳於世伊洛之儒始發其端至於文公遂尋而竟之文公學者萬餘人著名者數十人文公雖貴為從官而常自放於山林之中極幽窮深人迹所不到之處優游終歲研窮詁訓斷離章句至辭有曲折意有難明輒與其徒互相詰難往復紬繹五三聖人以道相傳而託之於文字雖皐夔伊傅之徒蓋僅有聞者而去之千載將逆求其旨豈非難哉文公以希聖之才曳踵伊洛纂輯舊聞性命道德發無餘藴綱紀大倫使人道生生不遂息滅其書亦旣流出於八極之表雖言語不通文字不

양중홍 편수관[24]의 서문

楊仲弘編修序

四書者, 王道之骨髓、五經之根柢也. 自孟子後, 無傳於世, 伊洛大儒始發其端, 至於文公, 遂尋而竟之. 文公學者萬餘人, 著名者數十人, 文公雖貴爲從官, 而常自放於山林之中, 極幽窮深, 人跡所不到之處, 優遊終歲, 研窮詁訓, 斷離章句, 至辭有曲折, 意有難明, 輒與其徒互相詰難, 往復紬繹, 五三聖人以道相傳, 而託之於文字, 雖皋夔伊傅之徒, 蓋僅有聞者, 而去之千載, 將逆求其旨, 豈非難哉? 文公以希聖之才, 曳踵伊洛, 纂輯舊聞, 性命道德, 發無餘蘊, 綱紀大倫, 使人道生生, 不遂滅息. 其書亦旣流出於八極之表, 雖言語不通文字不同, 譯之以象人, 無間中國, 然而文公造事弘大, 網羅萬殊, 沉思黙慮, 晝夜不輟, 至於屬纊, 猶有所更定, 補而輯之, 使無缺遺, 亦文公之所望於後人者也. 程先生生文公之鄉里, 授受此書, 具有師法, 懼學者務以詖詞, 破碎大道, 或掇拾一二, 妄肆詆毁, 攷凡辭見異同義涉疑似者, 列而爲圖, 使學者於文公之言了然於心, 欲疑無所. 蓋有爲都邑之遊者, 念其鄉人之不能至也, 作都邑志, 以遺之, 或者又因其志, 繪而爲圖, 旣繪而圖, 則覽之者, 知益易矣. 程先生行義甚備, 蓋所謂真知而實踐之者. 故其爲言綜覈深固, 有所據依. 學者觀焉, 如伐鄧林而假利於斤斧, 則其所獲不多且逸哉? 延祐元年後三月十一日, 後學浦城楊載謹序.

同譯之以象人無閒中國然而文公造事弘大罔羅萬殊海思黙慮晝夜不輟至於爲纘猶有所更定補而緝之使無缺遺亦文公之所望於後人者也程先生生文公之鄉里授受此書具有師法懼學者務以謏聞破碎大道或掇拾一二妄肆設毀疵凡辭見異同義涉疑似者列而爲圖使學者於文公之言了然於心欲疑無所蓋有爲都邑之遊者念其鄉人之不能至也作都邑志以遺之或者又因其志繪而爲圖旣繪而爲圖則覽之者知益易矣程先生行義甚備蓋所謂眞踐而實履之者故其爲言綜覈深固有所據依學者觀焉如伐鄧林而假利於斤斧則其所獲不多且逸哉延祐元年後

三月十一日後學蒲城楊載謹序

『사서四書』는 왕도王道의 골수骨髓이고 『오경五經』의 근본이다. 맹자 이후로 세상에 전수되지 않았는데 이락伊洛의 대유大儒[25]가 비로소 그 실마리를 열고 문공文公(주자)이 드디어 더듬어 찾아서 완결지었다. 문공의 학생은 만여 명이었고 저명한 사람만 해도 수십 명이었다. 문공은 비록 시종관侍從官이라는 높은 벼슬에 올랐지만[26] 늘 마음을 산림山林에 두어 숨겨진 깊은 도리를 끝까지 연구하였으며 인적이 이르지 않는 곳에서 느긋하게 만년을 보냈다. 훈고訓詁를 철저히 연구하였고 장구章句를 분명하게 나누었으며 경전의 글귀 중에 곡절曲折이 있거나 의미가 이해하기 힘든 곳에 이르면 늘 제자들과 서로 토론을 주고받으며 반복해서 사색하였다. 그 결과 오제삼왕五帝三王의 성인들이 도道로 서로 전수하고 문자에 위탁한 것으로서 비록 고요皐陶·기夔·이윤伊尹·부열傅說와 같은 이들이라 해도 겨우 들을 수 있었던 내용을 천 년이 지난 뒤에 거슬러 올라가 탐구하려고 한다면 어찌 어려운 것이 아니겠는가. 문공文公은 성인聖人이 될 만한 자질로 이락伊洛의 도통을 계승하여 기존의 지식을 수집하여 정리하고, 성명性命·도덕道德에 대해 남김없이 전부 밝혀내고 대륜大倫의 기틀이 바로 서게 하여, 사람의 도리가 살아나서 없어져 버리지 않게 하였다. 그 책은 또 이미 온 세상에 널리 유포되었으며, 비록 언어가 통하지 않고 문자가 같지 않더라도 번역을 통해 설명하여 중국과 차이 없게 되었다. 하지만 문공文公의 조예는 넓고 커서 모든 다양성들을 다 포괄하며 깊이 사색하고 묵묵히 숙려하여 밤낮으로 그치지 않으며 죽음에 이르러서도 여전히 자신의 주석을 수정하였으니, 보충하여 정리해서 결여된 것이 없게 하는 것이 또

한 문공이 뒷사람들에게 바란 바이다. 정선생程先生은 문공文公의 향리鄕里에서 태어나 이 책을 전수받을 때 사법師法을 있었다.[27] 그는 배우는 사람들이 이것저것 찾아서 듣는 일에 몰두하여 대도大道를 잘게 부수거나 혹은 한두 가지를 주워듣고 함부로 대도大道를 비방할까 염려하여 용어가 불분명하고 개념이 의문스러운 대목에 대해서는 모두 나열하여 그림으로 그렸다. 그리하여 배우는 이들이 문공의 말에 대해 마음속으로 환하게 이해하여 의심하려 해도 그럴 수 없게 하였다. 대개 도읍都邑을 여행할 수 있게 된 사람이 자기 동네의 다른 사람들이 도읍에 올 기회가 없을 것이라고 여겨 도읍에 대해 상세하게 소개한 도읍지都邑志를 만들어서 동네 사람들에게 주었는데, 누군가가 또 그 도읍지를 토대로 묘사하여 그림으로 만든 것이다. 이미 묘사해서 그림으로 만들었으니 보는 사람들이 알기가 더욱 쉬울 것이다. 정선생程先生은 의롭게 행하는 능력이 아주 잘 갖추어졌으니, 대개 이른바 '참으로 알고 실제로 실천하는 사람'이다. 그래서 그의 말은 깊고 탄탄하게 연구된 것으로 근거로 삼는 바가 있었다. 배우는 이가 이것을 읽는다면 마치 등림鄧林(나무가 많은 산)에서 벌목을 하는 데 잘 드는 도끼까지 사용하는 것과 같을 테니 획득하는 바가 많고 넉넉하지 않겠는가.

연우延祐 원년 3월 11일

후학後學 포성浦城 양재楊載가 삼가 쓴다.

賦魯山憲使序

混沌未鑿鴻濛滋萌固未有圖也自宓羲氏之王天下也河

장노산 헌사[28]의 서문

臧魯山憲使序

混沌未鑿, 鴻蒙茲萌, 固未有圖也. 自宓犧氏之王天下也, 河出龍馬, 負圖焉. 聖人以此發造化之機, 闡鬼神之祕, 兩儀生四象, 四象生八卦, 而生生不窮之理實肇於此. 於是『易』有圖一百二十有二,『書』有圖七十有七,『詩』有圖七十有六,『禮』有圖一百一十有二,『記』有圖九十有八,『春秋』有圖一百二十有六, 而六經之圖備矣. 其他五行有圖, 天文有圖, 地理有圖, 三禮有圖, 紹運有圖, 器物, 制度亦各有圖, 圖非不多也. 惟『四書章句集注』未有爲圖者. 林隱程君生文公之鄉, 志文公之學, 而自得乎孔曾思孟之心, 用力『四書』, 闡微析幽, 分章纂圖, 垂三十年而書始成. 又間出己見, 以發明文公未盡之說, 名曰『四書章圖纂釋』. 後學之士苟能因圖以求解, 因解以求經, 則『四書』義理瞭然於胷中矣. 豈非後學之指南、讀書之捷徑也歟? 予嘗聞諸文公之教學者有曰 : "學問須以『大學』爲先, 次『論語』, 次『孟子』, 次『中庸』." 又曰 : "『大學』、『中庸』、『語』、『孟』四書, 道理燦然, 人只是不去看. 若理會得此四書, 何書不可讀? 何理不可究? 何事不可處也?" 旨哉言乎! 以文公之言, 驗林隱之圖, 見者易曉, 卓然有補於世教矣. 矧今天子嘉恵斯文, 勉勵學校, 宣明教化 ; 東宮喜聽經書, 尊儒重道, 樂善好賢. 予以是知林隱之圖可以自見出龍馬負圖焉聖人以此發造化之機闡鬼神之秘兩儀生四象四象生八卦八卦而生生不窮之理實肇於此於是易有圖一百二十有二書有圖七十有七詩有圖七十有六禮有圖一百一十有二記有圖九十有八春秋有圖一百二十有二而六經之圖備矣其他五行有圖天文有圖地理有圖三禮有圖紹運有圖器物制度亦各有圖圖非不多也惟四書章句集註未有爲圖者　林隱程君生　文公之鄉志文公之學而自得乎孔孟曾思之心用力四書闡微析幽分章纂圖垂三十年而書始成又間出己見以發明　文公未盡之蘊名曰四書章圖纂釋後學之士苟能因圖以求解因解以求經則四書義理瞭然於胸中矣豈非後學之指南讀書之捷徑也歟余嘗聞諸文公之教學者有曰學問須以大學爲先次論語次孟子次中庸又曰大學中庸語孟四書道理粲然

矣. 進之於朝, 非惟斯文之幸, 抑斯世之幸也. 故喜書而樂道之. 至大三年六月六日, 臧夢解書.

혼돈混沌이 아직 열리지 않고 홍몽鴻蒙이 점차 싹트는 시기에는 진실로 아직 그림이 없었다. 복희씨伏羲氏가 천하의 왕이 되었을 때 황하黃河에서 용마龍馬가 나왔는데 등에 그림이 있었다. 성인이 이것을 토대로 조화造化의 기틀을 밝히고 귀신鬼神의 비밀을 드러내니 양의兩儀는 사상四象을 낳고 사상四象은 팔괘八卦를 낳아 무궁무진하게 낳고 낳는 리理가 실로 여기에서 시작되었다. 이에 『역易』은 그림이 122개 있고, 『서書』는 그림이 77개 있으며, 『시詩』는 그림이 76개 있고, 『예禮』[29]는 그림이 112개 있으며, 『기記』[30]는 98개 있고, 『춘추春秋』는 그림이 126개 있어 『육경六經』의 그림이 완비되었다.[31] 그 밖에 오행五行에 그림이 있고, 천문天文에 그림이 있고, 지리地理에 그림이 있고, 삼례三禮에 그림이 있고, 소운紹運에 그림이 있고,[32] 기물器物의 제도制度에도 또한 각각 그림이 있었으니 그림이 많지 않은 것이 아니었다. 오직 『사서장구집주四書章句集注』에는 아직 그림이 없었다. 임은林隱 정군程君은 문공文公의 고을에서 태어나 문공의 학문에 뜻을 두어 스스로 공자孔子·증자曾子·자사子思·맹자孟子의 마음을 터득하였다. 『사서四書』에 힘을 기울여 미묘한 부분까지 밝히고 숨겨진 것까지 분석하여 장章을 나누어 그림을 그렸는데 30년이 되어서야 책이 비로소 이루어졌다. 또 그사이에 자신의 견해를 밝혀 문공이 미처 다하지 못한 설명을 마저 보충하고서는 제목을 『사서장도

人只是不去看若理會得此四書何書不可讀何理不可究
何事不可處也旨哉言乎以文公之言驗林隱之圖見者易
曉卓然有補於世教矣矧今
天子嘉惠斯文勉勵學校宣明教化
東宮喜聽經書尊儒重道樂善好賢余以是知林隱之圖可
以自見矣進之於
朝匪惟斯文之幸抑斯世之幸也故喜書而樂道之至大三
年六月六日臧夢解書

찬석四書章圖纂釋』이라고 하였다. 후학後學인 선비들이 진실로 이 그림을 토대로 주자의 주석에 담긴 의미를 구하고, 주자의 주석을 토대로 경經의 의미를 구한다면 『사서四書』의 의리義理가 가슴 속에 훤하게 이해될 것이다. 어찌 후학들의 나침반이자 독서의 첩경이 아니겠는가. 내가 일찍이 듣건대 문공이 배우는 이들을 가르칠 때 "학문은 모름지기 『대학大學』을 우선으로 해야 하고, 다음으로 『논어論語』, 다음으로 『맹자孟子』, 다음으로 『중용中庸』으로 나아가야 한다." 라고 하였다. 또 "『대학大學』·『중용中庸』·『논어論語』·『맹자孟子』 등 사서四書는 도리道理가 찬연하다. 사람들이 단지 읽지 않았을 뿐이다. 만약 이 사서四書를 제대로 이해할 수 있게 되면 어떤 책이든 읽지 못하겠는가. 어떤 이치인들 연구하지 못하겠는가. 어떤 일이든 처리하지 못하겠는가."라고 하였다. 문공의 말을 가지고 임은林隱의 그림을 살펴본다면 보는 사람들이 쉽게 이해할 수 있을 것이니 우뚝하게 세상의 교화에 보탬이 된다. 더구나 지금 천자天子가 사문斯文에 큰 은혜를 베풀고 학교學校 교육을 장려하며 교화教化를 밝게 펼치고 있으며, 동궁東宮이 경서經書를 듣기 좋아하며 유학자를 존중하고 도道를 중시하며 선을 즐기고 현인을 좋아한다. 나는 이에 임은의 그림이 저절로 드러나게 될 것임을 알지만, 조정에 바치게 되면 사문斯文에 다행일 뿐 아니라 이 세상에 다행이다. 그래서 기쁘게 쓰고 즐겁게 이야기한다.

지대至大 3년(1310) 6월 6일,

장몽해臧夢解가 쓴다.

詩

大司徒雲心詩

君才類無已聲名動京畿我懃曾蘇公力難援布衣二公金本

求養一宮何尒徵徑猝神武去聊賦廣文歸但以篤學聞毋

謂知音稀歸焉德逾馨林芳政涉 二

증시
贈詩

대사마 운심[33]의 시
大司徒雲心詩

君才類無已, 聲名動京畿.
我慙曾蘇公, 力難授布衣.
三釜本求養, 一官何爾微.
徑辭神武去, 聊賦廣文歸.
但以篤學聞, 毋謂知音稀.
歸焉德逾馨, 林芳政菲菲.

공의 재능은 한이 없어 명성이 경기京畿까지 들썩였다.
그대의 재능은 한이 없어 명성이 경기京畿까지 들썩였다.
나는 증남풍曾南豊(증공)과 소동파蘇東坡(소식)에게 부끄럽게

도, 포의布衣인 그대에게 관직을 내리게 하기가 어려웠다.
작은 벼슬로 부모를 봉양하려 하였다지만 관직이 어찌 이리 미미하였는가.
곧장 신무문神武門을 나서서 광문관廣文館의 시를 읊조리며 돌아가네.
다만 독실한 학문으로 이름이 났으니 지음知音이 적다고 하지는 마소.
돌아가면 덕은 더욱 향기로울 것이니, 숲 같은 명성이 한창 무성하다.

范德機編修詩

皇慶二年 江浙省咨發復心所著纂圖蒙 都省行
移礼部送 翰林院考校有 范編修呈 院保充本
院同編修官值 李道復平章不允明年復心始至
都賴諸先輩交薦甫入教選而復心以親老乞歸故
范公有是作云

六經在宇宙義若日杲杲孔門羣弟子記述亦淵浩自從理
學微再闢宗諸老紫陽擇書四傳註工漈濼以茲階聖域達
者得逕造師說雖具存衆見乱霧潦有忠者程君于是極研
討斷章布爲圖羅列粲羽翮肝腸懸脉絡遂濬分逕道姓原
譜宗庶直上指軒皞成凡若干卷幾復幾脫槀要使入德人
瞭然窺白皓吾胥得其書黄卷連采纈讀之太史館霜月中
夜縞私念在館時比日叢訂攷是稱茂異業肅肅來鴈鵠

범덕기 편수관[34]의 시
范德機編修詩

皇慶二年江浙省咨發復心所著『章圖』, 蒙都省行移禮部, 送翰林院考校. 有范編修呈院保充本院同編修官, 值李道復平章不允. 明年復心始至都, 賴諸先輩交薦, 甫入教選, 而復心以親老乞歸, 故范公有是作云.

황경皇慶 2년 강절성江浙省이 정복심程復心이 지은『사서장도四書章圖』를 자문咨文으로 바쳤는데, 도성都省이 예부禮部에 공문을 보내 한림원翰林院으로 이첩하여 검토하게 하였다. 범 편수관이 한림원에 보고를 올려 자신이 보증인이 되어 한림원의 같은 편수관編修官에 충원하자고 건의하였다. 하지만 평장사平章事인 이도복李道復[35]이 허락하지 않았다. 이듬해 정복심이 비로소 도성에 이르렀고 여러 선배들의 추천을 받아 교수敎授에 선임되었지만 정복심은 부모가 연로하다는 이유로 귀향하였다. 그래서 범공이 이 시를 지었다고 한다.

六經在宇宙, 義若日杲杲.
孔門群弟子, 記述亦淵浩.
自從理學微, 再闢宗諸老.

老聯狀牒大者刻梓聚文從事則已拼飣剽竊腸腦每當欲點
落慈護尚孩夭自云獲君賢卿擬示瑕疵欣然寫薦牘陳說
恣精皓譬之箋櫝溷此寶橫樂贊賞途見之嘖謂我以貧好
聽然知其薦令我心悛悛明年適在告起疾飯秔稻有客大
布衣拄杖曳幽草吐飯啜接之相問繁請禱新詩學學妙奕
氣敵商顯得姓始知君一笑爲絕倒如此清俏人遇會何熱
惱終受公卿知推挽上窮莫寂餘千萬中有以別白皂拜命
虎賤下薄言采芹藻六十不受祿退往同枯槁自非學功深
人欲淨如掃尺寸皆升斗誰不掛懷抱暮寒桃李過川色潤
杻栲昨者謁吾廬長揖意灝灝手持群公詠銜以麗褐褫告
云爾舟具旦夕涉江鳩識君我實後知君我最早進退已良
傯晚節諒自保

紫陽擇書四, 傳註工滌澡.
以玆階聖域, 達者得逕造.
師說雖具存, 衆見亂霖潦.
有忠者程君, 於是極妍討.
斷章布爲圖, 羅列粲羽翿.
肝腸懸脈絡, 邃澮分逕道.
姓原譜宗庶, 直上指軒皞.
成凡若幹卷, 歲復幾脫稾.
要使入德人, 瞭然窺白皓.
吾嘗得其書, 黃卷連采繅.
讀之太史館, 霜月中夜縞.
私念在館時, 比日叢訂攷.
是稱茂異業, 肅肅來鴈鴇.
小者聯狀牒, 大者刻梓棗.
文從事則已, 排肎亂脛腦.
每當欲黜落, 慈護尙孩夭.
自云獲君賢, 聊擬示障堡.
欣然寫薦牘, 陳說恣精皓.
譬之篋櫝溷, 此實橫棄寶.
當涂見之嗔, 謂我以貨好.
赧然卻其薦, 令我心慅慅.
明年適在告, 起疢飯秔稻.

有客大布衣, 柱杖曳幽草.
吐飯亟接之, 相問靡請禱.
新詩字字妙, 爽氣敵商顥.
得姓始知君, 一笑爲絕倒.
如此清修人, 遇會何熱惱.
終受公卿知, 推挽上穹昊.
庶幾千萬中, 有以別白皀.
拜命虎闕下, 薄言采芹藻.
六十不受祿, 退往同枯槁.
自非學功深, 人欲淨如掃.
尺寸偕鬥升, 誰不掛懷抱.
暮寒桃李過, 川色潤杻栲.
昨者謁吾廬, 長揖意灝灝.
手持群公詠, 禦以麗褐襖.
告云扁舟具, 旦夕涉江隝.
識君我實後, 知君我最早.
進退已良優, 晩節諒自保.

육경六經은 우주에서 의미가 해처럼 높이 빛나며,
공자 문하의 여러 제자들이 기술한 것이 또한 깊고 거대하다.
리학理學이 쇠퇴해지자 여러 종장宗匠이 다시 길을 열었고,
주자朱子가 책 넷을 택하여 공력을 들여 쓴 주석이 정갈하다.

이를 통해 성인의 영역으로 가는 계단을 열었으니 성인이
되려는 사람들이 지름길을 얻게 되었다.
스승의 해설이 비록 다 남아 있지만 여러 견해가 장마철에
핀 물처럼 어지러워졌다.
충심이 있는 정군程君이 이에 궁극까지 연구하니,
장章을 나누어 그림을 배치하니 나열되어 찬란한 우익이
되었다.
간肝과 장腸의 맥락이 드러나게 되었고, 수遂와 회澮의 길
들이 선명히 나뉘어졌으며,
성姓의 근원에 대해 적통과 서얼의 계통을 나누어서 곧장
황제黃帝와 소호少皞까지 거슬러 올라갔다.
몇 권의 책을 이루어 여러 해가 지나 거의 탈고하게 되었는데,
덕德을 이루려고 하는 이들이 밝은 해를 보듯 훤히 알게
하려 하였다.
내가 그 책을 얻었는데 누런 종이에 채색 끈으로 엮여 있
었다.
태사관太史館에서 읽으며 서리 내리는 달 아래 한밤까지 새
었다.
관館에 있을 때 며칠 내에 다 검토할 수 있을 것 같았는데,
아주 크고 특별한 작업이어서 어느새 훨훨 기러기가 날아왔다
작은 것은 장첩牀牒으로 이어졌고 큰 것은 목판으로 새겼
거니와
글은 사실을 드러낼 수 있으면 그만이니, 잘 차리는 것은

정강이와 머리만 어지럽힌다.
매번 뒤쳐질 상황일 때마다 어린 아이를 대하듯 자애롭게 지켜 주었으니
스스로 군君의 현능함을 알아보았다고 여기고 벼슬길의 보장이 되어 주려고 하였다.
흔쾌히 추천장을 쓸 때 아주 면밀하고 명백하게 말하였거니와
비유하자면 담은 상자가 깨끗하지 못할 뿐 이것은 실로 잘못 버려진 보배인 것이다.
권세를 쥔 이[36]가 이것을 보고 성을 내며 내가 뇌물을 받고 좋게 말한다면서,
부끄럽게도 추천서를 물리쳐 내 마음을 시름겹게 하였다.
이듬해 마침 말미를 얻어서는 열병 속에서 일어나 메벼 밥을 먹고 있었는데
한 길손이 큰 포의布衣를 입고 지팡이를 짚고서 그윽한 풀을 쓸면서 들어왔다.
밥을 뱉어내고 급히 맞이하여 기도를 청한 적이 없다고 물었더니[37]
새로운 시가 글자마다 묘해서 상쾌한 기운이 상호商顥[38]와 맞먹었다.
성姓을 듣고 군君인 줄 알게 되어 웃느라 포복절도하였거니와
이와 같이 맑게 수양한 사람이라면 벼슬길을 얻는 것에 어찌 속을 썩였겠는가.
끝내 공경公卿들의 인정을 받고 조정에 천거되었으니

천만 중에 희고 검은 것을 가릴 수 있기를 기대하였다.
호궐虎闕에서 제수를 받고 교수의 직임을 얻게 되었는데
60세라 녹봉을 받지 않고 물러나기를 마른 나무처럼 미련
없이 하였다.
학문의 공부가 깊지 않았다면 인욕을 쓸어버리듯 깨끗이
없앨 수 있었을까.
작은 벼슬이나마 하려는 생각을 누군들 가슴에 품지 않았
겠는가.
늦추위에 복사꽃과 살구꽃이 지나가고 냇가의 빛깔은 감
탕나무와 북나무가 윤택해졌는데
어제 우리 집으로 찾아와 작별인사를 하는데 감회가 넓고 컸다.
손에 여러 공경이 지은 시를 들고 있으니 그것으로 학문을
빛낼 밑천으로 삼을 수 있을 텐데
조그만 배가 하나 장만되었으니 조만간에 강을 건널 것이
라고 하였다.
군君을 알게 된 것은 내가 실로 뒤쳐졌지만 군을 알아본
것은 내가 가장 이르거니와
나아가고 물러나는 것에 이미 아주 훌륭하니 만년의 지조
를 참으로 보전할 수 있을 것이다.

吳養浩編脩詩

聖言開道蘊天乃出書圖萬里統一原該融盡精粗後賢各專業同歸殊其途寥絶大雅音紛紛爭亂朱去水不反源睽窮儀說弧程君力稽古豈是章句儒上探羲皇心下與周孔徒莫年走京國公侯交薦諛教授新安郡六十好眉須晨興告我别令我心吁吁良玉不就琢乃復求瓊玗犬城控南門柳色深且敷行行求言樂别語憇荒蕪

오양호 편수관[39]의 시
吳養浩編修詩

聖言開道蘊, 天乃出書圖.
萬里統一原, 該融盡精粗.
後賢各專業, 同歸殊其途.
寥絕大雅音, 紛紛爭亂朱.
去水不反源, 睽窮俄說弧.
程君力稽古, 豈是章句儒.
上探羲皇心, 下與周孔徒.
莫年走京國, 公侯交薦諛.
教授新安郡, 六十好眉修.
晨興告我別, 今我心籲籲.
良玉不就琢, 乃復求瑠玗.
大城控南門, 柳色深且敷.
行行永言樂, 別語慚荒蕪.

성인의 말이 도道의 내용을 드러내니 하늘이 이에 〈낙서洛書〉와 〈하도河圖〉를 내었다.
만리萬里가 한 근원으로 통일되니 정미하고 거친 것을 모두 융회하였다.
후현後賢들은 각자 전공하는 것이 있어서 궁극적으로는 동

일해서 길이 달랐다.

휑하게 큰 정통이 끊어지자 분분하게 다투어 정통을 어지럽혔다.

흘러간 물은 근원으로 돌아오지 않지만 어긋남이 다하면 갑자기 활줄을 풀게 된다.[40]

정군程君은 힘껏 옛 도道를 연구하였으니 어찌 장구章句에 매몰된 유생이겠는가.

위로는 복희伏羲의 마음을 알았고 아래로는 주공周公·공자孔子와 나란히 하였다.

늘그막에 서울로 갔더니 공후公侯들이 번갈아 추천서를 써주었다.

신안군新安郡[41]의 교수가 되니 60세의 수려한 모습이다.

새벽에 길을 나서 나에게 작별을 고하니 지금 나의 마음은 한탄스럽다.

좋은 옥을 쪼아 다듬지 못하고 다시 옥돌을 찾는다니.

대성大城의 남문南門을 두드리거니와 버드나무 색이 깊고 풍성하다.

가면서 줄곧 즐거웠으니 작별하는 말이 거칠어진 것이 부끄럽다.

徐芳谷先生詩

林隱程君四書章圖成槀之請

金臺過予徵言夫四書統緒之事也知行爲四書之大

端出勳又知行之大端君編纂三十年諒非苟知之者

着實近裏工夫當在何許奚假予騰說筆舌閒耶次韻

七言用代折柳皇慶元年番易徐明善拜手

紫陽大訓淑方來盈耳洋洋樂奏陔喜有新圖出繡水竟辭

서방곡 선생[42]의 시
徐芳谷先生詩

林隱程君『四書章圖』成, 槖之詣金臺, 過予徵言. 夫『四書』統緒之事也, 知行爲『四書』之大端, 出處又知行之大端. 君編纂三十年, 諒非苟知之者, 著實近裏工夫, 當在何許? 奚假予謄說筆舌間邪? 次韻七言, 用代折柳. 皇慶元年, 番易徐明善拜手.

임은林隱 정군程君이 『사서장도四書章圖』가 완성되자 자루에 싸들고 금대金臺(도성)로 가다가 나에게 들러 추천서를 요청하였다. 무릇 『사서四書』는 계통을 바로잡는 일을 다룬 책들이다. 지知와 행行은 『사서』의 핵심 내용이고, 출처出處(벼슬에 나가느냐 집에 머무느냐)는 또 지와 행의 핵심 내용이다. 정군이 30년 동안 이 책을 편찬하였으니 만일 진실로 이것을 아는 자가 아니라면 착실히 내면을 수양한 공부가 어디에 있겠는가! 어찌 그의 저술 속에 내 군더더기 말이 필요하겠는가? 7언言으로 차운次韻하여 작별의 정표에 갈음한다. 황경皇慶 원년(1313) 파양番易[43] 서명선徐明善이 배수拜手[44]한다.

紫陽大訓淑方來, 盈耳洋洋樂奏陔.
喜有新圖出繡水, 竟辭舊隱上金台.

舊隱上金臺戊成書幾度汗沁消竹味道應乘渴話梅握手贈言

霜蒲野無邊春意在根荄

成書幾度汗消竹，　味道應非渴話梅.
握手贈言霜滿野，　無邊春意在根荄.

자양紫陽(주자)의 큰 가르침이 후세를 선으로 인도하니 귀에 가득히 양양하게 「해하陔夏」[45]를 연주하듯 즐겁다.
새로운 그림이 수수繡水[46]에서 나온 것을 기뻐하여 드디어 예전에 은거하던 곳을 떠나 금대金臺에 오르려 한다.
책을 완성하며 몇 번이나 그 글[47]을 읽었을 테니, 도道를 즐기는 것이 목마른 때의 화매話梅[48]가 아니었으리라.
손을 잡고 작별의 말을 할 때 서리가 들에 가득 하지만 끝없는 봄의 기운은 뿌리에 영글어 있다.

余廉使舍人詩

欲袖南豐一瓣香笑談何幸對繩床九年空面達磨壁數仞難窺夫子墻林下藍袍添士氣窻前藜杖有神光浮槎指日星源去盡醉星郡灩灩觴

朝貴題贈序文 畢

여염사사인[49]의 시
余廉使舍人詩

欲袖南豐一瓣香， 笑談何幸對繩床.
九年空面達磨壁， 數仞難窺夫子牆.
林下藍袍添士氣， 窓前藜杖有神光.
浮楂指日星源去， 盡醉皇都瀲灩觴.

남풍南豐의 판향瓣香을 소매에 넣고자 하였나니[50] 담소를 나누며 승상繩床(일종의 의자)을 마주한 것이 얼마나 다행인가.
9년간 공연히 달마達磨의 벽을 마주하였나니 몇 인仞(8척) 높이 공자孔子의 담장 안을 엿보기 어렵다.
산림 속의 남포藍袍는 선비의 기운을 더하고 창문 앞의 여장藜杖은 신비한 광채가 있다.
뗏목을 띄우고 해를 가리키며 성원星源[51]으로 가나니, 모두 황도皇都[52]의 넘치는 잔에 취한다.

조정 고관들이 지어 증여한 서문의 총목 끝
朝貴題贈序文 畢

미주

1 원각袁桷의 서문은 이 책에 실려 있지 않다. 주이존朱彝尊의 『경의고經義考』에는 그 내용이 수록되어 있으며 참고로 그 내용은 다음과 같다. “象數可以圖言, 名意不可以圖言. 以圖言之, 其亦有所本乎? 昔者聖人觀象著圖, 因圖爲書, 範圍發揮. 由書而始通, 則夫圖之秘, 非書不能以盡. 是書之明於圖者也. 後聖繼述, 遵文演圖, 器度物象之微、剛柔善惡之應, 若天旋之黙運於樞紐, 其不可以繪畫得之者, 猶因名以立義, 此圖之輔於書而不可廢焉者也. 二者之用各有先後, 合而言之者, 吾不知其說也. 自正心誠意之說興, 茫無畔岸, 朱子憂之, 遂以其可據依者爲之主, 而體用知行之說實切於學者之功用. 後百餘年, 『五經』廢棄, 遂復勦取其近似, 端坐涂餙而根柢原委, 悉不能攷. 禮主於敬, 理主於善, 一言以蔽, 講學之法糜爛而不可救矣. 新安程子見取 『論』、『孟』、『中庸』、『大學』之書切於吾身者, 析而爲圖, 以輔翼朱子之教, 抑亦使夫人知爲學之敘, 非字義之可盡. 條分目擧, 必有能篤行而親識之者, 斯足以盡夫斯道之要, 其勤且備可謂能矣. 昔真文忠公作 『讀書記』, 仁義性命之說, 各以類從, 先正肅公作書上之, 曰 : “使若書成, 學者將得以自肆.” 今是書具在, 視今之言理者與古賢無異, 論其所學則又甚於朱子之憂矣. 子見之圖其必有以拯諸!”

2 유규劉珪의 시는 이 책에 실려 있지 않다.

3 주응극周應極의 시는 이 책에 실려 있지 않다.

4 원문에 “字”자만 있으며, 여조에 대해서는 알려진 정보가 없다.

5 정거부程鉅夫는 원래 이름이 문해文海이고 자가 거부鉅夫이었으며 호는 설루雪樓이다. 자를 이름으로 사용하였다. 한림학사翰林學士 승지承旨로 영록대부榮祿大夫였다.

6 원문에는 ‘際’로 되어 있으나 『경의고經義考』를 참고하여 수정하였다.

7 정초鄭樵(1104-1162)는 자가 어중漁仲이고 복건성의 포전浦田 사람이며 협제서생으로 불렸다. 사학자이자 목록학자로서 『통지通志』를 지었다.

8 정초鄭樵는 도圖와 보譜를 중시하여 그에 대한 인식이 부족했던 유흠劉歆과 유향劉向을 비판하였다. 『通志』 卷72, 「原學」, “劉氏之學, 意在章句, 故知有書而

不知有圖."

9 요로饒魯(1193-1264)를 가리킨다. 자字는 백여伯輿이고, 호가 쌍봉雙峰이며, 황간黃榦 등의 제자이며 강서성江西省 임천臨川의 임여서원臨汝書院 등에서 강의하여 많은 학자를 배출하였다.

10 임은의 부친은 정명봉程鳴鳳이고, 그의 모친은 제정진齊靜眞이다. 그의 모친은 1289년에 세상을 떠났고, 그의 부친이 1313년에 그 묘지명을 程钜夫에게 부탁하였다. 그 묘지명인 『程夫人齊氏墓志銘』은 『雪樓集』과 『新安文獻志』에 실려 있다.

11 왕약王約은 자字가 언박彥博이고 호는 예재豫齋이며 집현 대학사集賢大學士로 영록대부榮祿大夫였다.

12 주응극周應極은 자字가 남옹南翁이고 파양鄱陽 지역 사람이다. 약관弱冠에 이미 경사經史에 해박하여 무원婺源의 학정學正이 되었고, 나중에 왕약王約과 정거부程钜夫 등의 추천을 받아 집현전 사직集賢殿 司直 등의 벼슬을 역임하였다.

13 여기서는 『사서장도』를 중앙 정부에 올린 항주로 유학, 강절등처 유학제거사 등의 관청을 가리킨다.

14 신안新安은 진晉나라 때의 행정 구역으로 휘주徽州와 엄주嚴州를 포괄하는 대군大部이었다. 전당강錢塘江의 상류인 신안강新安江 유역이다. 지금의 안휘성 황산시黃山市·적계현積溪縣, 강서성 무원婺源, 절강성 건덕시建德市·순안현淳安縣을 포괄하며, 여기서는 무원을 가리킨다.

15 만년에 복건성福建省 건양建陽의 고정考亭에 은거하였던 주자朱子를 가리킨다.

16 송宋나라 철종哲宗 시기에 소동파蘇東坡가 주도한 천당川黨, 정이천程伊川이 영수였던 것이 낙당洛黨, 유지劉摯와 유안세劉安世 등이 영수였던 삭당朔黨을 가리킨다.

17 허형許衡(1209-1281)은 자가 중평仲平이고 호가 노재魯齋이며 다들 '노재선생'이라고 불렀다. 금金나라 말에서 원元나라에 걸쳐 활동하였다.

18 조맹부趙孟頫는 자는 자앙子昂이었고, 집현원 시강학사侍講學士였다.

19 원명선元明善의 자는 복초復初이고 청하清河 사람이다. 약관의 나이에 문명을 떨쳤고, 원元나라 인종仁宗 때는 태자문학太子文學이 되었고, 한림 대제翰林待制를 거쳐 연우延祐 연간에 한림 학사翰林學士가 되었다.

20 등문원鄧文原은 자가 선지善之 혹은 비석匪石이고 금주綿州 지역 사람이다. 그는 15세에 『춘추春秋』에 통달하였고 송宋나라 때 사천四川 지역의 장원이 되었다. 원元나라에서는 한림 문자翰林文字, 수찬修撰 등을 거쳐 황경皇慶 원년에 국

자 사업國子司業이 되었다.

21 고정考亭은 복건성 건양建陽에 있는 마을 이름이며 주자는 만년에 이곳에 창주정사滄州精舍를 짓고 강학하였으며, 뒷날 주자의 후학들이 이곳에 고정서원考亭書院을 지었다.

22 우집虞集(1272-1348)은 자字가 백생伯生이고 호는 도원道園이며 소암선생邵庵先生으로 불렸다. 오징吳澄의 제자이고, 집현 수찬集賢修撰, 한림 대제翰林待制, 규장각奎章閣 시서학사侍書學士 등을 역임하였다. 『경세대전經世大典』 편찬을 관장하였고, 저서로 『도원학고록道園學古錄』 등이 있으며, 문文으로는 게혜사揭傒斯·유관柳貫·황진黃溍과 함께 '원유사가元儒四家'로 불리고, 시詩로는 게혜사·범팽範梈·양재楊載와 함께 '원시사가元詩四家'로 불린다.

23 『사서장도은괄총요四書章圖檃栝總要』와 『사서장도찬석四書章圖纂釋』을 이렇게 합칭한 것이다.

24 양재楊載는 자가 중홍仲弘이며 항주 사람이다. 학식이 넓고 글쓰기가 대범하였으며 40세까지 벼슬하지 않다가 포의布衣로 한림국사원 편수관이 되어 무종실록武宗實錄 편찬에 참여하였다. 연우延祐 연간 인종仁宗이 과거를 부활시켰을 때 급제하여 유림랑儒林郎 영국로총관부寧國路總管府의 추관推官까지 올랐다.

25 이천伊川은 낙수洛水의 주요 지류이고 낙수는 황하의 지요 지류이다. 이 지역에서 활동한 정명도와 정이천을 가리킨다.

26 주자는 환장각煥章閣 대제待制 겸 시강侍講을 지냈다.

27 정복심이 주자로부터 전승되어온 학통으로부터 『사서집주』를 배웠다는 의미이다.

28 장몽해臧夢解(?-1335)는 경원慶元 사람이고 호가 노산魯山이다. 남송 말에 과거에 급제하였지만 벼슬하기 전에 나라가 망하였다. 원元나라에서 무주로婺州路 군민인장제거軍民人匠提擧를 시작으로 절동浙東海右道 숙정염방부사肅政廉訪副使 등을 역임하였으며, 호남湖南 선위부사宣慰副使로 치사致仕하였다. 저서로 『주관고周官考』 3권 등이 있다.

29 『주례周禮』와 『의례儀禮』를 가리킨다.

30 『예기禮記』를 가리킨다.

31 남송南宋 초기에 출간된 양갑楊甲의 『육경도六經圖』이 있는데, 그림의 숫자로 보아 이것을 가리키는 것은 아닌 듯하다.

32 제왕帝王의 세계世系를 표로 그린 것이다. 남송南宋의 황상黃裳이 『제왕소운도

帝王紹運圖』를 그렸으며 1247년 소주蘇州에서 비석에 새겼다.

33 유기劉夔는 자字가 도원道元이고 호가 운심雲心이며 북산거사北山居士라고 자칭하였다. 여러 벼슬을 거쳐 호부 시랑戶部侍郎으로 치사致仕하였으며, 이부 시랑吏部侍郎으로 옮겨진 뒤에 세상을 떠났다. 『문선필수文選筆粹』 등을 지었지만 전해지지는 않는다.

34 범팽(1272-1330)은 자字가 팽보亨父 혹은 덕기德機이었으며 문백선생文白先生으로 불렸다. 강서성 청강淸江 지역 사람이다. 한림원 편수관翰林院 編修官을 역임하였고, 우집虞集 등과 함께 '원시사대가元詩四大家'로 불린다. 저서로 『범덕기시집范德機詩集』이 있다.

35 이맹李孟(1255-1321)은 상당上黨 지역 사람으로, 자가 도복道復이고 호는 추곡秋穀이다. 경사經史에 밝아 서당을 열어 학생을 가르쳤으며 원元나라 성종成宗 때 당시 황질皇侄이었던 인종仁宗의 사부師傅로 발탁되었다. 정변 끝에 무종武宗 때 중서 평장정사中書平章政事 집현대학사集賢大學士 동지휘정원사同知徽政院事에 특별히 제수되었고, 인종仁宗이 즉위하였을 때도 중서 평장정사中書平章政事가 되었다. 과거科擧를 시행하자고 건의하였고, 유사儒士를 많이 등용하였다. 황경皇慶 원년(1312) 12월에 치사致仕하였지만 원우延佑 원년(1314) 12월에 다시 중서 평장정사에 기용되었다. 정거부程鉅夫 등과 함께 공거법貢擧法을 제정하였고, 정시廷試 책문策文 시험의 감시관監試官이 되었다. 이맹은 금金나라 지역 출신으로 신안新安 지역 유사儒士들과는 학문적으로 조금 거리가 있었던 것으로 보인다.

36 위에 소개한 이맹李孟을 가리킨다.

37 찾아온 손님을 떠돌이 도사로 생각한 것이다.

38 당唐의 시인인 이상은李商隱과 최호崔顥를 가리키는 것으로 보인다.

39 오선吳善은 자字가 양호養浩이고, 파양鄱陽 지역 사람이다. 한림원 편수관, 태상 박사太常博士, 집현대제集賢待制, 강절유학제거江浙儒學提擧 등의 관직을 역임하였다. 저서로 『오제거시吳提擧詩』가 있다.

40 『주역周易』 규睽괘의 상구효上九爻의 효사爻辭를 원용한 것이다. "상구上九는 어긋나서 돼지가 진흙을 진 것과 귀신鬼神이 한 수레에 가득히 실려 있는 것을 보는 상황이다. 처음에는 활줄을 당기다가 뒤에는 활줄을 풀어놓게 된다. 적이 아니라 혼인을 맺는 것이니, 가서 비를 만나면 길吉하리라[上九睽孤, 見豕負涂, 載鬼一車, 先張之弧, 後說之弧, 匪寇婚媾, 往遇雨則吉]."

41 구체적으로는 무원婺源이다.

42 서명선徐明善은 자字가 지우志友이고 호는 방곡芳谷이다. 덕흥德興 지역 사람이다. 강서유학제거江西儒學提擧를 역임하였다. 저서로 『방곡집芳谷集』이 있다.

43 강서성 파양호鄱陽湖 동쪽에 있는 지역의 지명이다.

44 배수拜手는 무릎을 꿇고 두 손을 모아 머리를 손까지 숙이고 땅에는 닿지 않게 하는 절이다.

45 고대의 음악인 구하九夏 중의 하나로 연회에서 마지막으로 연주하는 곡이다.

46 수수繡水는 무원婺源의 현성縣城 북쪽의 여러 산의 도랑이 모인 강으로 현성의 3면을 둘러싸고 도는데 그 무늬가 수놓은 것 같아서 이런 이름이 붙었다.

47 여기서는 주자가 지은 『사서집주』를 말한다.

48 화매는 황매黃梅를 가공해서 만든 음식으로, 책읽어주는 사람들이 침 돋울 때 먹곤 하였다.

49 여조余漕는 염사 사인廉使舍人을 역임하였고, 이 책이 출판된 1337년 당시에는 강절성江浙省의 유학제거儒學提擧였다.

50 남풍은 송나라의 학자이자 문장가인 증공曾鞏의 호이다. 판향瓣香은 모양새가 오이씨 비슷하게 생긴 향으로, 선승禪僧이 다른 사람을 축원할 적에 피우던 것인데, 다른 사람을 흠앙한다는 뜻으로 쓰는 용어이다. 진사도陳師道의 「관연국문충공가육일당도서觀兗國文忠公家六一堂圖書」 시에 "지금껏 이 판향 하나는 삼가 증남풍을 위한 것이네[向來一瓣香 敬爲曾南豐]." 하였다. 진사도는 증공에게 문장을 배우고 나중에 소동파蘇東坡의 추천으로 벼슬을 하게 되었다. 자신의 스승을 끝까지 섬긴다는 의미를 담았다.

51 성원星源은 임은의 고향인 무원婺源을 가리킨다.

52 구주본九州本에는 "呈都"로 되어 있다.

자서 自序

【自序】

文公一生精力多在四書每令學者
字字咀嚼不可等閒看了蓋經
文是正是皆解註是合是分凡好經
本末體用精粗備具左右須要看
得不差如論語程子論惟仁者好人

자서
自序

文公一生精力盡在四書, 每令學者字字咀嚼, 不可等閑看了. 蓋經文有正有背, 解註有合有分, 凡始終本末, 體用精粗, 橫直左右, 須要看得不差. 如論語程子論惟仁者好人章, 有"得其公正"之說, 黃氏失於玩索, 未免體用不分；晁氏論危邦不入章, 有"出處去就"之說, 輔氏失於參配, 未免正背失旨. 當時諸子親及文公之門, 有或不能領略其意如此類者, 未易殫擧. 復心雖不敢妄議是非, 然因襲之弊, 亦易承訛. 故嘗僭取文公解註, 分章析義, 約而爲圖, 庶幾始終正背本末分合燦然可觀. 將使讀者因圖以玩解, 則有以見文公用力之深; 因解以求經, 則有以見聖賢垂教之切. 是於初學之士, 亦不無小補云.

大德 壬寅 中伏 新安 程復心 序

章始得其正之說蕭氏失於玩
索未見體用不分鼎氏論邪及章
異出處去就之說輔氏失於恭配未免
猶失旨當對請予親及文公之門獨或不
能領略其意如此類者未易殫舉

문공文公은 평생 정력을 모두 사서四書 연구에 집중하여 매번 학자들에게 한 글자 한 글자 곱씹도록 지도하고 예사롭게 읽지 못하게 하였다. 경전의 문구 중에는 정면으로 설명하는 경우도 있고 반대쪽으로 설명하는 경우도 있으며 주석 중에는 묶어서 해석하는 경우도 있고 나눠서 해석하는 경우도 있다. 그러므로 첫 부분에 대한 설명인지 마지막에 대한 설명인지, 근본에 대한 설명인지 말엽에 대한 설명인지, 본체에 대한 설명인지 작용에 대한 설명인지, 정미한 설명인지 대략적 설명인지, 횡적인 설명인지 종적인 설명인지, 왼쪽에 대한 설명인지 오른쪽에 대한 설명인지 반드시 오차 없이 읽어낼 수 있어야 한다. 예를 들어 『논어論語』와 관련하여 정자程子는 '오직 어진 사람만이 남을 좋아할 수 있다.惟仁者好人'라는 내용의 장章을 해석하면서 "공평하고 올바른 마음을 가졌기 때문이다."라고 설명하였는데,[1] 황씨黃氏(황간黃榦)는 그 의미를 제대로 완미하지 못하여 결국 본체에 대한 설명인지 작용에 대한 설명인지 구분하지 못하고 말았으며, 조씨晁氏[2]는 '위태로운 나라에는 들어가지 않는다.'라는 내용의 장을 해석하면서 "벼슬로 나아가거나 집에 머물러 있음, 떠나가거나 나아감"에 대한 것으로 설명하였는데[3] 보씨輔氏(보광輔廣)는 잘못 배열하여 결국 정면으로 하는 설명인지 반대쪽으로 하는 설명인지를 밝히지 못하고 말았다.[4] 당시 여러 제자들은 문공의 문하에서 직접 배웠으면서 더러 그 의도를 이와 같이 이해하지 못한 사례가 이루 다 꼽기도 힘들다. 내가 비록 감히 함부로 그 시비를 논할 수는 없지만, 그런 해석을 비판 없이 그대로 받아들이게 되면 오독을 되풀이하는 병폐가 생기기 쉽다. 그래서 일찍이 분

復心雖不敢妄議是非然因襲之
弊又易承誤故嘗僭取 文公解
註分章析義約而為圖庶幾
經正旨本末分合燦然可覩將使讀
者因圖以玩解則足以見 文公用力之

수 넘치게도 문공의 주석을 대상으로 각 장마다 그 의미를 분석하고서 요약하여 그림으로 그렸더니, 첫 부분에 대한 설명인지 마지막 부분에 대한 설명인지 정면으로 설명한 것인지 반대편으로 설명한 것인지 근본에 대한 설명인지 말엽에 대한 설명인지 나눠서 설명한 것인지 묶어서 설명하는 것인지를 환하게 파악할 수 있게 되었다. 독자들에게 그림을 토대로 주석을 완미해서 문공이 얼마나 깊이 있게 심력을 기울였는지 확인하고, 주석을 토대로 경문의 의미를 파악하여 성현聖賢이 얼마나 간절하게 가르침을 주셨는지 확인할 수 있도록 인도하려고 한다. 이런 내 노력도 처음 공부하는 사람들에게 조금의 보탬이 없지는 않을 것이다.

대덕大德[5] 임인년(1302) 중복中伏에

신안新安 정복심程復心이 서문을 쓴다.

梁因解以求經則其道見以至矣哉

發之切是於初學之士亦不無小補

云大德壬寅中伏新安程復心

序

미주

1 『論語』「里仁」, "唯仁者, 能好人, 能惡人, 得其公正也."

2 조설지晁說之는 『논어강의論語講義』 5권을 지었으나 현재 이 책은 전해지지 않는다.

3 『論語集註 · 泰伯』, "晁氏曰 : 有學有守, 而去就之義潔, 出處之分明, 然後爲君子之全德也."

4 『論語纂疏 · 泰伯』, "輔氏曰 : 好學善道者, 有學也 ; 篤信守死者, 有守也. 不入、不居、則見、則隱者, 去就之義潔也. 以有道而貧賤、無道則富貴爲恥者, 出處之分明也. 必如是, 然後知與行相應, 始與終無虧, 可謂君子之全德."

5 원元나라 성종成宗의 연호이다.

사서장도 찬석 범례

四書章圖纂釋凡例

신안 임은 정복심 자견이 바침

新安 林隱 程復心 子見 經進

四書章圖纂釋凡例

新安林隱程復心子見 經進

四書章圖並纂括朱子章句集註或問分綱布目總要會綮本末始終昭然義見初學子弟先已逐章取圖細玩然後熟讀章句集註或問則於各章之意如駕輕就熟指掌可求不煩以授亦訓蒙之一助也

四書纂釋係纂括朱子文集語錄及諸門人與夫近代先輩凡所論有合於朱子者附以己意串入疏註其下更不出其姓氏蓋於趙氏纂疏標註已詳但其間多有與集註之說不無異同者亦有文集語錄中朱子初說與集註所定不同者今盡刪之庶免亂惑非贅疣也

論語纂釋於參訂諸說中贅附己意稍多蓋中間輔氏及諸子之說與此書集註大有失體認處因作下文

범례
凡例

一、『四書章圖』並檃栝朱子『章句、集註』、『或問』, 分綱布目, 總要會繁, 本末始終, 昭然義見. 初學子弟先且逐章取圖細玩, 然後熟讀『章句、集註』、『或問』, 則於各章之意, 如駕輕就熟, 指掌可求, 不煩口授, 亦訓蒙之一助也.

첫째, 『사서장도四書章圖』는 모두 주자朱子의 『사서장구집주四書章句集註』와 『사서혹문四書或問』을 분석적으로 개괄한 것이다. 주제를 분류하고 그에 따라 내용을 배열하여 요지를 밝힘으로써 요지를 드러내고 전체를 포괄하였으므로 사안들 사이의 본말이나 개별 사안의 전체 과정이 환하게 드러나게 되었다. 학문을 시작하는 자제들이 우선 장章마다 차례대로 도圖를 가져다가 잘 음미한 뒤에 『사서장구집주』와 『사서혹문』을 숙독한다면 각 장의 의미에 대해 마치 가벼운 수레를 타고 익숙한 길을 가는 것처럼 손바닥을 가리키듯 쉽게

卷令各疏于本章之下觀者當知不妄非敢僣

一孟子纂釋却有輔氏之說稍多發明纂括中别無己意

只告子上篇内一章微有不同詳見本文註下

一總要中多有近代先輩發明奧義者一一標註名氏不

敢有隱觀者幸鑒察焉

이해할 수 있고 굳이 번거롭게 말로 가르칠 필요가 없을 것이다. 그러니 이것도 아이들을 가르치는 데 도움이 될 만한 것 중의 하나라고 할 만하다.

一、『四書纂釋』系檃栝朱子『文集』、『語錄』及門人與夫近代先輩凡所論有合於朱子者, 附以己意串入疏註, 其下更不出其姓氏. 蓋於趙氏『纂疏』標注已詳. 但其間多有與『集註』之說不無異同者, 亦有『文集』、『語錄』中朱子初說與『集註』所定不同者. 今盡刪之, 庶免亂惑, 非贅疣也.

둘째, 『사서찬석四書纂釋』은 주자朱子의 『문집文集』과 『어록語錄』 및 문인들과 근대의 선배들의 이론 중에서 주자에 부합하는 부분을 분석적으로 개괄하고 거기에 나의 의견까지 붙여서 소주疏註로 끼워 넣은 것이다. 그 아래에 그들의 성씨姓氏를 표기하지는 않았는데, 그 이유는 조씨趙氏(조순손趙順孫)의 『사서찬소四書纂疏』에 표기해 둔 것이 이미 상세하기 때문이다. 다만 그 안에는 『사서집주四書集註』의 설명과 차이가 없지 않는 부분이 많고, 또 『문집』과 『어록』의 내용 중에서 주자朱子의 초기 설명이 『사서집주』에서 확정된 설명체계와 같지 않는 것도 있다. 지금 전부 삭제하여 혼란을 피하게 되었으니, 군더더기라고 할 수 없다.

一、『論語纂釋』於參訂諸說中贅附己意稍多. 蓋中間輔氏及諸子之說與此書『集註』大有失體認處, 因作辨證一卷, 今各疏於本章之下. 觀者當知不佞非敢僭也.

셋째, 『논어찬석論語纂釋』은 여러 이론들을 참작하여 수정하는 과정에서 내 의견을 붙여 넣은 것이 자못 많다. 대개 중간에 보씨輔氏(보광輔廣) 및 여러 제자들의 설명이 『논어집주論語集註』와 대조해 볼 때 제대로 이해하지 못한 곳이 많기에 내가 『변증辨證』 한 권을 지었고, 지금 각각 해당 장章의 하단에 소주疏注로 실어 두는 것이다. 독자들은 내가 감히 참람된 짓을 하려는 것이 아님을 알아줄 것이다.

一、『孟子纂釋』卻有輔氏之說, 稍多發明, 『檃栝』中別無己意. 只『告子上篇』內一章, 微有不同. 詳見本文註下.

넷째, 『맹자찬석孟子纂釋』의 경우 보씨輔氏의 설명이 자못 주자의 원의를 잘 살린 부분이 많기 때문에 『은괄檃栝』[1]에는 내 의견이 별로 없다. 단지 『고자상告子上』 편 내의 한 장章은 미세하게 같지 않은 점이 있다. 해당되는 글의 주석 아래에 보인다.

一、『總要』中多有近代先輩發明奧義者, 一一標註名氏, 不敢有隱. 觀者幸監察焉.

다섯째, 『총요總要』 안에는 근대의 선배들이 오묘한 의미를 잘 살린 글들을 많이 실었는데, 일일이 그 성명을 주석으로 표기하고 감히 숨기지 않았다. 독자들이 잘 살펴주기 바란다.[2]

○讀書要旨 此內不詳姓氏者皆朱子之訓

爲學莫先於窮理窮理必在乎讀書讀書之法莫貴於循序而致精致精之本則又在於居敬而持志

讀書須是虛心切己虛心能得聖賢意切己則聖賢之言不爲虛說

讀書[illegible]口只管思口讀則心同而義理自出某之始學亦如[illegible]無別法

觀[illegible]熟讀使其言皆若出於吾之口繼以精思使其意皆

독서법 요지

讀書要旨

이 내용 중에서 성씨를 밝히지 않은 것은 모두 주자朱子의 말씀이다.

此內不注姓氏者皆朱子之訓

爲學莫先於窮理, 窮理必在乎讀書. 讀書之法莫貴於循序而致精 ; 致精之本, 則又在於居敬而持志.[3]

학문을 추구할 때 이치를 궁구하는 것이 가장 우선인데, 이치를 궁구하는 길은 반드시 독서를 하는 데 있다. 독서의 방법으로는 순서에 따라 정밀하게 읽는 것보다 소중한 것이 없으며 정밀하게 읽는 데 있어 근본이 되는 것은 또 평소 경敬을 실천하여 마음을 잘 붙드는 데 있다.

讀書須是虛心切己, 虛心能得聖賢意, 切己則聖賢之言不爲

意皆若[illegible]吾之心然後可以有得爾泛觀[illegible]

熟讀而精思

書不記熟讀可記義不精細思可精惟有志不立直是無

着力處

嚴立功程寬着意思久之當自有味不可求欲速之功

讀書須是專一讀這一句且理會這一句讀這一章且理會這一章未要思量別章前輩云讀書不可不敬敬便專精不去了心

讀書之法先要熟讀須是正看背看左看右看看得是了未可便說道是更須反覆玩味

看文字只要虛心橫渠云濯去舊見以來新意

讀書須虛心熟讀久之自有所得亦自有所疑今若先尋討箇疑便不是大疑則有大進

虛說.[4]

독서를 하자면 모름지기 마음을 비우고 자기에게 절실해지게 해야 한다. 마음을 비우면 성현의 뜻을 이해할 수 있게 되고, 자기에게 절실해지게 하면 성현의 말이 공허한 말이 되지 않는다.

讀書不可只管思. 口中讀則心中同[5]而義理自出. 某之始學, 亦如是爾, 更無別法.[6]

독서를 할 때 그냥 생각만 해서는 안 된다. 입으로 소리 내서 읽으면 마음 안이 차분해져서 내용이 저절로 파악된다. 내가 처음 배울 때도 이와 같이 하였을 뿐이지 달리 다른 방법이 있지 않았다.

觀書先須熟讀, 使其言皆若出於吾之口, 繼以精思, 使其意皆若出於吾之心. 然後可以有得爾.[7] 泛觀博取, 不若熟讀而精思.[8]

책을 읽을 때는 먼저 익숙해지도록 읽어서 그 말이 마치 나의 입

讀書無疑者須要有疑有疑者却要無疑到此方是長進
讀書始讀未知有疑其次則漸漸有疑中則節節是疑過
了這一番後疑漸漸減以至融會貫通都無可疑方始
是學
讀書不在多要熟作文不在多要是取友不在多要賢
王幼安在朱先生書院與朋黨同講學而時習之不亦說
乎須以近者譬之方可曉得如小子初學讀書是學也
令其讀數十遍是時習也既熟則不煩惱背不得便是
說勵寫字亦然雜記載魏帝三三横兩兩縱有人辨得
錫金鍾之令答者云吳人浴水不言工屠兒割肉與秤
同美妓擲繩走虛空老吏治酒知升麄陳思王見其一一
人答後却方曉得是習字亦善是皆說習熟之
陳氏教子法云六經左傳語孟計四十八萬二千七

에서 나오는 것처럼 되도록 하고, 이어서 정밀히 사색해서 그 뜻이 모두 나의 마음에서 나온 것처럼 되도록 해야 한다. 그래야만 얻는 것이 있게 된다. 많이 읽고 널리 취하는 것이 익숙하게 읽고 정밀하게 사색하는 것만 못하다.

書不記, 熟讀可記 ; 義不精, 細思可精. 惟[9]有志不立, 直是無著力處.[10]

책의 내용을 잘 기억하지 못할 경우, 익숙하게 읽으면 기억할 수 있게 된다. 의미를 정밀하게 파악하지 못할 경우 상세하게 사색하면 정밀하게 파악할 수 있게 된다. 오직 뜻이 세워지지 않았을 경우에는 정말이지 손을 댈 수 있는 곳이 없다.

嚴立功程, 寬著意思, 久之, 當自有味, 不可求欲速之功.[11]

공부 일정을 엄격하게 세우되 마음은 느긋하게 가지면 오랜 시간이 지난 뒤에 저절로 맛이 있게 된다. 빨리 성취하려는 공부법을 추구해서는 안 된다.

日誦三百字四年半可畢資質稍鈍者日減其半乃不

過九年而就後生勉之哉一云鄒教授勸李实計四十八万二千二百有六字亦被

尚書二万五千七百六十有二字經二万四千六百七十字序一千九十三字毛詩三万十千三百五十三字

經二万九千六百四十七字序七千七百单六字周易上經七千二百二十一字下經七千一百七十二字係

辞至雜卦六千五百九十七字略例卦例凡二千九百二十六字通計二万三千九百一十六字礼記九万五

千四百九十五字周礼四万九千三百七十字天官至秋官四万二千二百八十五字考工記七千八十五字

春秋十九万五千五百一十六字正經從獲麟断一万六千五百八十二字續經二百一十三字左傳一十七

万八千七百二十一字孝經一千七百九十九字論語一万五千九百一十七字孟子三万五千三百七十六

字趙岐題辞詩六百九十一字

讀書須是專一. 讀這一句, 且理會這一句 ; 讀這一章, 且理會這一章. 未要思量別章別句.[12] 前輩云 : "讀書不可不敬. 敬便專精, 不走了心."[13]

독서를 할 때는 모름지기 전일하게 해야 한다. 이 한 구句를 읽을 때는 우선 이 한 구에 집중하여 이해하려고 하고, 이 한 장章을 읽을 때는 우선 이 한 장에 집중하여 이해하려고 해야 한다. 다른 장이나 다른 구를 생각해서는 안 된다. 어느 선배가 "독서를 할 때는 경敬을 견지하지 않으면 안 된다. 경의 자세를 견지하면 전일하고 정밀해져서 마음을 흐트러뜨리지 않게 된다."라고 하였다.

讀書之法, 先要熟讀, 須是正看, 背看, 左看, 右看, 看得是了, 未可便說道是. 更須反覆玩味.[14]

독서의 방법은 먼저 익숙하게 읽는 것이다. 모름지기 바로 읽고, 거꾸로 읽고, 왼쪽으로 읽고, 오른쪽으로 읽어야 한다. 정확하게 읽고 나서도 자신이 정확하게 읽었다고 말해서는 안 된다. 다시 반복해서 완미해야 한다.

看文字只要虛心.[15] 橫渠云："濯去舊見, 以來新意."[16]

글을 읽을 때는 마음을 비워야 한다. 횡거橫渠는 "옛 견해를 씻어 버리고 새 의미를 받아들인다."라고 하였다.

讀書須虛心熟讀, 久之, 自有所得, 亦自有所疑. 今若先尋討箇疑, 便不是.[17] 大疑則有大進.[18]

독서할 때는 모름지기 마음을 비우고 익숙하게 읽어야 한다. 그렇게 오랜 시간이 지나면 저절로 얻는 것이 있게 되고, 또한 의심스러운 것도 생기게 된다. 지금 먼저 의문거리를 찾으려고 하는 것은 잘못된 것이다. 크게 의심하면 크게 진보한다.

讀書無疑者須有疑, 有疑者却要無疑. 到此方是長進.[19]

독서를 하는데 의문이 없는 사람은 모름지기 의문을 가져야 한다. 의문이 있는 사람의 경우에는 의문이 없게 해야 한다. 이렇게 할 수 있어야 큰 진보가 있게 된다.

讀書始讀, 未知有疑, 其次則漸漸有疑, 中則節節是疑, 過了這一番, 疑漸漸減, 以至融會貫通, 都無可疑, 方始是學.[20]

독서의 경우 처음 읽을 때는 아직 의문을 가질 줄 모르고, 그 다음에는 점점 의문을 가지게 되고, 중간단계에서는 내용 하나하나가 의문스럽게 되고, 이 단계를 지나게 되면 의문이 점점 줄어들며, 융회하고 관통하여 전혀 의문스러운 것이 없는 단계에 이르게 되는데, 그제야 비로소 진정한 배움이라고 할 수 있다.

讀書不在多, 要熟 ; 作文不在多, 要是 ; 取友不在多, 要賢.

독서의 요령은 많이 읽는 데 있지 않으니 익숙하게 읽어야 하며, 작문의 요령은 많이 짓는 데 있지 않으니 옳게 지어야 하고, 교우의 요령은 많이 사귀는 데 있지 않으니 현명한 이를 사귀어야 한다.

王幼安在朱先生書院, 與朋友同講 "學而時習之, 不亦說乎", 須以近者譬之, 方可曉得. 如小子初學, 讀書是學也 ; 令其讀數十遍, 是時習也 ; 既熟則不煩惱背不得, 便是說處. 寫字亦然.『雜記』載 "魏帝, '三三橫兩兩縱', 有人辨得, 錫金鍾之令. 答者云 '吳人沒水, 不言工, 屠兒割肉, 與秤同', '美妓擲繩走虛空, 老吏沽酒知升甒', 陳思王見其二人答後, 方曉得是'習'字, 亦善謔. 皆說習熟之意."[21]

왕유안王幼安[22]이 주선생朱先生의 서원書院에서 붕우들과 함께 "배우고 때로 익히면 또한 기쁘지 않은가?[學而時習之, 不亦說乎]"라는 대목을 강학하다가 이렇게 말하였다. "모름지기 친근한 일로 비유해야만 그 의미를 이해할 수 있다. 예를 들어 어린아이가 처음 배울 때는 '책을 읽는 것'이 '배움'에 해당하고, '수십 번을 읽게 하는 것'이 '때로 익힘'에 해당하며, '이미 익숙해져서 외우지 못할까 걱정스럽지 않는 것'이 '기쁜 지점'이다. 글씨쓰기도 마찬가지이다. 『잡기雜記』[23]에, "위魏나라 황제[24]가 '셋셋 가로, 둘둘 세로[三三橫兩兩縱]'가 무슨 뜻인지 맞추는 사람에게 금종金鍾을 하사하겠다는 영을 내렸다. 답하는 자들은 '물이 많은 오吳나라 사람이 수영을 잘하는 것을 보고는 잘한다고 하지 않습니다.'라느니, '백정이 고기를 자른 것이 저울에 딱 맞는 것입니다.'라느니, '아름다운 기생이 줄을 던지고 허공을 걷는 것입니다.'라느니, '늙은 아전이 술을 살 때 몇 되인지 압니다.'라느니 하는 대답을 내놓았다. 진사왕陳思王은 두 사람이 대답하는 것을 본 뒤에 그것이 '습習'자를 가리킨다는 것을 깨달았으니, 그 또한 해학을 잘한 것이다.[25] 모두 익숙하게 익혔다는 의미를 말한 것이다."

陳氏教子法云 "『六經』、『左傳』、『語』、『孟』, 計四十八萬三千二百字, 日誦三百字, 四年半可畢. 資質稍鈍者日減其半, 亦不過九年而就. 後生勉之哉!"(一云 "'鄭教授勸學', 實計四十八萬三千二百有六字." ○按『尚書』二萬五千七百六十有三字,『經』二萬四千六百七十字,『序』一千九十三字;『毛詩』三萬七千三百五十三字,『經』二萬九千六百四十七字,『序』七千七百單六字;『周易』,『上經』七千二百二十一字,『下經』七千一百七十二字,『系辭』至『雜卦』六千五百九十七字,『略例』、『卦例』凡二千九百二十六字, 通計二萬三千九百一十六字;『禮記』九萬五千四百九十五字,『周禮』四萬九千三百七十字,『天宮』至『秋官』四萬二千二百八十五字,『考工記』七千八十五字;『春秋』十九萬五千五百一十六字,『正經』從 "獲麟" 斷一萬六千五百八十二字,『續經』二百一十三字,『左傳』一十七萬八千七百二十一字;『孝經』一千七百九十九字;『論語』一萬五千九百一十七字;『孟子』三萬五千三百七十六字, 趙岐『題辭』計六百九十一字.)

진씨陳氏의 『교자법教子法』에 "『육경六經』·『좌전左傳』·『논어論語』·『맹자孟子』는 모두 합쳐서 483,200자이니, 날마다 300자씩 외우면 4년 반 만에 다 마칠 수 있다. 자질이 조금 아둔한 자라서 하루 읽는 양을 그 절반으로 줄이더라도 9년이 지나지 않아 완료할 수 있다. 후생들은 힘쓸지어다!"라고 하였다.(누구는 "정교수鄭教授의 『권학勸學』에 있는 내용인데, 실제로 계산해 보니 483,206자이다."라고 하였다.

○살피건대 『상서尙書』는 25,763자인데 그중 '경經'의 내용이 24,670자이고 「서序」[26]가 1,093자이며, 『모시毛詩』는 37,353자인데 그중 '경經'의 내용이 29,647자이고 「서序」[27]가 7,706자이며, 『주역周易』은 「상경上經」이 7,221자이고 「하경下經」이 7,172자이고 「계사繫辭」부터 「잡괘雜卦」까지[28]가 6,597자이고 「약례略例」[29]와 「괘례卦例」가 합쳐 2,926자여서 합계 23,916자이며, 『예기禮記』가 95,495자이고, 『주례周禮』가 49,370자인데 「천궁天宮」부터 「추관秋官」까지가 42,285자이고 「고공기考工記」가 7,085자이며, 『춘추春秋』가 195,516자인데 '정경正經'이 "기린麒麟을 잡음[獲麟]"까지 끊으면 16,582자이고 '속경續經'이 213자이고 『좌전左傳』이 178,721자이며, 『효경孝經』이 1,799자이고, 『논어論語』가 15,917자이고, 『맹자孟子』가 35,376자이고 조기趙岐의 「제사題辭」가 691자이다.)[30]

○讀四書要旨

六經語孟皆聖賢遺書皆當讀但初學且須知緩急大學語孟是聖賢爲人切要處惟大學一書說古人爲學大要玩味此書却讀語孟

사서四書를 읽는 방법의 요지
讀四書要旨

『六經』、『語』、『孟』 皆如聖賢遺書, 皆當讀. 但初學且須知緩急.『大學』、『語』、『孟』 是聖賢爲人切要處, 惟『大學』 一書說古人爲學大要, 玩味此書, 卻讀『語』、『孟』.[31]

『육경六經』·『논어論語』·『맹자孟子』는 모두 성현이 남긴 책이니 모두 읽어야 한다. 하지만 초학자들은 모름지기 늦춰도 될 것과 급히 읽어야 할 것이 무엇인지 알아야 한다.『대학大學』·『논어』·『맹자』는 성현이 사람들에게 보여 준 가장 절실하고 중요한 내용인데, 그중 『대학』이라는 책은 옛사람이 학문을 추구해 가는 데 있어 핵심이 되는 내용을 소개하고 있으니 이 책을 완미한 뒤에『논어』와『맹자』를 읽어야 한다.

人自有合讀底書如大學語孟中庸等書豈可不讀讀此
四書然後看詩書禮樂上古之書莫尊於易中古後書
莫大於春秋然此兩書皆未易看

語孟工夫少得效多六經工夫多得效少

程子曰學者當以論語孟子爲本論語孟子旣治則六經
可不治而明矣讀書者當知聖人所以作經之意與聖
人所以用心聖人之所以至於聖人而吾之所以未至
者所以未得者日日而求之晝誦而味之中夜而思之
平其心易其氣闕其疑則聖人之意可見矣

程子曰學者須當將論語中弟子問處作自己問聖人答
處便作今日耳聞自然有得雖孔孟復生不過以此教
人若能於語孟中深求玩味將來涵養成甚生氣質

程子曰學者先讀論語孟子如尺度權衡相似以此去量

人自有合讀底書, 如『大學』,『語』,『孟』,『中庸』等書, 豈可不讀? 讀此四書, 然後看『詩』,『書』,『禮』,『樂』.[32] 上古之書莫尊於『易』, 中古後書莫大於『春秋』, 然此兩書皆未易看.[33]

사람에게는 본디 읽어야 할 책이 있다. 예를 들어『대학』·『논어』·『맹자』·『중용中庸』등의 책은 어찌 읽지 않을 수 있겠는가. 이 네 책을 읽은 뒤에『시경詩經』·『서경書經』·『예禮』·『악樂』을 읽어야 한다. 상고上古 시기의 책으로는『역易』보다 존귀한 것이 없고, 중고中古 이후의 책으로는『춘추春秋』보다 큰 것이 없다. 하지만 이 두 책은 모두 쉽게 읽을 수 없다.

『語』,『孟』工夫少, 得效多 ;『六經』工夫多, 得效少.

『논어』와『맹자』는 들이는 노력과 시간은 적어도 거두는 효과는 많은데,『육경六經』은 들이는 노력과 시간은 많아도 거두는 효과는 적다.

程子曰 : "學者當以『論語』,『孟子』爲本.『論語』,『孟子』旣

度事物自然見得長短輕重

程子曰今人不會讀書如讀論語未讀時是此等人讀了後又只是此等人便是不曾讀

孔門答問曾子聞得底話顏子未必與聞顏子聞得底話子貢未必與聞今合在論語一書後世學者豈不幸事但患自家不用心

先看論語中庸更看一經却看史方易看

程子曰某自十七八讀論語當時已曉文義讀之愈久但覺氣味深長

程子曰讀論語有讀了全然無事者有讀了後其中得一兩句喜者有讀了後知好之者有讀了後直有不知手之舞之足之蹈之者

治, 則『六經』可不治而明矣. 讀書者當知[34]聖人所以作經之意與聖人所以用心、聖人所以至聖人而吾之所以未至者、所以未得者, 日日[35]而求之, 晝誦而味之, 中夜而思之, 平其心, 易其氣, 闕[36]其疑, 則聖人之意可見矣."[37]

정자程子가 다음과 같이 말했다. "배우는 이는 응당 『논어』와 『맹자』를 근본으로 삼아야 한다. 『논어』와 『맹자』가 이미 돌파되면 『육경』은 노력을 들이지 않고도 이해된다. 책을 읽는 이는 응당 성인聖人이 경經을 지은 의도가 무엇인지, 성인이 마음을 쓴 방식이 무엇인지, 성인이 성인의 경지에 이른 까닭이 무엇인지, 내가 그 경지에 이르지 못하고 체득하지 못한 까닭은 무엇인지 알아서 날마다 추구해야 한다. 낮에는 송독하면서 음미하고 한밤에는 그것을 사색하되 그 마음을 평안하게 가지고 그 기운을 누그러뜨리며 의심스러운 부분은 뒤로 미뤄두는 방식으로 공부하다 보면 성인의 뜻을 이해할 수 있게 된다."

程子曰:"學者須當將『論語』中弟子問處, 便作自己問, 將聖人答處, 便作今日耳聞, 自然有得. 雖孔孟復生, 不過以此教人. 若能於『語』、『孟』中深求玩味, 將來涵養, 成甚生氣質?"[38]

정자가 다음과 같이 말했다. "배우는 사람은 모름지기 『논어』에서 제자가 질문하는 부분을 자신이 질문하는 것처럼 느끼고, 성인이 대답하는 곳을 자신이 오늘 귀로 듣는 것처럼 느껴야 한다. 그렇게 하다보면 자연히 터득하는 것이 있게 된다. 비록 공자孔子와 맹자孟子가 다시 살아난다고 하더라도 이런 내용으로 사람들을 가르치는 데 지나지 않을 것이다. 만약 『논어』와 『맹자』의 내용에 대해 깊이 추구하며 완미하게 되면 나중에 함양涵養하게 되었을 때 어떤 기질氣質을 형성할 수 있게 되겠는가!"

程子曰 : "學者先讀『論語』、『孟子』, 如尺寸權衡相似. 以此去量度事物, 自然見得長短輕重."[39]

정자가 다음과 같이 말하였다. "배우는 이는 먼저 『논어』와 『맹자』를 읽어야 하니, 마치 자나 저울과 같은 것이다. 이것으로 사물을 재면 자연히 그 길이와 무게를 알 수 있게 된다."

程子曰 : "今人不會讀書. 如讀『論語』, 未讀時是此等人, 讀了後, 又只是此等人, 便是不曾讀."[40]

정자가 다음과 같이 말하였다. "지금 사람들은 책을 읽을 줄 모른다. 예를 들어 『논어論語』를 읽을 경우, 아직 읽지 않았을 때 이런 사람이었고 읽고 난 뒤에도 또 단지 이런 사람일 뿐이라면, 그것은 아예 읽지 않은 셈이다."

孔門答問, 曾子聞得底話, 顏子未必與聞 ; 顏子聞得底話, 子貢未必與聞. 今合在『論語』一書. 後世學者, 豈不幸事? 但患自家不用心.[41]

공자 문하의 문답은 증자曾子가 들었던 말을 안자顏子가 반드시 듣지는 못하였고, 안자가 들었던 말을 자공子貢이 반드시 듣지는 못하였다. 지금 『논어』라는 하나의 책에 다 모여 있으니 후세의 학자들이 어찌 다행스러운 일이 아니겠는가. 단지 자신이 노력을 기울이지 못하는 것이 문제일 뿐이다.

先看『論語』、『中庸』, 更看一經, 却看史, 方易看.[42]

먼저 『논어』와 『중용』을 읽고 다시 다른 경經 하나를 읽고, 그 뒤 사서史書를 읽으면 쉽게 읽을 수 있게 된다.

程子曰："某自十七八讀『論語』, 當時已曉文義. 讀之愈久, 但覺氣味深長."[43]

정자가 다음과 같이 말하였다. "나는 17, 8세부터 『논어』를 읽었는데 당시에 이미 문의文義를 이해하였다. 읽는 것이 오래 될수록 단지 의미가 심장해지는 것을 느낄 뿐이었다.

程子曰："讀『論語』, 有讀了全然無事者, 有讀了後其中得一兩句喜者, 有讀了後知好之者, 有讀了後直有不知手之舞之足之蹈之者."[44]

정자가 다음과 같이 말하였다. "『논어』를 읽을 때, 읽고서 전혀 아무 일도 없는 사람이 있고, 읽고서 그중 한두 구절이 좋은 사람이 있고, 읽고서 좋아할 줄 아는 사람이 있고, 읽고서 자기도 모르게 손이 춤을 추고 발이 춤을 추는 사람도 있다.

○讀四書集註章句要旨

集註如秤上稱來無異不高些不低些如看得[illegible]養熟甚生氣質

集註添一字不得減一字不得

看集註時不可遺了緊要字蓋解中有極散緩者有緩急之間者有極緊要者某下一字時直是稱輕等重方敢寫出又曰讀集註只是要看無一字閑若意裏說做閑字那箇正是緊要字

某所解論語和訓詁在下面要人精粗本末字字咀嚼過此書某自三十歲便下工夫到而今改猶未了不是草草看者且須子細

集註後來改定處多遂與或問不相應又無工夫修得或問故不曾傳出今莫若只就正經上玩味有未通處參考集註更自思索爲佳不可恃此未定之書便以爲是

『사서집주장구』를 읽는 방법의 요지
讀四書集註章句要旨

『集註』如秤上稱來無異. 不高些, 不低些, 如看得透, 存養熟, 甚生氣質?[45]

『논맹집주論孟集註』는 저울 위에 올려놓고 무게를 재는 것과 다를 것이 없다. 조금도 높지 않고 조금도 낮지 않다. 만일 철저하게 이해하고 무르익도록 자신의 마음에 잘 기르면 어떤 기질氣質을 이루게 되겠는가.

『集註』添一字不得, 減一字不得.[46]

『논맹집주論孟集註』는 한 글자도 보탤 수 없고 한 글자도 줄일 수 없다.

大學一書有正經有解有或問不用某[illegible]多工夫看某底
不出不用聖賢許多工夫亦看聖賢底不出
伊川舊日教人先看大學那時未解說而今有註解覺大
段分曉了只在子細去看
一日教看大學曰我平生精力盡在此書先須通此方可
讀他書（先生於大學修改甚多[illegible]四十年日夜工夫不肯輒下皆有深意字字爲[illegible]直至屬纊而後絕筆）
大學解本文未詳者於或問中則詳之
或問未要看俟有疑處方可去看又曰某作或問恐人有
疑所以設此要他通曉而今學者未有疑却反被這箇
生出疑又曰大學章句次序得皆明白易曉不必或問
但致知格物與誠意較難理會不得不明辨之耳
中庸看得甚精章句大槩已改定多
中庸全在章句其或問中皆是諸家說恐未必是

看『集註』時, 不可遺了緊要字. 蓋解中有極散緩者, 有緩急之間者, 有極緊要者. 某下一字時, 直是秤輕等重, 方敢寫出.[47] 又曰 : "讀『集註』, 只是要看無一字閑. 若意裏做閑字, 那箇正是緊要字."[48]

『논어집주論語集註』를 읽을 때 긴요한 글자를 빠뜨려서는 안 된다. 대개 주석들 중에는 지극히 비중 없는 것이 있고, 비중 없는 것 같기도 하고 중요한 것 같기도 한 것이 있으며, 지극히 긴요한 것이 있다. 내가 한 글자를 쓸 때에는 경중을 잘 잰 뒤에야 감히 썼다. 또 말하기를, "『집주』를 읽을 때는 한 글자도 허투루 쓴 것이 없음을 알아야 한다. 생각에 허투루 쓴 용어로 보이는 것이 있으면 바로 그것이 긴요한 용어이다."라고 하였다.

某所解『論語』, 和訓詁注在下面, 要人精粗本末, 字字咀嚼過此書. 某自三十歲, 便下工夫, 到而今改猶未了, 不是草草, 看者且須[49]仔細.[50]

내가 풀이한 『논어』는 훈고訓詁까지 아래에 실려 있으니 사람들은 이 책의 정미한 부분과 거친 부분, 근본인 부분과 지엽인 부분에 대해 한 글자 한 글자 곱씹어야 한다. 나는 서른 살부터 주석 작업

中庸前輩說得多〻其間儘有差舛處所以難下工〻比大
學都未曾有人說
右所述皆聖學相承之要兢〻堯也夔〻舜也孜〻
禹也慄〻湯也翼〻文王也不泄邇不忘遠武王也
仰而思之夜以繼日幸而得之坐以待旦周公也發
憤忘食樂以忘憂不知老之將至孔子也既竭吾才
欲罷不能顏子也死而後已曾子也不可須臾離子
思也有終身之憂孟子也八聖四賢垂範如此學者
捨是將安施乎

을 시작하여 지금까지 아직 계속 고쳐 가고 있으니 아무렇게나 주석을 단 것이 아니다. 읽는 사람들은 자세히 살펴야 할 것이다.

『集註』後來改定處多, 遂與『或問』不相應, 又無工夫修得『或問』, 故不曾傳出. 今莫若且就正經上玩味, 有未通[51]處, 參考『集註』, 更有思索爲佳. 不可恃此未定之書便以爲是.[52]

『논맹집주論孟集註』는 뒤에 개정改定한 부분이 많아서 드디어 『논맹혹문論孟或問』과 상응하지 않게 되었는데, 또 시간이 없어서 『논맹혹문』을 고치지 못하였기 때문에 아직까지 발표한 적이 없다. 지금으로서는 우선 『논어』와 『맹자』의 원전을 가지고 잘 완미하고, 이해가 되지 않는 부분이 있으면 『논맹집주』를 참고하여 다시 사색하는 것이 가장 나을 것이다. 이 완성되지 못한 책을 의존하여 정론으로 삼아서는 안 될 것이다.

『大學』一書, 有正經, 有解, 有『或問』. 不用某許多工夫, 看某底不出, 不用聖賢許多工夫, 亦看聖賢底不出.[53]

『대학大學』이라는 책은 원전이 있고 주석이 있고 『혹문或問』이 있

다. 나의 그 숱한 노력을 기울이지 않는다면 내가 한 말을 이해하지 못할 것이고, 성현의 숱한 노력을 기울이지 않는다면 또한 성현의 의도를 이해하지 못할 것이다.

伊川舊日教人先看『大學』. 那時未解說, 而今有註解, 覺大段分曉了. 只在子細去看.[54]

이천伊川은 옛날 사람들에게 먼저『대학』을 읽게 하였다. 그때에는 아직 해설이 없었으니 아마도 읽는 것이 모호한 수준이었을 것이다. 지금은 주해註解가 있어서 아주 분명하다. 단지 자세히 읽기만 하면 된다.

一日教看『大學』, 曰 : "我平生精力盡在此書. 先須通此, 方可讀他書."[55](先生『大學』修改甚多, 三四十年日夜工夫, 不肯輕下, 皆有深意寓乎其間.[56] 直至屬纊而後絕筆.[57])

하루는『대학』을 읽기를 가르치며, "나의 평생 정력은 모두 이 책에 들였다. 먼저 이것을 철저히 이해해야만 하고, 그런 뒤에 다른 책을 읽을 수 있다."(선생은『대학』의 주석을 아주 많이 수정하였다. 3, 40

년 동안 밤낮의 노력과 시간을 다 들였고, 가볍게 쓰려고 하지 않고 모두 그 속에 깊은 뜻을 담았다. 세상을 떠나게 된 뒤에야 절필하였다.)

『大學解』本文未詳者, 於『或問』中詳之.[58]

『대학장구大學章句』는 본문에 상세히 말하지 못한 내용을 『대학혹문大學或問』 안에 상세히 설명하였다.

『或問』未要看. 俟有疑處, 方可去看.[59] 又曰 : "某作『或問』, 恐人有疑, 所以設此, 要他通曉. 而今學者, 未有疑, 卻反被這箇生出疑.[60]『大學章句』次序皆明白易曉, 不必『或問』. 但致知格物與誠意, 較難理會, 不得不明辨之耳."[61]

『혹문或問』은 굳이 볼 필요가 없다. 의문스러운 것이 생기고 난 뒤에는 봐도 된다. 또 말하기를, "내가 『或問』을 지은 것은 사람들이 의문을 가지게 될까 생각해서 이런 문제를 설정해서 이 문제를 철저하게 이해하도록 한 것이었다. 그런데 지금 배우는 사람들은 의문이 생기지 않은 상태에서 도리어 이것 때문에 의문이 생기게 된다.『대학장구』의 차례는 모두 명백하여 이해하기 쉬우니 『혹문』이 필요하지 않다. 다만 치지致知·격물格物과 성의誠意은 비교적 이해하기 어려워서 어쩔 수 없이 명백하게 설명하였다."라고 하였다.

『中庸』看得甚精,『章句』大槩已改定多.[62]

『중용中庸』은 내가 매우 정밀하게 이해하였으며,『장구章句』에 대개 이미 개정을 많이 하였다.

『中庸』全在『章句』, 其『或問』中皆是諸家說, 恐未必是.[63]

『중용中庸』은 전부『장구章句』에 설명을 다 하였으며, 그『혹문或問』속에 있는 것은 모두 여러 학자들의 설명들인데, 다 옳은 것은 아닌 것 같다.

『中庸』前輩說得多, 其間儘有差舛處, 所以難下手, 不比『大學』都未曾有人說.[64]

『중용』은 선배들이 설명한 것이 많은데 그 사이에 어긋난 것이 많이 있어서 손을 대기가 어렵다. 『대학』처럼 아무도 설명해 놓지 않은 것에 비할 것이 아니다.

右所述皆聖學相承之要. 兢兢, 堯也；夔夔, 舜也；孜孜, 禹也；慄慄, 湯也；翼翼, 文王也[65]；不泄邇, 不忘遠, 武王也；仰而思之, 夜以繼日, 幸而得之, 坐以待旦, 周公也；發憤忘食, 樂以忘憂, 不知老之將至, 孔子也；既竭吾才, 欲罷不能, 顏子也；死而後已, 曾子也；不可須臾離, 子思也；有終身之憂孟子也. 八聖, 四賢, 垂範如此, 學者捨是將安施乎?

위에 서술한 것은 모두 성현이 되는 학문으로 전승 되어 온 방법의 요체이다. 삼가는 자세는 요堯의 방법이었고, 두려워하는 자세는 순舜의 방법이었으며, 부지런한 자세는 우禹의 방법이었고, 벌벌 떠는 자세는 탕湯의 방법이었고, 경건한 자세는 문왕文王의 방법이었으며, 가까운 이를 함부로 대하지 않고 먼 사람을 잊지 않는 자세는 무왕武王의 방법이었고, 우러러보며 사색하기를 밤으로 낮을 이으며 다행히 방법을 깨닫게 되면 앉아서 새벽을 기다린 것은 주공周公의 방법이었으며, 결심을 내려 밥먹는 것도 잊으며 즐거워서 괴로움도 잊고 장차 늙게 될 것도 잊는 것은 공자孔子의 방법이었고, 이미 나의 재능을 다하였지만 그만두려고 해도 그러지 못하는 자세는 안자顔子의 방법이었으며, 죽은 뒤에 끝난다는 자세는 증자曾子의 방법이었고, 잠시도 떠날 수 없다는 자세는 자사子思의 방법이었고, 생애 전체의 근심을 견지하는 것은 맹자孟子의 자세였다. 여덟 성인과 네 현인이 모범을 드리워 놓은 것이 이와 같으니 학자들이 이것을 버리고 장차 무엇을 하겠는가?

사서장도찬석범례 끝

四書章圖纂釋凡例

미주

1 정복심이 사용하는 '은괄檃栝'이라는 말은 여러 자료들을 분석하고 개괄하여 만든 글이나 그림을 의미하는데, 여기서는 자신의 『맹자찬석』을 말한다.

2 이 「범례」를 보면 정복심의 전체 저작은 처음에 '사서장도四書章圖', '사서찬석四書纂釋', '총요總要'로 구성되어 있었다는 것을 알 수 있다. 나중에 '사서장도'와 '사서찬석'은 하나로 편집되었다.

3 『朱文公文集』 卷15,『行宮便殿奏劄二』,"蓋爲學之道莫先乎窮理, 窮理之要必在於讀書. 讀書之法莫貴於循序而致精, 而致精之本則又在於居敬而持志."

4 『朱子語類』 卷11, "讀書須是虛心切己, 虛心方能得聖賢意, 切己則聖賢之言不爲虛說."

5 원문에는 '同'으로 되어 있지만,『주자어류』에 의거하여 '閒'으로 고쳐 번역하였다.

6 『朱子語類』 卷11, "大凡讀書, 且要讀, 不可只管思. 口中讀, 則心中閒, 而義理自出. 某之始學, 亦如是爾, 更無別法."

7 『朱子語類』 卷11, 大抵觀書先須熟讀使其言皆若出於吾之口繼以精思使其意若出於吾之心然後可以有得爾.

8 『朱子語類』 卷11, 泛觀博取不若熟讀而精.

9 原作"唯".

10 『朱文公文集』 卷74. 『又諭學者』, 書不記熟讀可記義不精細思可精唯有志不立直是無著力處.

11 『朱子語類』 卷8, "嚴立功程, 寬著意思, 久之自當有味. 不可求欲速之功."

12 『朱子語類』 卷10, "讀書, 須是專一讀這一句, 且理會這一句, 讀這一章, 且理會這一章. 須是見得此一章徹了, 方可看別章, 未要思量別章別句."

13 『朱子語類』 卷10, "前輩云 : '讀書不可不敬, 敬便精專, 不走了這心."

14 『朱子語類』 卷10, "讀書之法, 先要熟讀. 須是正看, 背看, 左看, 右看. 看得是了, 未可便說道是, 更須反覆玩味."

15 『朱子語類』 卷41, "看文字, 只要虛心, 濯去舊聞, 以來新見."

16 『正蒙·學大原下』, "義理有疑, 則濯去舊見, 以來新意. 心中苟有所開, 即便劄記, 不思則還塞之矣. 更須得朋友之助."

17 『朱子讀書法』 卷2, 『虛心涵泳』, "讀書須虛心熟讀, 久之自有所得, 亦自有所疑. 今先尋討箇疑, 便不是."

18 『朱子讀書法』 卷2, 『熟讀精思』, "大疑則大進."

19 『朱子語類』 卷11, "讀書無疑者, 須教有疑, 有疑者卻要無疑. 到這裏方是長進."

20 『朱子讀書法』 卷2, 『熟讀精思』, "讀書, 始讀未知有疑, 其次則漸漸有疑, 中則節節是疑, 過了這一番, 疑漸漸釋, 以至融貫會通, 都無可疑, 方始是學."

21 『朱子어류』 卷20, '浹洽' 二字, 宜子細看. 凡於聖賢言語思量透徹, 乃有所得. 譬之浸物於水 : 水若未入, 只是外面稍濕, 裏面依前乾燥. 必浸之久, 則透內皆濕. 程子言 '時復思繹, 浹洽於中, 則說', 極有深意. 〈先生令諸生同講 '學而時習之, 不亦說乎'. 須以近者譬得分曉乃可. 如小子初授讀書, 是學也. 令讀百數十遍, 是時習也. 既熟, 則不煩惱, 覆背得, 此便是說也. 書字亦然. 或問中云 : "學是未知而求知底工夫, 習是未能而求能底工夫." 以此推之, 意可得矣. 雜說載魏帝 '三三橫, 兩兩縱, 誰能辨之賜金鍾' 之令. 答者云 : '吳人沒水自云工, 屠兒割肉與稱同, 伎兒擲繩在虛空.' 蓋有類三句. 陳思王見三人答後, 卻云 : '臣解得是習字.' 亦善謔矣. 皆說習熟之意." 先生然之.〉 過(65이후).

22 주자의 제자 중에 왕과王過는 자字가 유관幼觀이고 무원婺源에서 가까운 덕흥德興 사람이다. 『朱子語類』에 이 내용은 왕과王過가 기록한 것으로 되어 있다. 유안幼安은 그의 다른 자字인 것으로 보인다.

23 『낙양가람기洛陽珈藍記』에 이 내용이 있다. 『洛陽珈藍記』 卷3, 『城南』, "高祖大笑, 因舉酒曰 : '三三橫, 兩兩縱. 誰能辨之? 賜金鍾.' 禦史中丞李彪曰 : '沽酒老嫗甕, 屠兒割肉與秤同.' 尚書右丞甄琛曰 : '吳人浮水, 自云工. 妓兒擲絕在虛空.' 彭城王勰曰 : '臣始解此字是習字.' 高祖即以金鍾賜彪. 朝廷服彪聰明有智."

24 위魏나라를 세운 조비曹丕를 가리킨다. 효문제孝文帝, 고조高祖 등으로 불렸다.

25 진사왕은 조비의 아우 조식曹植이다. 『낙양가람기洛陽珈藍記』에는 왕협王勰으로 되어 있다.

26 공안국孔安國이 쓴 것으로 전해졌으며, 위작이라는 견해가 많다.

27 공자의 제자 자하子夏가 쓴 것이라고 전해지며, 「대서大序」와 「소서小序」로 되어 있다.

28 「계사」부터 「잡괘」까지는 이른바 「십익十翼」을 가리킨다.

29 왕필王弼이 지은 글이다.

30 모두 합치면 480,505자이다.

31 『朱子語類』 卷7, "六經語孟, 皆聖賢遺書, 皆當讀. 但初學且須知緩急. 大學語孟, 最是聖賢爲人切要處. 然語孟卻是隨事答問, 難見要領, 唯大學是曾子述孔子說古人爲學之大方, 門人又傳述以明其旨. 體統都具, 玩味此書, 知得古人爲學所鄕. 讀語孟, 便易入, 後面工夫雖多, 而大體已立矣."

32 『朱子語類』 卷67, "人自有合讀底書, 如大學語孟中庸等書, 豈可不讀? 讀此四書, 便知人之所以不可不學底道理與其爲學之次序, 然後更看詩書禮樂."

33 『朱子語類』 卷67, "上古之書, 莫尊於易. 中古後書, 莫大於春秋. 然此兩書, 皆未易看."

34 원문에는 "觀"으로 되어 있다.

35 원문에는 "句句"로 되어 있다.

36 원문에는 "闕"로 되어 있다.

37 『二程遺書』 卷25, "學者當以論語孟子爲本. 論語孟子既治, 則六經可不治而明矣. 讀書者當觀聖人所以作經之意與聖人所以用心與聖人所以至聖人而吾之所以未至者、所以未得者, 句句而求之, 晝誦而味之, 中夜而思之, 平其心, 易其氣, 闕其疑, 則聖人之意見矣."

38 『二程遺書』 卷22上, "伯溫問 : '學者如何可以有所得?' 曰 : '但將聖人言語玩味, 久則自有所得. 當深求於論語, 將諸弟子問處便作己問, 將聖人答處便作今日耳聞, 自然有得. 孔孟復生, 不過以此教人耳. 若能於論孟中深求玩味, 將來涵養成, 甚生氣質!'"

39 『二程遺書』 卷18, "問 : '聖人之經旨, 如何能窮得?' 曰 : '以理義去推索, 可也. 學者先須讀論孟. 窮得論孟. 自有箇要約處. 以此觀他經, 甚省力. 論孟如丈尺權衡相似. 以此去量度事物, 自然見得長短輕重. 某嘗語學者必先看論語孟子. 今人雖善問, 未必如當時人, 借使問如當時人, 聖人所答不過如此. 今人看論孟之書, 亦如見孔孟, 何異?'"

40 『二程遺書』 卷19, "今人不會讀書. 如 '誦詩三百. 授之以政, 不達, 使於四方, 不能專對, 雖多, 亦奚以爲?' 須是未讀詩時, 授以政不達, 使四方不能專對, 既讀詩後, 便達於政, 能專對四方, 始是讀詩. '人而不爲周南、召南, 其猶正墻面而立.' 須是未讀周南召南一似面墻, 到讀了後, 便不面墻, 方是有驗. 大抵讀書, 只此便是法. 如讀論語, 舊時未讀是這箇人, 及讀了後又只是這箇人, 便是不曾讀也."

41 『朱子語類』 卷19, "孔門問答, 曾子聞得底話, 顏子未必與聞 ; 顏子聞得底話, 子貢未必與聞. 今卻合在論語一書, 後世學者豈不幸事? 但患自家不去用心."

42 『朱子語類』 卷11, "先看『語』,『孟』,『中庸』, 更看一經, 卻看史, 方易看."

43 『二程遺書』 卷19, "某自十七八讀論語, 當時已曉文義, 讀之愈久, 但覺意味深長."

44 『二程遺書』 卷19, "先生云 : '某自十七八讀論語, 當時已曉文義, 讀之愈久, 但覺意味深長. 論語有讀了後全無事者, 有讀了後其中得一兩句喜者, 有讀了後知好之者, 有讀了後不知手之舞之足之蹈之者."

45 『朱子語類』 卷19, "論語集注如秤上稱來無異. 不高些, 不低些. 自是學者不肯用心看. 如看得透, 存養熟, 可謂甚生氣質?"

46 『朱子語類』 卷19, "語吳仁父曰 : '某語孟集注, 添一字不得, 減一字不得. 公子細看.' 又曰 : '不多一箇字, 不少一箇字.'"

47 『朱子語類』 卷11, "看注解時, 不可遺了緊要字. 蓋解中有極散緩者, 有緩急之間者, 有極緊要者. 某下一字時, 直是稱輕等重, 方敢寫出."

48 『어류』 19:62 讀書別無法, 只管看, 便是法. 正如獃人相似, 捱來捱去. 自家都未要先立意見, 且虛心只管看. 看來看去, 自然曉得. 某那集注都詳備, 只是要人看無一字閑. 那箇無緊要閑底字, 越要看. 自家意裏說是閑字, 那箇正是緊要字. 上蔡云 "人不可無根", 便是難. 所謂根者, 只管看, 便是根, 不是外面別討箇根來. 僩(69이후).

49 『주자어류朱子語類』에는 "歸"로 되어 있다.

50 『朱子語類』 卷116, "某所解語孟, 和訓詁注在下面, 要人精粗本末字字爲咀嚼過. 此書某自三十歲便下工夫, 到而今改猶未了, 不是草草. 看者且歸仔細."

51 『朱文公文集』 作 "適".

52 『朱文公文集』 卷62, 『答張元德』, "論孟集注, 後來改定處多, 遂與或問不甚相應, 又無功夫修得或問, 故不曾傳出. 今莫若且就正經上玩味, 有未適處, 參攷集注, 更有思索爲佳. 不可恃此未定之書, 便以爲是也."

53 『朱子語類』 卷14, "大學一書有正經、有解、有或問. 看來看去, 不用或問, 只看註解便了. 久之又只看正經便了. 又久之自有一部大學在我胸中, 而正經亦不用矣. 然不用某許多工夫, 亦看某底不出. 不用聖賢許多工夫, 亦看聖賢底不出."

54 『朱子語類』 卷14, "伊川舊日教人先看大學, 那時未有解說, 想也看得鶻突. 而今看註解, 覺大段分曉了. 只在子細去看."

55 『朱子語類』 卷14, "一日教看大學曰 : 我平生精力盡在此書, 先須通此, 方可讀書."

56 『大學纂疏』, "黃氏曰 : '朱子大學修改甚多. 三四十年, 日夜用工, 不肯輕下, 皆有深意寓乎其間.'"

57 『大學纂疏』, "陳氏曰 : '朱子一生精力在是, 至屬纊而後絶筆, 爲義極精."

58 『朱子語類』 卷14, “或問 : ‘大學解已定否?’ 曰 : ‘據某而今自謂穩矣. 只恐數年後又見不穩, 這箇不由自家.’ 問中庸解. 曰 : ‘此書難看. 大學本文未詳者, 某於或問則詳之. 此書在章句, 其或問中皆是辨諸家說理未必是. 有疑處, 皆以‘蓋’言之.” 淳(61·70세).

59 『朱子語類』 卷14, “學者且去熟讀大學正文了, 又子細看章句. 或問未要看, 俟有疑處, 方可去看.” 又曰 : “某解書不合太多. 又先准備學者, 爲他設疑說了. 他未曾疑到這上, 先與說了, 所以致得學者看得容易了. 聖人云 : ‘不憤不啓, 不悱不發. 擧一隅不以三隅反, 則不復也.’ 須是教他疑三朝五日了, 方始與說他, 便通透. 更與從前所疑慮, 也會因此觸發, 工夫都在許多思慮不透處. 而今卻是看見成解底, 都無疑了. 吾儒與老莊學皆無傳, 惟有釋氏常有人. 蓋他一切辨得不說, 都待別人自去敲磕, 自有箇通透處. 只是吾儒又無這不說底, 若如此, 少間差異了.” 又曰 : “解文字, 下字最難. 某解書所以未定, 常常更改者, 只爲無那恰好底字子. 把來看, 又見不穩當, 又著改幾字. 所以橫渠說命辭爲難.”

60 『朱子語類』 卷14, “某作或問, 恐人有疑, 所以設此, 要他通曉. 而今學者未有疑, 卻反被這箇生出疑.”

61 『朱子語類』 卷14, “大學章句次序皆明白易曉, 不必或問. 但致知格物與誠意較難理會. 不得不明辨之耳.”

62 『朱文公文集』 卷55, 『答李守約』, “中庸看得甚精, 章句大槩已改定多.”

63 『朱子語類』 卷14, “或問 : ‘大學解已定否?’ 曰 : ‘據某而今自謂穩矣. 只恐數年後又見不穩, 這箇不由自家.’ 問中庸解. 曰 : ‘此書難看. 大學本文未詳者, 某於或問則詳之. 此書在章句, 其或問中皆是辨諸家說理未必是. 有疑處, 皆以‘蓋’言之.”

64 『朱子語類』 卷62, “游丈開問 : ‘中庸編集得如何?’ 曰 : ‘便是難說. 緣前輩諸公說得多了, 其間儘有差舛處, 又不欲盡駁難他底, 所以難下手, 不比大學都未曾有人說.”

65 項安世, 『項氏家說』 卷10, “兢兢, 堯也 ; 業業, 舜也 ; 孜孜, 禹也 ; 慄慄, 湯也 ; 翼翼, 文王也. 此五戒而能勉者也. 一經之義總, 挈於此五句. 此百聖相承之心法. 不泄邇不忘遠, 武王也 ; 仰而思之, 夜以繼日, 幸而得之, 坐以待旦, 周公也 ; 發憤忘食, 樂以忘憂, 不知老之將至, 孔子也 ; 既竭吾才, 欲罷不能, 顏子也 ; 死而後已, 曾子也 ; 不可須臾離, 子思也 ; 有終身之憂, 孟子也. 三聖四賢垂范如此, 學者舍是將安師乎?”

도통道統 도표

大學政教之緒

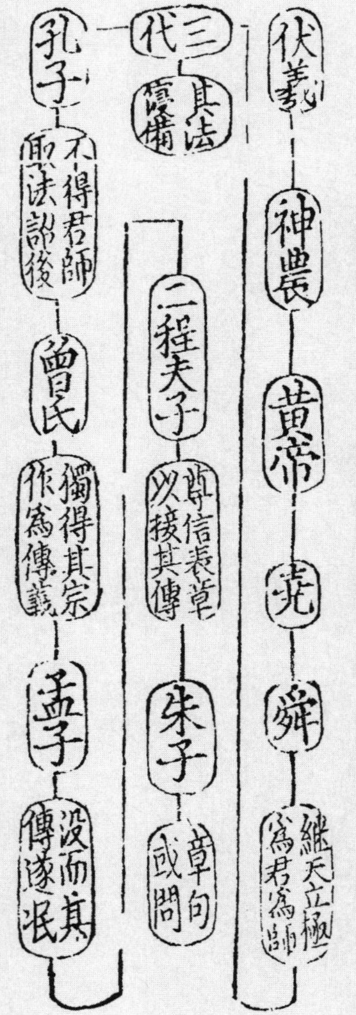

伏羲
神農
黃帝
堯
舜
繼天立極
爲君爲師
三代
其法寖備
孔子
不得君師
取法詔後
曾氏
獨得其宗
作爲傳義
孟子
沒而其傳遂泯
二程夫子
尊信表章
以接其傳
朱子
章句
或問

대학이라는 정치와 교육을 전승한 계통
大學政教之緒

- 복희伏羲 — 신농神農 — 황제黃帝 — 요堯
- 순舜 [하늘을 계승하여 모범을 세우고 군주가 되고 스승이 됨]
- 삼대三代 [그 제도가 잘 정비됨]
- 공자孔子[군주와 스승의 자리를 얻지 못하고 제도를 이론화하여 후세를 가르침]
- 증자曾子[홀로 정통을 계승하여 전의傳義[1]를 지음]
- 맹자孟子 [그가 죽은 뒤에 그 전승이 드디어 사라짐]
- 이정부자二程夫子[2] [『대학』을 경건히 믿고 선양하여 사라졌던 전승을 다시 이음]
- 주자朱子 [『장구章句』와 『혹문或問』을 지음]

中庸道統之傳

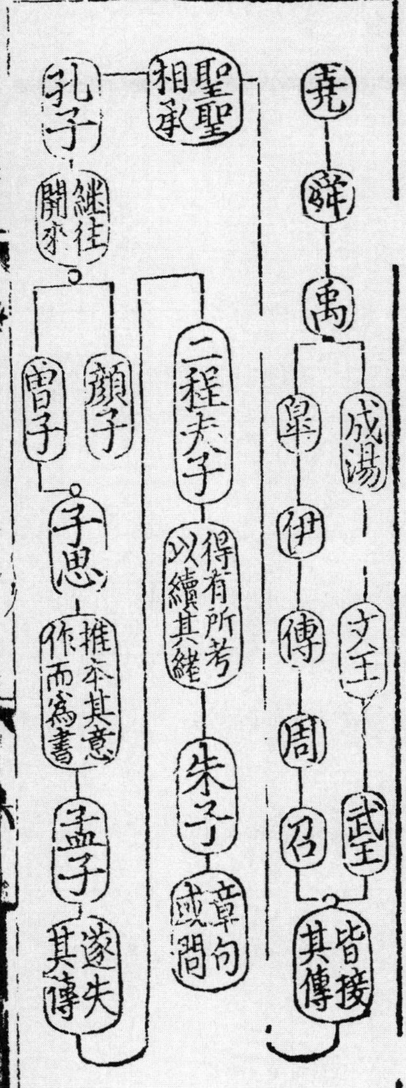

堯
舜
禹
成湯
文王
武王
皐
伊
傅
周
召
皆接其傳
聖聖相承
孔子
繼往開來
顏子
曾子
子思
推本其意作而爲書
孟子
遂失其傳
二程夫子
得有所考以續其緒
朱子
章句或問

중용이라는 도통의 전승

中庸道統之傳

요堯 — 순舜 — 우禹

성탕成湯 — 문왕文王 — 무왕武王

고요皐陶 — 이윤伊尹 — 부열傅說 — 주공周公 — 소공召公

[모두 그 전승을 접함] [성인과 성인이 서로 계승함]

공자 [옛 성인을 잇고 미래의 도통을 엶] — 안자顔子 / 증자曾子

자사子思 [그 의미를 근원까지 헤아려서 책으로 지음]

맹자孟子 [드디어 그 전승이 사라짐]

이정부자二程夫子 [고찰하여 그 계통을 이음]

주자朱子 [『장구章句』와 『혹문或問』을 지음]

論語問答弟子

孔子

有子	顏淵	子賤	伯牛
曾子	子路	冉雍	巫馬期
子夏	子張	漆雕開	高柴
子禽	冉有	公西赤	司馬牛
子貢	宰我	申棖	
樊遲	公冶長	原思	
子游	南容	閔子騫	

孟子問答弟子

孟子

樂正克	季孫	彭更	屋廬連
公孫丑	子叔	萬章	滕更
孟仲子	高子	公都子	盆成括
充虞	徐辟	咸丘蒙	
陳臻	陳代	浩生不害	

此圖依古註編述而集註所釋季孫子叔不知何時人浩生不害盆成括並不稱弟子只滕更言來學而桃應明稱弟子古註又不述姑俟考證

논어의 문답을 나눈 제자論語問答弟子

공자孔子			
백우伯牛	자천子賤	안연顔淵	유자有子
무마기巫馬期	염옹冉翁	자로子路	증자曾子
고시高柴	칠조개漆雕開	자장子張	자하子夏
	공서적公西赤	염유冉有	자금子禽
	신정申棖	재아宰我	자공子貢
	원사原思	공야장公冶長	번지樊遲
	민자건閔子騫	남용南容	자유子遊

맹자의 문답을 나눈 제자孟子問答弟子

맹자孟子			
옥려련屋廬連	팽경彭更	계손季孫	악정극樂正克
등경滕更	만장萬章	자숙子叔	공손추公孫醜
분성괄盆成括	공도자公都子	고자高子	맹중자孟仲子
	함구몽鹹丘蒙	서벽徐辟	충우充虞
	호불해浩不害	진대陳代	진진陳臻

이 그림은 고주古注[3]에 의거하여 편집해서 서술한 것인데,『맹자집주孟子集註』에서

富沙碧灣吳氏
德新書堂印行

풀이한 대로 계손季孫과 자숙子叔은 어느 시기의 인물인지 알 수 없으며,[4] 분성괄盆成括은 제자라고 칭한 적이 없고[5] 단지 등경滕更은 '와서 배웠다'라고 하였다.[6] 그리고 도응桃應은 명백히 '제자'라고 칭하였는데[7] 고주古注에는 또 서술하지 않았다. 우선 이렇게 해두고 나중의 고증을 기다린다.[8]

富沙碧灣吳氏德新書堂印行

부사富沙의 벽만 오씨碧灣吳氏 덕신서당德新書堂[9] 간행

미주

1 전傳과 의義는 모두 해석이라는 의미인데,『대학』의 이른바 '전傳 10장'을 가리킨다.

2 명도明道 정호程顥와 이천伊川 정이程頤를 가리킨다.

3 조기趙岐의『맹자주孟子注』를 가리킨다.

4 계손과 자숙은『맹자공손추장구孟子公孫丑章句下』에 나온다.(季孫曰 : "異哉子叔疑! 使己爲政, 不用, 則亦已矣, 又使其子弟爲卿. 人亦孰不欲富貴? 而獨於富貴之中, 有私龍斷焉.") 주자는 이 두 사람이 어느 시대 사람인지 모른다고 밝혔다(季孫、子叔疑, 不知何時人).

5 분성괄盆成括은『맹자진심장구상孟子盡心章句上』제29장에 나온다. 분성괄이 제齊나라에 벼슬을 하게 되자 맹자는 그가 죽게 될 것이라고 우려하였다. 맹자는 분성괄이 "재능이 조금 있지만 군자의 큰 도道에 대해 듣지는 못하였다."고 평가하였다.

6 등경滕更은『맹자진심장구상孟子盡心章句上』제43장에 나온다. "등경이 문하에 있다[滕更之在門也]."라고 하였고, "와서 배웠다"라는 표현은 없다.

7 도응桃應은『맹자진심장구상孟子盡心章句上』제35장에 나온다. "도응이 묻기를[桃應問曰]"이라고 하였지 제자라고 칭한 것은 아니다.

8 복건성福建省 건양建陽의 한 지명이다. 건양은 출판이 흥성하였던 지역이다.

9 덕신서당은 벽만 오씨가 경영한 출판사인 것으로 보이며, 덕신당德新堂으로도 불렸다.

사서장도은괄총요 권상

四書章圖檃栝總要 卷之上

임은 정복심 자견이 바침

林隱 程復心 子見 經進

四書章圖隱括總要卷之上

林隱 程 復心 子見 經進

叙立圖本始

朱子曰鄒孟氏既没聖人之道不傳世俗所謂儒者之學内則局於章句文辭之習外則雜於老子釋氏之言而其所以脩己治人者一出於私智人爲之鑿蓋千有餘年於今矣濂溪先生奮乎百世之下乃始深探聖賢之奥䟽觀造化之原而獨心得之立象著書闡發幽秘辭義雖約而天人性命之微脩己治人之要莫不畢擧河南兩程先生既親見之而得其傳其學遂行於世士之講於其說者亦始得以脫於俗學之陋異端之惑三先生有功於當世於是爲不小矣又曰先生之言其高極乎無極太極之妙而其實不離乎日用之間

그림을 그리게 된 연유에 대한 서술
敍立圖本始

朱子曰："鄒孟氏旣沒，聖人之道不傳. 世俗所謂儒者之學，內則局於章句文辭之習，外則雜於老子釋氏之言，而其所以修己治人者，一出於私智人爲之鑿，蓋千有餘年於今矣. 濂溪先生奮乎百世之下，乃始深探聖賢之奧，疏觀造化之原，而獨心得之，立象著書，闡發幽祕. 辭義雖約，而天人性命之微、修己治人之要莫不畢擧；河南兩程先生旣親見之而得其傳，其學遂行於世. 士之講於其說者，亦始得以脫於俗學之陋、異端之惑. 三先生有功於當世，於是爲不小矣."[1] 又曰："先生之言，其高極乎無極太極之妙，而其實不離乎日用之間；其幽探乎陰陽五行造化之賾，而其實不離乎仁義禮智剛柔善惡之際. 其體用之一源顯微之無間，秦漢以下誠未有臻斯理者. 而其實則不外乎六經論語中庸大學七篇之所傳也."[2] 今故特擧先生『太極圖說』於編首，以見夫四書傳授之奧，性其幽探乎陰陽五行造化之賾而其實不離乎仁義禮智剛柔善惡之際其體用之一源顯微之無間秦漢而下誠未有臻斯理者而其實則不外乎六經論語中庸大學七篇之所傳也今故特舉先生太極圖說于編首以見夫四書傳授之奧性命道德之原無一不本於此云

命道德之原, 無一不本於此云.

주자朱子가 다음과 같이 말하였다. "맹자孟子가 이미 세상을 떠난 뒤로는 성인聖人의 도道가 전승되지 않게 되었다. 세속의 이른바 유자儒者의 학문이란 안으로는 장구章句[3]와 문사文辭를 익혔고 밖으로는 노자老子와 석씨釋氏의 이론과 혼재되었으며, 그들이 자기를 수양하고 남을 다스리는 방법이라는 것은 한결같이 사적인 지혜와 인위적인 방식에 의존하는 것이었으니, 그런 상황이 대개 지금까지 천여 년이나 지속되었다. 염계선생濂溪先生[4]이 백세百世 뒤에 분연히 일어나고 나서야 비로소 성현의 오묘한 의미를 깊이 탐색하고 조화造化의 근원을 환히 보게 되었고, 홀로 마음속으로 이해하여 상象을 그려내고 글을 지어 숨겨진 이치를 밝게 드러내었다. 말의 내용은 비록 간단하였지만 하늘과 사람, 성性과 명命의 은미한 이치와 자신을 수양하고 남을 다스리는 요체를 남김없이 거론하지 않는 것이 없었다. 하남河南의 두 정선생程先生[5]이 이미 친히 뵙고서 전수받을 수 있었기에 그 학문이 드디어 세상에 전파될 수 있었다. 그 이론을 강학하게 된 사대부들도 또한 비로소 속학俗學의 비루한 습속과 이단異端의 현혹으로부터 벗어났으니 세 선생이 당세에 공헌한 것이 이에 작지 않다고 하겠다."

또 다음과 같이 말하였다. "선생의 말은 그 높기가 무극無極과 태극太極의 오묘함을 끝까지 밝히는 데까지 이르렀지만 그 실제는 일상의 삶을 벗어나지 않으며, 그 깊이는 음양陰陽과 오행五行이라는

조화造化의 심오함을 탐색하는 데까지 이르렀지만 그 실제는 인의예지仁義禮智와 강유剛柔의 선악善惡이라는 범위를 벗어나지 않았다. 그 이론은 체體와 용用이 한 근원이고 드러남과 은미함이 사이가 없어서 진한秦漢 이래에는 참으로 이 이론체계에 이른 이가 없었는데, 그 실제는 『육경六經』·『논어論語』·『중용中庸』·『대학大學』·『맹자孟子』에 전승되어 온 것을 벗어나지 않는다."

지금 그래서 특별히 선생의 『태극도설太極圖說』을 책의 첫머리에 두어서 『사서四書』에 전수되어 온 오묘함과 성명性命·도덕道德의 근원이 여기에 근본을 두지 않는 것이 없음을 보인다.

龍馬出河之圖

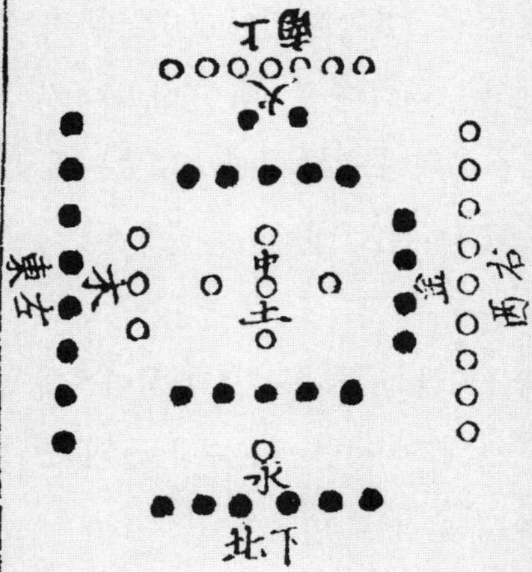

圖以生成分陰陽陽內陰外生成相合交泰之義也其運行則左旋相生五生數統五成數而同處其方蓋揭其全以示人而道其常數之体也左旋相生者始東次南次中次西次北左旋一周而又始于東也

황하에서 나온 용마의 등에 있던 그림
龍馬出河之圖

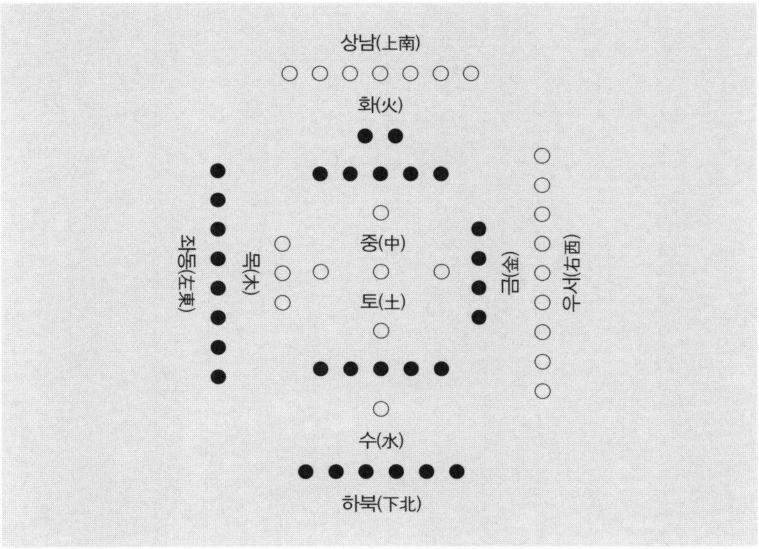

圖以生成分陰陽, 陽內陰外, 生成相合, 交泰之義也. 其運行則左旋相生.

이 그림은 '생수生數'와 '성수成數'를 음과 양으로 구분하였는데,[6] 양은 안에 있고 음은 밖에 있으며 '생수'와 '성수'가 서로 결합해 있으니 '하늘과 땅이 만나 태평해진다'라는 의미를 담고 있다. 그 운행 방향은 왼쪽으로 돌면서 상생하는 원리를 따르고 있다.

(注) 五生數統五成數, 而同處其方. 蓋揭其全以示人, 而道其常數之體也. 左旋相生者, 始東, 次南, 次中, 次西, 次北, 左旋一周而又始于東也.

(주) 다섯 생수生數가 다섯 성수成數를 거느린 채 함께 같은 방위에 자리잡고 있다. 대개 그 전체를 들어서 독자에게 보인 것이고 그 상수常數인 체體를 말한 것이다.[7] '왼쪽으로 돌며 낳는다'라는 것은 처음에는 동東, 다음에는 남南, 다음에는 중中, 다음에는 서西, 다음에는 북北으로 가서 왼쪽으로 돌아 한 바퀴가 되면 다시 동東에서 시작하는 것을 말한다.[8]

易有太極之圖

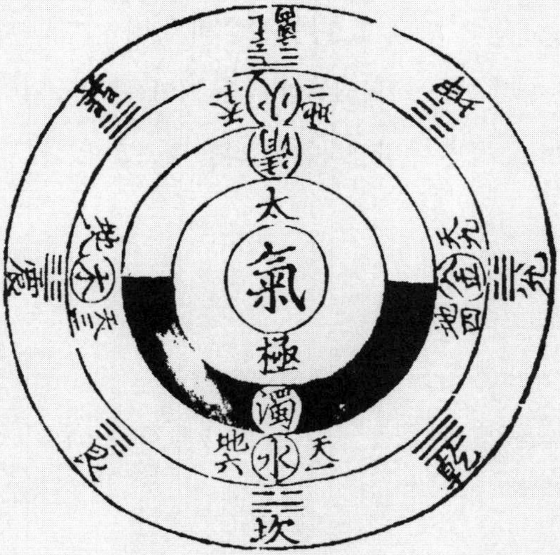

太極未有象數惟一氣耳一氣既分輕清者爲天重濁者爲地是生兩儀也兩儀既分則金木水火四方之位列是生四象也水數六居坎而生乾金數九居兌而生坤火數七居離而生巽木數八居震而生艮是四象生八卦也以此乾坤定位之後震巽坎離艮兌六子各得其配而先天之卦位以定者言也

'역에 태극이 있음'에 대한 그림
易有太極之圖[9]

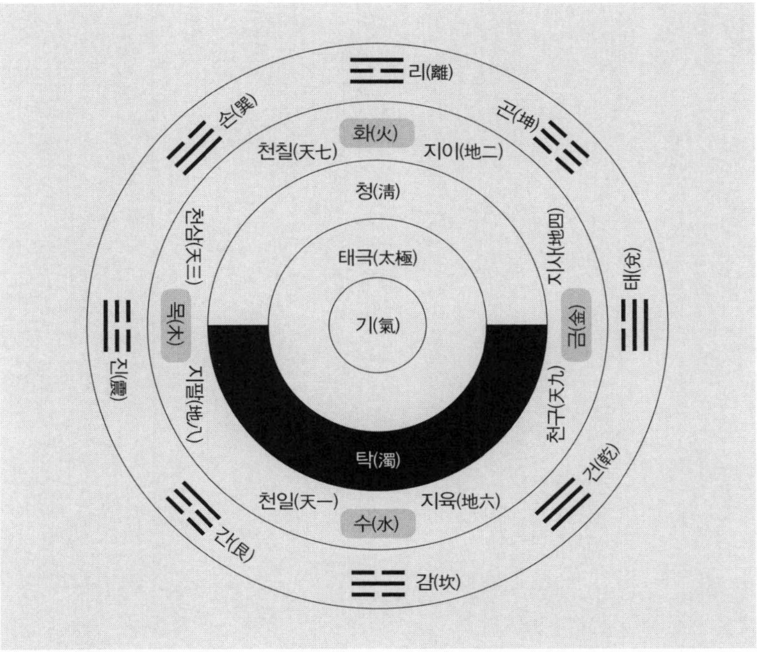

太極未有象數, 惟一氣耳. 一氣既分, 輕淸者爲天, 重濁者爲地. 是生兩儀也. 兩儀既分, 則金木水火四方之位列. 是生四象也. 水數六, 居坎而生乾 ; 金數九, 居兌而生坤 ; 火數七, 居離而生巽 ; 木數八, 居震而生艮. 是四象生八卦也.

태극太極은 상象과 수數가 있기 전이니 오직 하나의 기氣이다.[10] 하나의 기가 이미 나뉘게 되면 가볍고 맑은 것은 하늘이 되고, 무겁고 흐린 것은 땅이 된다. 이것이 양의兩儀를 낳은 상태이다. 양의가 이미 나뉘게 되면 금, 목, 수, 화로 된 사방의 방위가 벌여진다. 이것이 사상四象을 낳은 상태이다. 수水는 수數로는 6인데 감坎의 자리에 있으면서 건乾을 낳고, 금金은 수로는 9인데 태兌의 자리에 있으면서 곤坤을 낳고, 화火는 수로는 7인데 리離의 자리에 있으면서 손巽을 낳고, 목木은 수로는 8인데 진震의 자리에 있으면서 간艮을 낳는다. 이것이 팔괘八卦를 낳은 상태이다.

(注) 此以乾坤定位之後, 震巽坎離艮兌六子各得其配, 而先天之卦位以定者言也.

(주) 이것은 건乾과 곤坤이 자리를 잡은 뒤에 진震·손巽·감坎·리離·간艮·태兌의 여섯 아들이 각각 그 짝을 얻어서 선천先天의 괘위卦位가 정해진 것에 대해 말한 것이다.[11]

伏羲則圖作易

易有太極

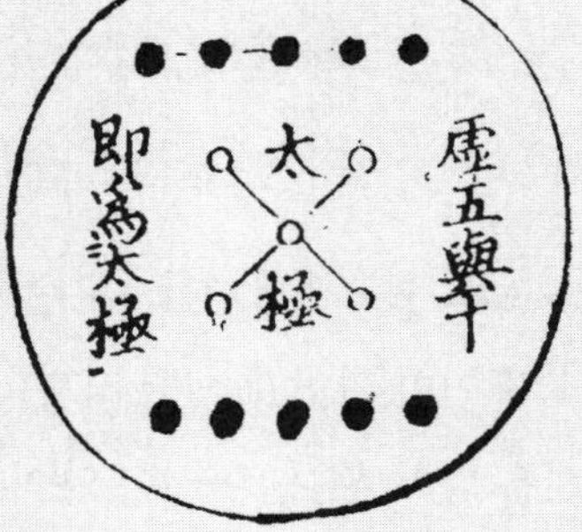

是生兩儀

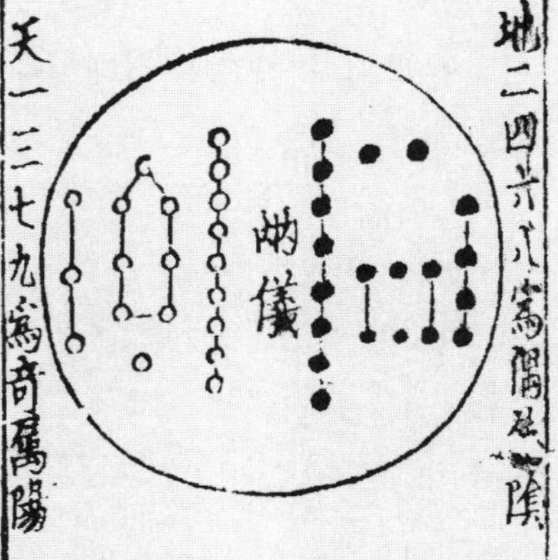

兩儀生四象

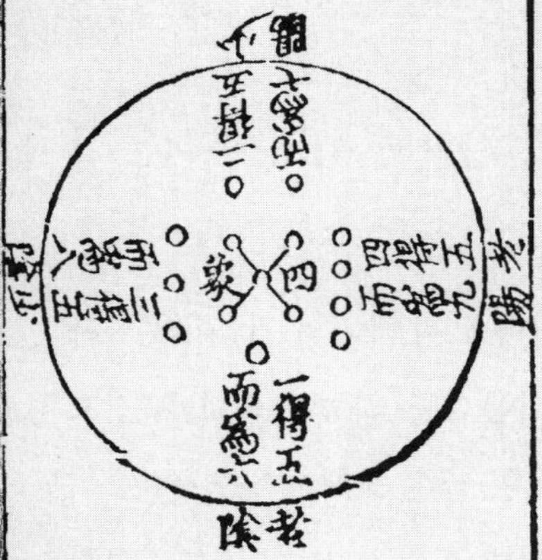

四象生八卦

복희씨가 그림을 원칙으로 삼아 역을 지음
伏羲則圖作易

양의가 사상四象을 낳음

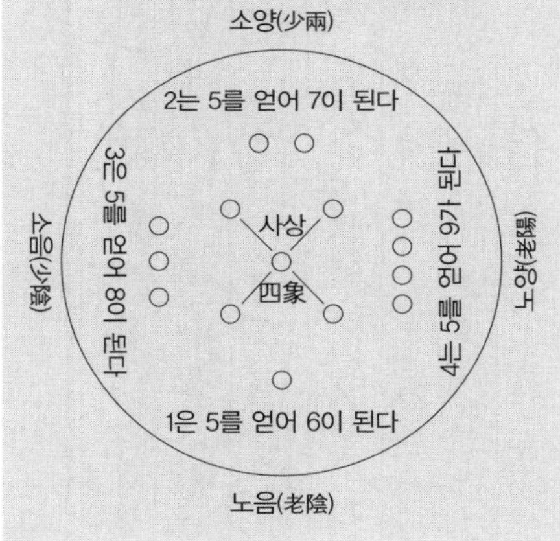

역易에 태극이 있음

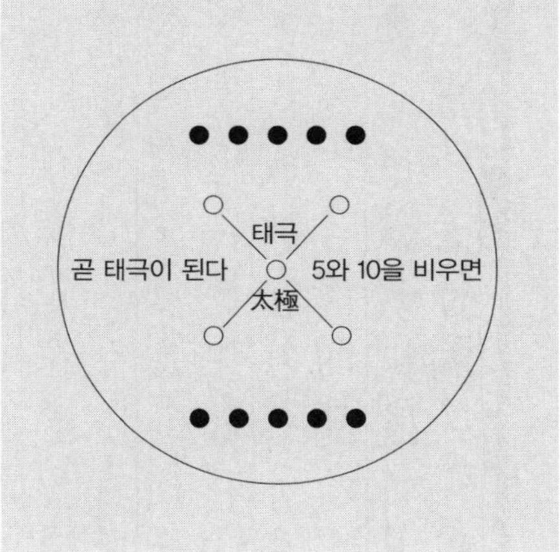

사상이 팔괘를 낳음[12]

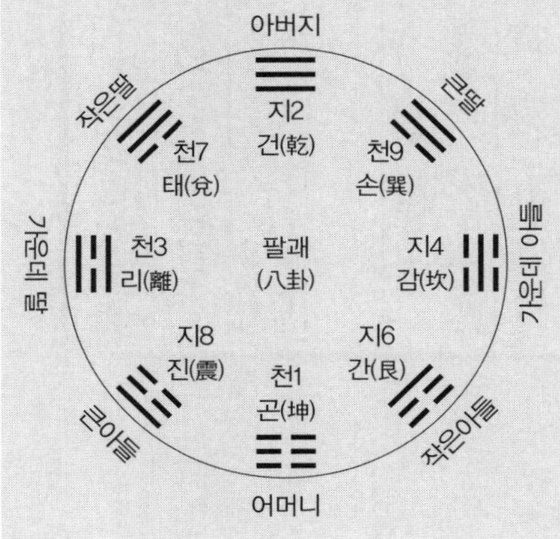

이것이 양의兩儀를 낳음

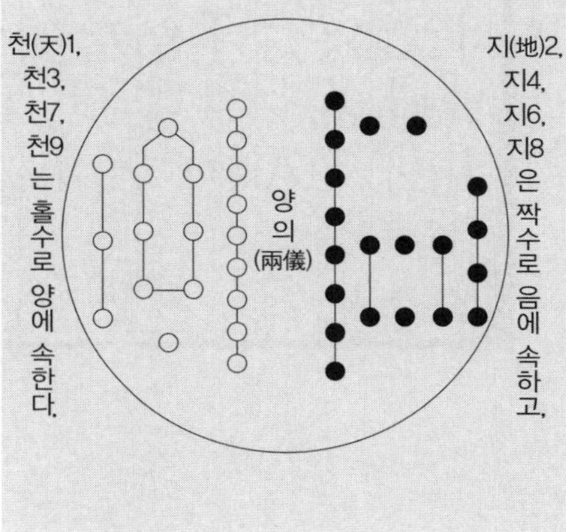

或問朱子曰河出圖聖人之所以則之也奈何曰則河圖者虛其中虛其中謂虛五與十即太極也奇數二十偶數二十者兩儀也以一二三四爲七八九六者四象也析四方之合以爲乾坤離坎補四隅之空以爲兌震巽艮者八卦也

虛五與十如一三七九之二十數爲奇則是奇數虛五二四六八之二十數爲偶則是偶數虛十此兩儀之虛五與十也一得五爲六二得五爲七三得五爲八四得五爲九以一二三四爲六七八九則四象之虛五與十也析二七之合則二爲乾而七補東南隅之空以爲兌析三八之合則三爲離而八補東北隅之空以爲震析四九之合則四爲坎而九補西南隅之空以爲巽析一六之合則一爲坤而六補西北隅之空以爲艮生數在內者不可易故因一二三四爲乾坤震坎成數在外者可易故析六七八九爲兌離巽艮此析四方之合補四隅之空者所以爲八卦也此八卦之虛五與十也伏羲則圖作易畫卦如此可見易有太極與河圖合周子太極圖又正與易合也詳見後圖

或問朱子曰："河出圖, 聖人之所以則之也奈何?" 曰："河圖者, 虛其中. 虛其中, 謂虛五與十, 卽太極也；奇數二十, 偶數二十者, 兩儀也；以一二三四爲七八九六者, 四象也；析四方之合, 以爲乾坤離坎, 補四隅之空, 以爲兌震巽艮者, 八卦也."[13]

어떤 이가 주자朱子에게 묻기를, "황하에서 그림이 나왔는데 성인이 그것을 원칙으로 삼은 것은 어떤 내용이었소?"라고 하니, 대답하기를, "하도河圖란 그 안을 비우는 것이오. 그 안을 비운다는 것은 5와 10을 비운다는 뜻인데 그것이 곧 태극太極이오. 짝수 스물과 홀수 스물이 양의兩儀이오. 1, 2, 3, 4로 7, 8, 9, 6이 되는 것은 사상四象이오. 사방四方의 합쳐진 것을 나누어 건乾, 곤坤, 리離, 감坎이 되고, 네 귀퉁이의 빈 곳을 보완하여 태兌, 진震, 손巽, 간艮이 되는 것은 팔괘八卦이오."라고 하였다.

(注) 虛五與十, 如一三七九之二十數爲奇, 則是奇數虛五；二四六八之二十數爲偶, 則是偶數虛十. 此兩儀之虛五與十也. 一得五爲六, 二得五爲七, 三得五爲八, 四得五爲九, 以一二三四爲六七八九, 則四象之虛五與十也. 析二七之合, 則二爲乾, 而七補東南隅之空以爲兌；析三八之合, 則三爲離, 而八補東北隅之空以

爲震；析四九之合，則四爲坎，而九補西南隅之空以爲艮. 生數在內者不可易，故因一二三四爲乾坤震坎；成數在外者可易，故析六七八九爲兌離巽艮. 此析四方之合，補四隅之空者，所以爲八卦也. 此八卦之虛五與十也. 伏羲則圖作易，畫卦如此，可見易有太極與河圖合；周子太極圖又正與易合也. 詳見後圖.

(주) 5와 10을 비운다는 말은 예컨대 1, 3, 7, 9를 합쳐 20이 되는 것은 홀수이니 이것은 홀수가 5를 비운 것이고, 2, 4, 6, 8를 합쳐 20이 되는 것은 짝수이니 이것은 짝수가 10을 비운 것인데, 이것은 양의兩儀에서 5와 10을 비우는 것이다. 1이 5를 얻어 6이 되고 2가 5를 얻어 7이 되며 3이 5를 얻어 8이 되고 4가 5를 얻어 9가 되는 식으로 1, 2, 3, 4가 6, 7, 8, 9가 되는 것은 사상四象에서 5와 10을 비우는 것이다. 2와 7이 합쳐진 것을 나누면 2는 건乾이 되고 7은 동남쪽 귀퉁이의 빈 곳을 매워서 태兌가 되며, 3과 8이 합쳐진 것을 나누면 3은 리離가 되고 8은 동북쪽 귀퉁이의 빈 곳을 매워서 진震이 되며, 4와 9가 합쳐진 것을 나누면 4는 감坎이 되고 9는 서남쪽 귀퉁이의 빈 곳을 매워서 간艮이 되는데, 생수生數는 안에 있어서 바뀔 수 없기 때문에 1, 2, 3, 4를 그대로 유지하여 건乾·곤坤·진震·감坎이 되고, 성수成數는 밖에 있어서 바뀔 수 있기 때문에 6, 7, 8, 는 원래 자리에서 쪼개져서 태兌·리離·손巽·간艮이 되는 것이다. 이렇게 네 방위의 원래 합쳐진 것을 나누어 네 귀퉁이의 빈 곳을 채우는 것이 팔괘가 되는 원리이다. 이것이 팔괘에서 5와 10을 비우는 것이다. 복희씨가 그림을 원칙으로 삼아 『역易』을 만든 것은 그 괘

를 그리는 원리가 이와 같았다. 이것을 통해 「역易에 태극이 있음[易有太極]」이라는 그림이 「하도河圖」와 합치된다는 것을 볼 수 있다. 그리고 주자周子의 「태극도太極圖」는 또 바로 『역易』과 부합한다. 뒤의 그림에 상세히 보인다.[14]

周子太極圖

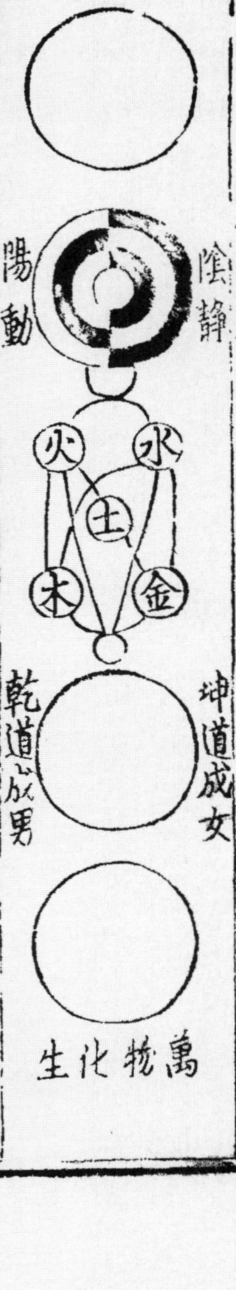

無極而太極太極動而生陽靜而生陰靜極復動一動一靜互爲其根分陰分陽兩儀立焉陽變陰合而生水火木金土五氣順布四時行焉五行者質具於地而氣行於天者也以質而語其生之序則曰水火木金土而水木陽也火金陰也以氣而語其行之序則曰木火土金水而木火陽也金水陰也又統而言之則氣陽而質陰也又錯而言之則動陽而靜陰也蓋五行之變至於不可窮然無適而非陰陽之道至其所以爲陰陽者則又無適而非太極之本然也五行一陰陽也陰陽一太極也太極本無極也五行之生也各一其性無極之眞二五之精妙合而凝乾道成男坤道成女二氣交感化生萬物萬物生生而變化無窮焉

주렴계의 태극도
周子太極圖

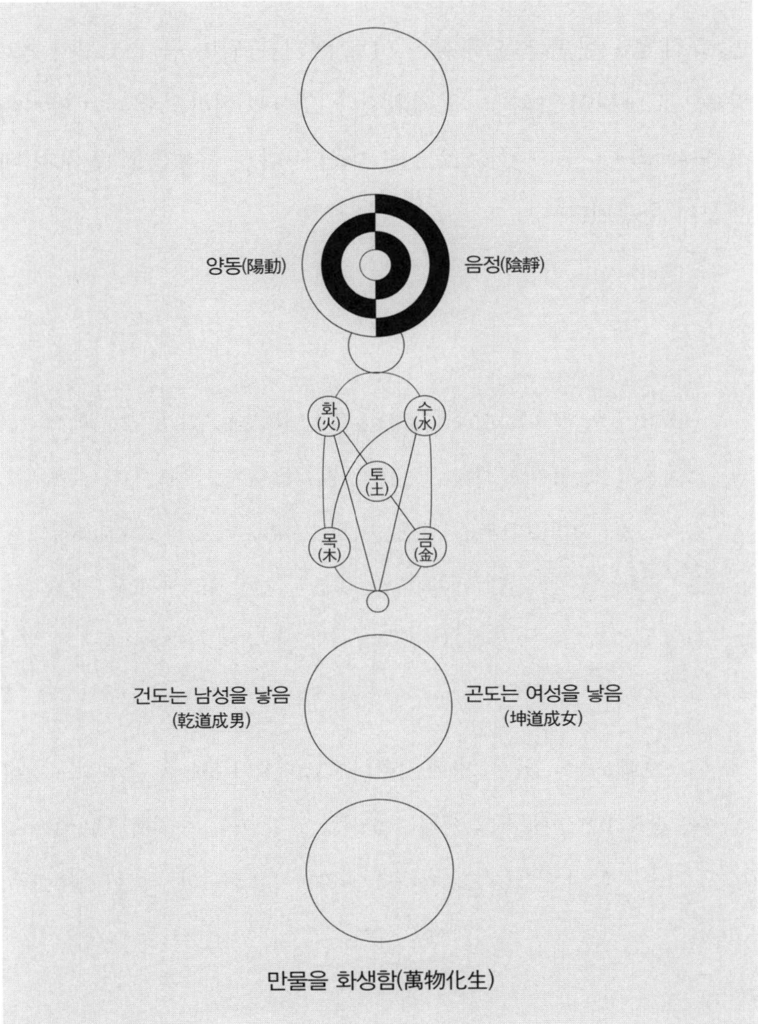

無極而太極. 太極動而生陽, 靜而生陰, 靜極復動. 一動一靜, 互爲其根 ; 分陰分陽, 兩儀立焉. 陽變陰合, 而生水火木金土. 五氣順布, 四時行焉.

무극無極이자 태극太極이다. 태극太極은 움직여 양陽을 낳고,[15] 고요해져서 음陰을 낳으며, 고요함이 극에 달하면 다시 움직인다. 한번 움직이고 한번 고요해짐은 서로 뿌리가 되며 음陰으로 나뉘고 양陽으로 나뉘어 양의兩儀가 세워진다. 양陽이 변하고 음陰이 합쳐져서 수水·화火·목木·금金·토土를 낳는다. 다섯 기氣가 잘 펼쳐져 네 계절이 운행된다.

(注) 五行者, 質具於地, 而氣行於天者也. 以質而語其生之序, 則曰水火木金土, 而水木, 陽也, 火金, 陰也 ; 以氣而語其行之序, 則曰木火土金水, 而木火, 陽也, 金水, 陰也. 又統而言之, 則氣陽而質陰也 ; 又錯而言之, 則動陽而靜陰也. 蓋五行之變, 至於不可窮, 然無適而非陰陽之道. 至其所以爲陰陽者, 則又無適而非太極之本然也.

(주) 오행五行은 질質이 땅에 갖추어지고 기氣가 하늘에 운행하는 것이다. 질質의 관점에서 그 생기는 순서를 말할 때는 '수화목금토水火木金土'라고 하는데 이때는 수水와 목木이 양陽이고 화火와 금金이 음陰이며,

기氣의 관점에서 그 운행하는 순서를 말할 때는 '목화토금수木火土金水'라고 하는데 이때는 목木과 화火가 양陽이고 금金과 수水가 음陰이다. 또 통합해서 말할 때는 기氣가 양이고 질質이 음이며, 또 착종해서 말할 때는 움직임이 양이고 고요함이 음이다. 대개 오행五行의 변화는 무궁무진한 데까지 이르지만 어디를 가나 음과 양의 도道가 아닌 것이 없다. 그리고 음이 되고 양이 되는 원리를 따져 보면 또 어느 것이나 태극太極의 본연이 아닌 것이 없다.[16]

五行, 一陰陽也；陰陽, 一太極也；太極, 本無極也. 五行之生也, 各一其性. 無極之眞, 二五之精, 妙合而凝. '乾道成男, 坤道成女', 二氣交感,化生萬物. 萬物生生, 而變化無窮焉.

오행五行은 하나의 음양陰陽이고, 음양은 하나의 태극太極이며, 태극은 본래 무극無極이다. 오행五行이 생겨날 때 각각 그 성性을 하나씩 갖는다. 무극의 참됨과 음양·오행의 정수가 묘하게 결합하는데 그것이 응결된다. '건乾의 도道는 남성을 이루고, 곤坤의 도道는 여성을 이루는데', 이 두 기운이 교감하여 만물을 만들어 낸다. 만물이 생기고 생겨서 변화가 무궁하다.

○此所謂無極而太極也所以動而陽靜而陰之本體也然非有以離乎陰陽也即陰陽而指其本體不雜乎本體而爲言爾朱子嘗曰易有太極是生兩儀是先從实理說起論其生則俱生但言其次序須有這实理然後有陰陽自見在事物而觀之則陰陽函太極推其本則太極生陰陽又曰太極之義無非謂理之極致耳有是理則有是物無先後次序之可言故曰易有太極則是太極乃在陰陽之中而非在陰陽之外也◎此○之動而陽靜而陰也中○者其本體也◐者陽之動也○之用所以行也◑者陰之靜也○之體所以立也◑者◐之根也◐者◑之根也此陽變陰合而生水火木金土也者陽之變也者陰之合也㊌陰盛故居右㊋陽盛故居左㊍陽穉故次火㊎陰穉故次水㊏沖氣故居中而水火之乂交係乎上陰根陽陽根陰也水而木木而火火而土土而金金而復水如環無端五氣布四時行也○◎五行一陰陽五殊二實無餘欠也陰陽一太極精粗本末無彼此也太極本無極上天

(解釋) ○此所謂無極而太極也. 所以動而陽靜而陰之本體也. 然非有以離乎陰陽也. 卽陰陽而指其本體, 不雜乎陰陽而爲言耳.

【해석】 ○[17] 이것은 이른바 '무극이자 태극'이다. 움직여 양이 되고 고요해져서 음이 되는 것의 본체本體이다. 그러나 음과 양을 떠날 수 있는 것이 아니다. 음양에 나아가 그 본체를 가리켜서 음양에 섞이지 않고 말한 것일 뿐이다.[18]

(小注) 朱子曰 : "'易有太極, 是生兩儀', 是先從實理說. 若論其生則俱生, 但言其次序, 須有這實理, 然後有陰陽. 自見在事物而觀之, 則陰陽函太極 ; 推其本, 則太極生陰陽.[19] 太極之義, 無非謂理之極致耳. 有是理則有是物, 無先後次序之可言. 故曰 '易有太極'. 則是太極乃在陰陽之中, 而非在陰陽之外也."[20]

(소주) 주자朱子가 말하기를, "'역易에 태극太極이 있고 이것이 양의兩儀를 낳는다'고 하였는데, 이것은 먼저 '실재하는 리理'의 관점에서 말한 것이다.[21] 만약 실제 존재하게 된 순서에 대해 논한다면 순서 없이 함께 생기는 것이고, 그 논리적 순서를 말한다면 반드시 이 실재하는 리理가 있고 난 뒤에 음양이 있게 된다. 현재의 사

之載無聲臭也五行之生各一其性氣殊質異各一其○無
假借也○此無極二五所以妙合而無間也○乾男坤女以
氣化者言也各一其性而男女一太極也○萬物化生以形
化者言也各一其性而萬物一太極也此以上引說解剝圖体此以下據圖推盡說意

물을 근거로 보자면 음양이 태극을 포함하고 있는 것이고, 그 근본을 추론해 보면 태극이 음양을 낳는 것이다. '태극太極'이라는 말의 의미는 '리의 극치'를 말하지 않는 것이 없다. 이 리가 있으면 이 사물이 있는 것이니 말할 만한 선후와 순서라는 것이 없다. 그래서 "역易에 태극太極이 있다"라고 하는 것이니, 태극은 음양 안에 있는 것이지 음양의 밖에 있는 것이 아니다."라고 하였다.

◎此○之動而陽, 靜而陰也. 中○者, 其本體也. ◐者, 陽之動也, ○之用, 所以行也 ; ◑者, 陰之靜也, ○之體, 所以立也. ◑者, ◐之根也 ; ◐者, ◑之根也.

◎ 이것은 ○이 움직여 양陽이 되고 고요해져서 음陰이 되는 모습을 나타낸다. 가운데의 ○는 그 본체本體이다. ◐는 양의 움직임이니 ○의 용用이 운행하게 되는 이유에 해당하며, ◑는 음의 고요해짐이니 ○의 체體가 서게 되는 이유에 해당한다. ◑는 ◐의 뿌리이고, ◐는 ◑의 뿌리이다.

此陽變陰合而生水火木金土也. ╱者, 陽之變也 ; ╲者, 陰之合也. ㊌陰盛故居右 ; ㊋陽盛故居左 ; ㊍陽稚故

次火；㊎陰稚故次水；㊏沖氣故居中，而水火之✕交系于上，陰根陽，陽根陰也．水而木，木而火，火而土，土而金，金而復水，如環無端，五氣布四時行也．

 이것은 양陽이 변하고 음陰이 합하여 수水·화火·목木·금金·토土를 낳는 것을 나타낸다. ╱는 양의 변함이고, ╲는 음의 합함이다. ㊌는 음이 성하기 때문에 오른쪽에 있는 것이고, ㊋는 양이 성하기 때문에 왼쪽에 있는 것이다. ㊍은 양이 어린 것이기 때문에 화火 다음이고, ㊎은 음이 어린 것이기 때문에 수水 다음이다. ㊏는 충기沖氣(어우러지 기운)이기 때문에 가운데에 위치한다. 수水와 화火가 ✕의 방식으로 위에 교차하여 연결된 것은 '음은 양의 뿌리이고, 양은 음의 뿌리이다'라는 것을 형상화한 것이다. 수水가 목木이 되고, 목木이 화火가 되며 화火가 토土가 되고 토土가 금金이 되며 금金이 다시 수水가 되는 것이 마치 고리가 시작도 끝도 없는 것과 같으니 오기五氣가 펼쳐지고 사시四時가 운행하는 것을 형상화한 것이다.

○◎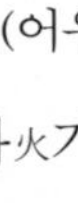 五行一陰陽，五殊二實，無餘欠也．陰陽一太極，精粗本末無彼此也．太極本無極，上天之載無聲臭也．五行

之生, 各一其性, 氣殊質異, 各一其○, 無假借也.

○◎ 오행五行은 하나의 음양이어서 오행과 음양은 어느 것 하나가 더 많거나 하나가 더 적지 않다. 음양은 하나의 태극太極이어서 정미함과 거침, 근본과 말엽의 전체 내용에 있어 저것과 이것의 차이가 없다. 태극은 본디 무극無極이니, 상천上天의 일은 소리도 없고 냄새도 없다. 오행이 생길 때 각각 그 성性을 하나씩 가지니, 기氣가 다르고 질質이 다르지만 각각 그 ○을 가지고 있어서 다른 데서 빌려 올 것이 없다.

此無極二五所以妙合而無間也.

 이것은 무극無極과 음양·오행이 묘하게 합하여 간극이 없음을 나타낸 것이다.

○乾男坤女, 以氣化者言也, 各一其性而男女一太極也.

○[22]건乾은 남성이고 곤坤은 여성이라는 것은 기화氣化[23]로 말한 것이다. 각각 그 성性을 하나씩 가지고 있으며 남녀가 하나의 태극太極이다.

○萬物化生, 以形化者言也, 各一其性而萬物一太極也.

○[24]만물萬物이 화생化生한다는 것은 형화形化[25]로 말한 것이다. 각각 그 성性을 하나씩 가지고 있으며 만물이 하나의 태극이다.

(小注) 此以上, 引『說』解剝『圖』體 ; 此以下, 據『圖』推盡『說』意.

(소주) 이 이상은『태극도설太極圖說』을 인용하여『태극도太極圖』의 그림들을 해석한 것이고, 이 이하는『태극도』에 근거하여『태극도설』의 의미를 최대한 설명한 것이다.

以在人者言

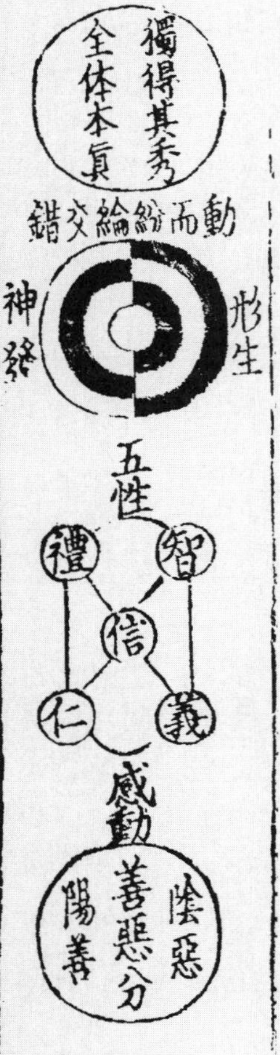

惟人也得其秀而最靈形旣生矣神發知矣五性感動而善惡分萬事出矣

惟人也得其秀而最靈則所謂人〇者於是乎在矣然形◐之爲也神◐之發也五性之德也善惡男女之分也萬事萬物之象也此天下之動所以紛綸交錯而吉凶悔吝所由以生也

사람에 있는 것으로 말할 경우

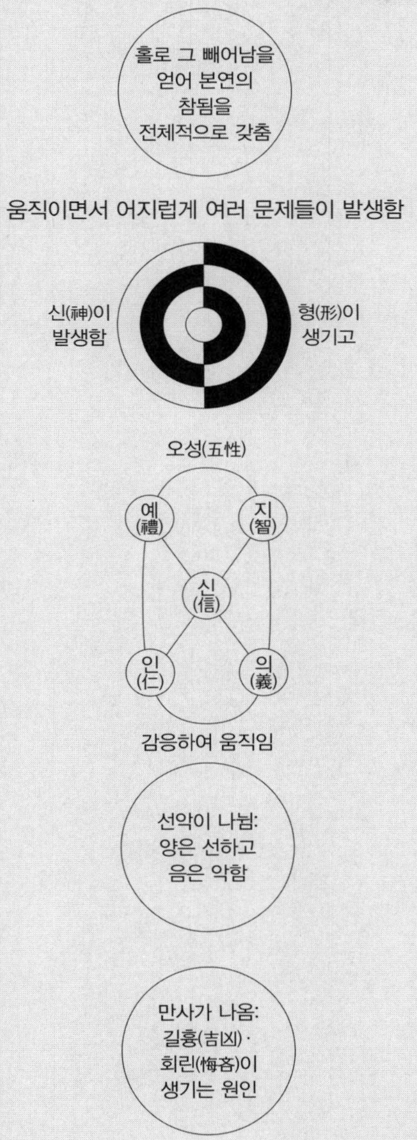

惟人也, 得其秀而最靈. 形旣生矣, 神發知矣. 五性感動, 而善惡分, 萬事出矣.

오직 사람은 그 빼어난 것을 얻어 가장 영명하다. 형체가 이미 생겨나고 신神이 발현하여 지각을 하게 된다.[26] 다섯 성性이 감응하여 움직여 선과 악이 나뉘고 만사가 나온다.

(解釋) 惟人也得其秀而最靈, 則所謂人○者, 於是乎在矣. 然形, ☽之爲也 ; 神, ☾之發也. 五性, 之德也 ; 善惡, 男女之分也 ; 萬事, 萬物之象也. 此天下之動所以紛綸交錯, 而吉凶悔吝所由以生也.

【해석】 오직 사람은 그 빼어난 것을 얻어 가장 영명하니, 이른바 사람의 ○[27]이 이에 존재하게 된다. 하지만 형形은 ☽에 의해 이루어지고, 신神은 ☾이 발현한 것이며, 다섯 성性은 [28]의 덕이고, 선과 악은 남성과 여성의 구분과 같으며, 만사는 만물의 형상과 같다. 이것이 천하의 움직임들이 어지럽게 뒤섞이는 까닭이고 길흉吉凶·회린悔吝[29]이 생기는 원인이다.

聖人定之以中正仁義而主靜立人極焉故聖人與天地合其德與日月合其明與四時合其序與鬼神合其吉凶君子脩之吉小人悖之凶

惟聖人者又得夫秀之精一而有以全乎○之體用者也是以一動一靜各臻其極而天下之故常感通乎寂然不動之中蓋中也仁也感也所謂◑也○之用所以行也正也義也寂也所謂◐也○之體所以立也中正仁義渾然全體而靜者常爲主焉則人○於是乎立○◎火水土木金天地日月四時鬼

성인의 경우로 말할 경우

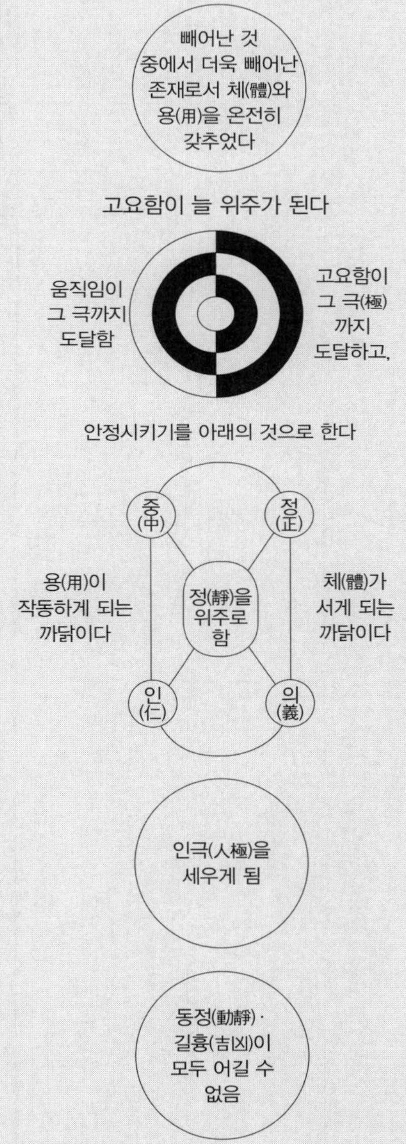
빼어난 것
중에서 더욱 빼어난
존재로서 체(體)와
용(用)을 온전히
갖추었다
고요함이 늘 위주가 된다
움직임이
그 극까지
도달함
고요함이
그 극(極)
까지
도달하고,
안정시키기를 아래의 것으로 한다
중(中)
정(正)
용(用)이
작동하게 되는
까닭이다
정(靜)을
위주로
함
체(體)가
서게 되는
까닭이다
인(仁)
의(義)
인극(人極)을
세우게 됨
동정(動靜)·
길흉(吉凶)이
모두 어길 수
없음

神有所不能違矣君子之戒愼恐懼所以脩此而吉也小人之放僻邪侈所以悖此而凶也西山心經贊道心伊何根於性命曰仁曰義曰中曰正注云中之理爲礼正之理爲智

聖人定之以中正仁義(聖人之道, 仁義中正而已矣), 而主靜(無欲故靜), 立人極焉. 故聖人與天地合其德, 日月合其明, 四時合其序, 鬼神合其吉凶. 君子修之吉, 小人悖之凶.

성인聖人은 중中 · 정正 · 인仁 · 의義로 안정시키되[30](주: 성인의 도道는 인仁 · 의義 · 중中 · 정正일 뿐이다), 고요함을 위주로 하여(주: 욕구가 없기에 고요하다)[31] 인극人極을 세운다.[32] 그래서 성인은 천지天地와 그 덕德이 합치되고, 일월日月과 그 밝음이 합치되며, 사시四時와 그 순서가 합치되고, 귀신鬼神과 그 길흉이 합치된다. 군자君子는 그것을 수양하여 길하고, 소인은 그것에 어긋나서 흉하다.

(解釋) 惟聖人者, 又得乎秀之精一, 而有以全乎○之體用者也. 是以一動一靜, 各臻其極, 而天下之故, 常感通於寂然不動之中. 蓋中也、仁也, 感也, 所謂也, ○之用所以行也；正也、義也, 寂也, 所謂也, ○之體所以立也. 中正仁義, 渾然全體, 而靜者常爲主焉, 則人○於是乎立, 而○, 天地日月四時鬼神, 有所不違矣. 君子之戒愼恐懼, 所以修此而吉也, 小人之放僻邪侈, 所以悖此而凶也.

【해석】 오직 성인聖人만이 또 빼어난 것 중에서도 정미하고 한결

같은 것을 얻어서 그 ○[33]의 체體와 용用을 온전히 체현할 수 있다. 그래서 한번 움직이고 한번 고요해지는 모든 순간에 각각 최상의 수준까지 이르며 천하의 일에 대해 늘 고요히 움직이지 않는 상태에서 감지하여 온전히 대응할 수 있다. 대개 중中이다, 인仁이다 하는 것은 감응하는 것이니 이른바 이고 ○의 용用이 작동하게 되는 까닭이며, 정正이다 의다義也하는 것은 고요한 것이니 이른바 이고 ○의 체體가 세워지게 되는 까닭이다. 중中 · 정正 · 인仁 · 의義는 혼연한 전체이지만 고요한 것을 늘 위주로 하게 되면 사람의 ○이 이에 세워지게 되니, 그 ○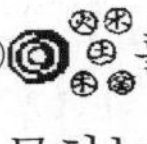를 천지天地 · 일월日月 · 사시四時 · 귀신鬼神이 어기지 못하는 바가 있다. 군자의 '삼가고 두려워[戒愼恐懼]'하는 태도는 이것을 수양하여 길하게 되는 길이고, 소인의 치우치고 분에 넘치는 짓은 이것을 어겨 흉하게 되는 길이다.

(小注) 西山『心經贊』: "道心伊何? 根於性命. 曰仁, 曰義, 曰中, 曰正." 注云 : "中之理爲禮, 正之理爲智."

(소주) 서산西山[34]의「심경찬心經贊」에 "도심道心은 무엇인가? 성명性命에 뿌리를 두니, 인仁이고 의義이고 중中이고 정正이다."라고 하였는데, 그 주注에서 "중中의 이치는 예禮이고, 정正의 이치는 지智이다."라고 하였다.[35]

以三才一太極言

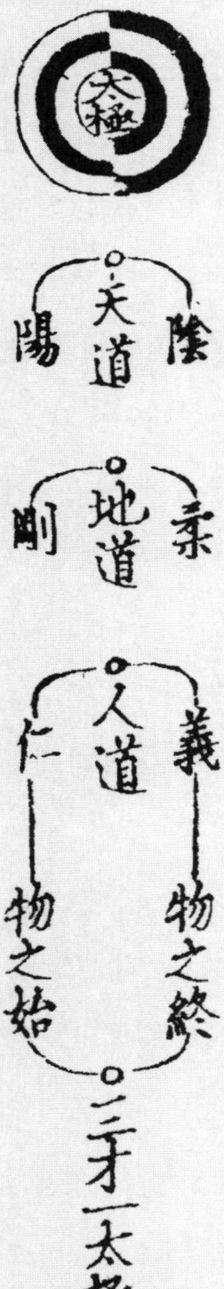

故曰立天之道曰陰與陽立地之道曰柔與剛立人之道曰仁與義又曰原始反終故知死生之說大哉易也斯其至矣

天地人之道各一○也陽也剛也仁也所謂◐也物之始也陰也柔也義也所謂◑也物之終也此所謂易也而三極之道立焉實則一○也故曰易有太極◎之謂也

삼재(三才)가 하나의 태극(太極)이라는 점에서 말할 경우

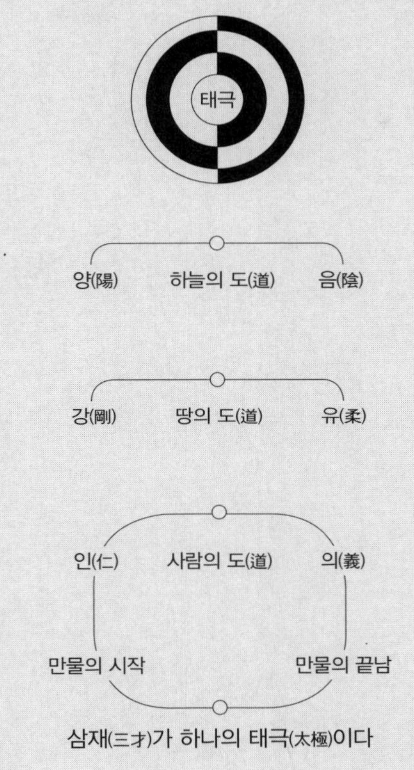

故曰 : "立天之道, 曰陰與陽 ; 立地之道, 柔與剛 ; 立人之道, 曰仁與義." 又曰 : "原始反終, 故知死生之道." 大哉易也! 斯其至矣.

그래서 "하늘의 도道를 세우는 것은 음陰과 양陽이고, 땅의 도道를

세우는 것은 유柔와 강剛이고, 사람의 도道를 세우는 것은 인仁과 의義이다."라고 하였고, 또 말하기를 "시작을 파고들어 검토하고 끝을 돌이켜 연구하여 죽음과 삶의 도道를 안다."라고 하였다. 거대하다, 역易이여! 이것이 그 지극한 요지이다.

(解釋) 天地人之道, 各一○也. 陽也、剛也、仁也, 所謂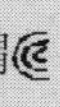也, 物之始也 ; 陰也、柔也、義也, 所謂也, 物之終也. 此所謂易也, 而三極之道立焉, 實則一○也. 故曰 "易有太極", ◎之謂也.

【해석】 하늘과 땅과 사람의 도道는 각각 하나의 ○이다. 양陽이다, 강剛이다, 인仁이다 하는 것은 이른바 이니 만물의 시작이며, 음陰이다, 유柔다, 의義다 하는 것은 이른바 이니 만물의 끝이다. 이것이 이른바 역易이며 세 극極의 도道가 여기서 세워지는데 사실은 하나의 ○이다. 그래서 "역易에 태극太極이 있다"라고 말하는 것이니, ◎을 말한다.

論周子太極圖與易繫辭所表裏相合

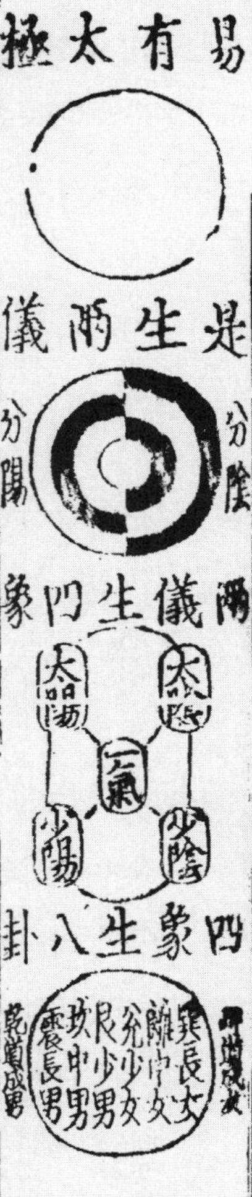

易繫辭上曰易有太極是生兩儀兩儀生四象四象生八卦八卦定吉凶吉凶生大業

此以易繫辭所言太極兩儀四象八卦分配周子太極之圖以見其實相表裏而易之說又其深且遠者

주렴계의 태극도와 주역의 계사전이 표리가 서로 합치함에 대해 논함

論周子太極圖與易繫辭表裏相合

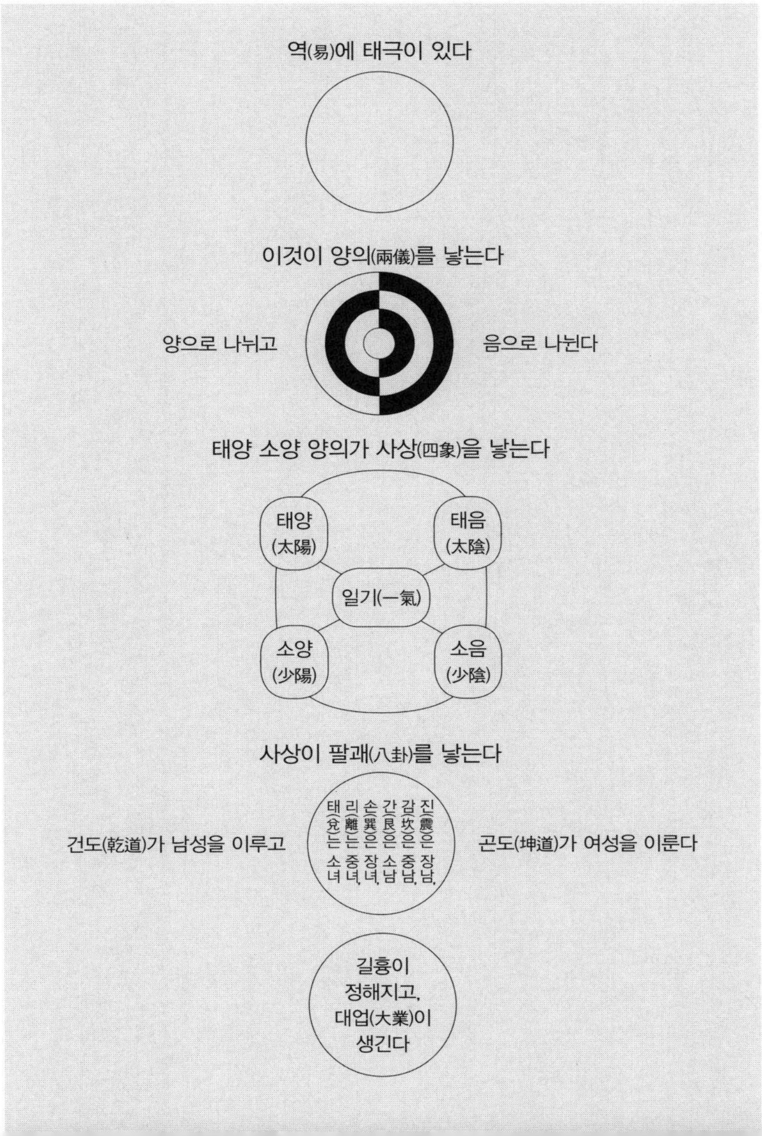

『易·繫辭』曰 : "易有太極, 是生兩儀, 兩儀生四象, 四象生八卦, 八卦定吉凶, 吉凶生大業."

『역易 · 계사繫辭』에서 "역易에는 태극太極이 있고, 이것이 양의兩儀를 낳고, 양의가 사상四象을 낳고, 사상이 팔괘八卦를 낳는다. 팔괘가 길흉吉凶을 정하고 길흉이 대업大業을 낳는다."라고 하였다.

(解釋) 此以『易·繫辭』所言太極、兩儀、四象、八卦, 分配周子『太極』之圖, 以見其實相表裏而『易』之說, 又其深且遠者.

【해석】 이것은 『역易 · 계사繫辭』에서 말한 태극太極 · 양의兩儀 · 사상四象 · 팔괘八卦로 주자周子의 『태극도太極圖』에 짝을 지어서 그것이 사실은 서로 표리의 관계이고 『역易』의 설명이 또 더욱 깊고 원대하다는 것을 보인 것이다.

論周子太極圖與周子通書表裏相合

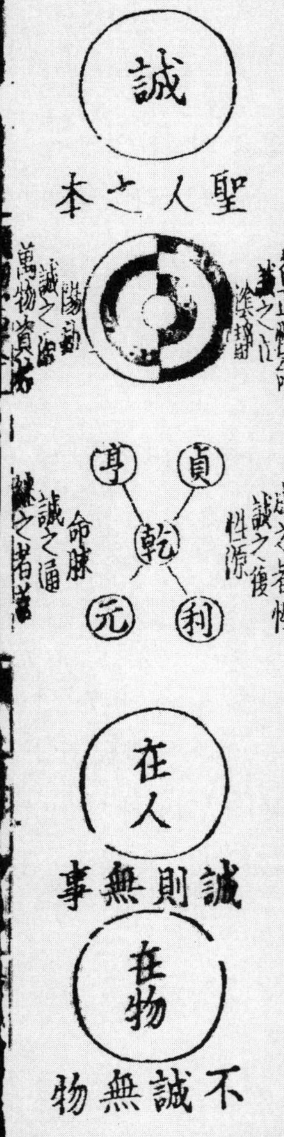

주렴계의 태극도와 주렴계의 통서가 표리의 관계로 서로 합치됨을 논함

論周子太極圖與周子通書表裏相合

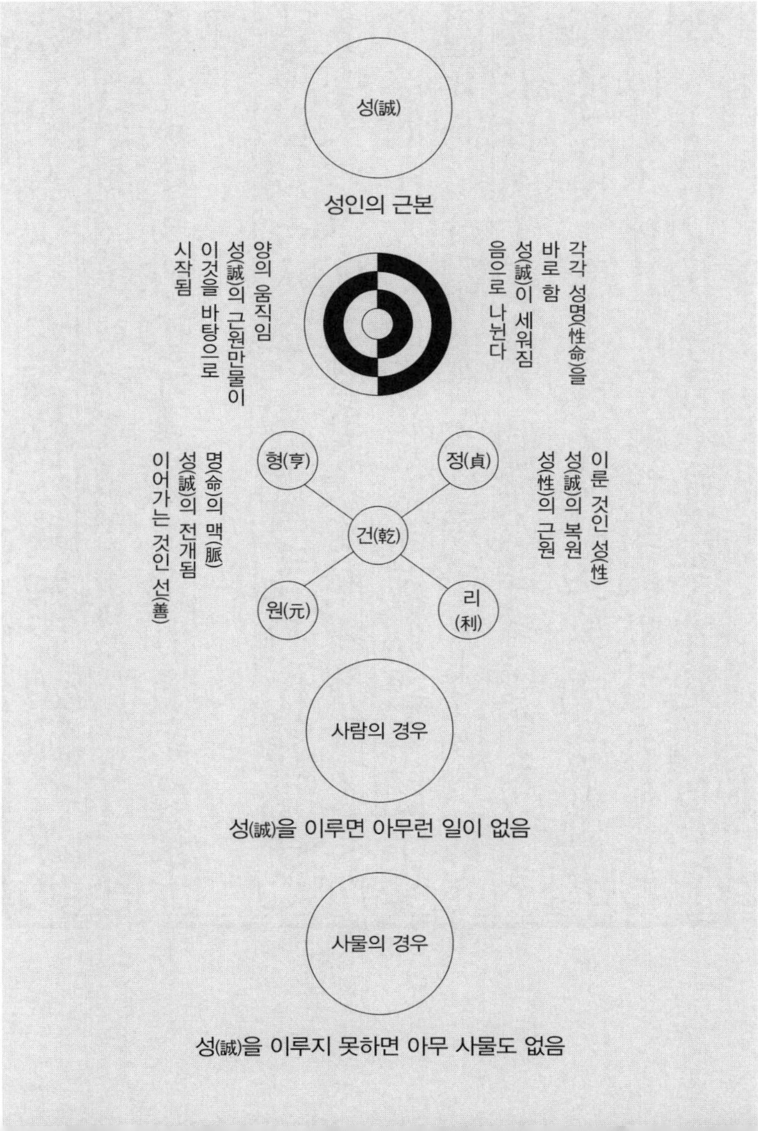

通書誠上章曰誠者聖人之本大哉乾元萬物資始誠之源也乾道變化各正性命誠斯立焉純粹至善者也故曰一陰一陽之謂道繼之者善也成之者性也元亨誠之通利貞誠之復大哉易也性命之源乎

此以通書誠上章配周子太極之圖此章正推所謂性命之源其後各章多示人以進爲之目聖人之所以敎賢人之所以學君子之所以脩小人之所以悖莫不發明蘊奧開示學者詳見全書因嘗爲之說曰易有太極周子未立圖以前亦有所謂圓圖者矣自周子之爲圖也獨以授之程子而程子所與門人講論又未嘗一言及之朱夫子以爲周子此圖立象盡意剖析幽微蓋不得已而作者儻不能默識於言意之表則馳心空妙入耳出口其弊有不可勝言者矣旣而朱子爲之釋文讀者病其分裂辨語紛然酬應不給宜乎周子之

『通書·誠上』章曰："誠者, 聖人之本. 大哉乾元, 萬物資始, 誠之源也；乾道變化, 各正性命, 誠斯立焉, 純粹至善者也. 故曰 '一陰一陽之謂道. 繼之者, 善也；成之者, 性也.' 元亨, 誠之通；利貞, 誠之復. 大哉易也!性命之源乎!"

『통서通書』「성상誠上」 장에서 이렇게 말하였다. "성誠은 성인聖人의 근본이다. 크도다, 건乾의 원元이여! 만물萬物이 이를 바탕으로 해서 시작되니, 성誠의 근원이다. 건乾의 도道가 변화變化하여 각각 성명性命을 올바로 실현하니 성誠이 이에 세워진다. 순수하고 지선한 존재이다. 그래서 '한번 음陰이 되고 한번 양陽이 되는 것을 도道라고 한다. 그것을 이어가는 것이 선善이고, 그것을 이루는 것이 성性이다."라고 한 것이다. 원元과 형亨은 성誠이 전개되어 가는 부분이고 리利와 정貞은 성誠이 복원되어 가는 부분이다. 크도다,『역易』이여! 성명性命의 근원인 것인가!"

(解釋) 此以『通書·誠上』章, 配周子太極之圖. 此章正推所謂性命之本, 其後各章多示人以進爲之目. 聖人所以教、賢人之所以學、君子之所以修、小人之所以悖莫不發明蘊奧, 開示學者. 詳見全書. 因嘗爲之說曰："'易有太極', 周子未立圖以前, 亦有所謂圓圖者矣. 自周子之爲圖也, 獨以授之

獨授程子而程子卒未嘗以言於其門人也今無極之辨旣
已彰明則可見夫前之爲圖未嘗有不備只一圈定陰陽而
分太極兩儀四象八卦者是也周子之爲圖未嘗有所離其
上一圈於陰陽圈內推出太極以見其本然之妙下諸圈於
陰陽圈內各分出五行男女萬物以見其流行之廣然以周
子之圖求之於易實未嘗不相表裏易繫辭曰易有太極即
周子之圖上一圈是也是生兩儀即陽動陰靜之一圈是也
兩儀生四象即水火木金之各一圈是也四象生八卦即乾
道成男坤道成女之一圈而乾坤六子震長男坎中男艮少
男巽長女離中女兌少女是也八卦定吉凶吉凶生大業即
化生萬物之一圈而所謂動萬物者震撓萬物者巽燥萬物
者離說萬物者兌潤萬物者坎終萬物始萬物者艮是也又
求之通書則圖與書又相表裏者也通書誠上章曰誠者聖

程子, 而程子所與門人講論, 又未嘗一言及之. 朱夫子以爲'周子此圖立象盡意, 剖析幽微, 蓋不得已而作者. 倘未能默識於言意之表, 則馳心空妙, 入耳出口, 其弊有不可勝言者矣.' 既而朱子爲之釋文, 讀者病其分裂, 辨語紛然, 酬應不給. 宜乎周子之獨授程子而程子卒未嘗以言於其門人也."

今無極之辨即已彰明, 則可見夫前之爲圖, 未嘗有不備. 只一圖定陰陽而分太極、兩儀、四象、八卦者, 是也. 周子之爲圖, 未嘗有所離其上一圈, 於陰陽圈內, 推出太極, 以見其本然之妙. 下諸圈, 於陰陽圈內, 各分出五行、男女、萬物, 以見其流行之廣.

然以周子之圖, 求之於『易』, 實未嘗不相表裏.『易·繫辭』曰 "易有太極", 即周子之圖上一圈, 是也 ; "是生兩儀", 即陽動陰靜之一圈, 是也 ; "兩儀生四象", 即水火木金之各一圈, 是也 ; "四象生八卦", 即乾道成男坤道成女之一圈, 而乾坤六子震長男、坎中男、艮少男、巽長女、離中女、兌少女, 是也 ; "八卦定吉凶, 吉凶生大業", 即化生萬物之一圈, 而所謂動萬物者震、撓萬物者巽、燥萬物者離、說萬物者兌、潤萬物者坎、終萬物始萬物者艮, 是也.

又求之『通書』, 則『圖』與『書』, 又相表裏者也.『通書誠上』章曰 "誠者, 聖人之本", 即『圖』上一圈太極, 是也. "大哉乾元, 萬物資始, 誠之源也", 即『圖』之陽動, 是也. "乾人之本即圖上一圈太極是也大哉乾元萬物資始誠之源也即圖之陽動是也乾道變化各正性命誠斯立焉即圖之陰靜是也繼之者善陽之屬也誠之源也成之者性陰之屬也誠之立也元亨誠之通利貞誠之復即五行之性是也已上並本朱子解義又師第七章所言剛柔即易之兩儀也各加善惡即易之四象也又加倍以爲八卦而朱子謂此書及圖則止於四象以爲水火金木而即其中以爲土蓋道體則一而人之所見詳略不同但於本體不差則並行而不悖是也嗚呼形而上者謂之道形而下者謂之器化而裁之謂之變推而行之謂之通擧而措之天下之民謂之事業此易之爲書所以廣大悉備者如此然神而明之則實存乎其人孔子雅言詩書執禮於易則鮮及焉周子之於圖自二氣五行說從人物去已上就實體上指出示人然猶詳於性命之原而略於進

道變化, 各正性命, 誠斯立焉", 即『圖』之陰靜, 是也. "繼之者善", 陽之屬也, 誠之源也; "成之者性", 陰之屬也, 誠之立也. "元亨, 誠之通; 利貞, 誠之復", 即五行之性, 是也. (注: 已上, 本朱子『解義』.) 又「師」第七章所言 "剛、柔", 即『易』之兩儀也; 各加善、惡, 即『易』之四象也; 又加倍以爲八卦. 而朱子謂 "此『書』及『圖』, 則止於四象, 以爲水火金木, 而即其中以爲土. 蓋道體則一, 而人之所見詳略不同, 但於本體不差, 則竝行而不悖", 是也.

嗚呼! "形而上者, 謂之道; 形而下者, 謂之器; 化而裁之, 謂之變; 推而行之, 謂之通; 擧而措之天下之民, 謂之事業." 此『易』之爲書, 所以廣大悉備者如此. 然神而明之, 則實存乎其人.

孔子雅言, 『詩』、『書』、執禮, 於『易』則鮮及焉. 周子之於『圖』, 自二氣、五行, 說從人物去; 已上, 就實體上指出示人. 然猶詳於性命之原, 而略於進爲之目. 及『通書』之作, 則既推一理、二氣、五行之分合, 以紀綱道體之精微; 又決道義、文辭、祿利之取舍, 以振起俗學之卑陋. 至論所以入德之方、經世之具, 悉皆親切簡要, 不爲空言, 奈終非學者所能驟而窺也. 程子既沒, 又幸有朱夫子, 以發其精蘊, 學者苟能求之於心, 主之以敬, 則知夫『太極』者此心之妙用, 『通書』者又『太極』之妙用, 而『圖說』所謂 "君子修之吉, 小人悖之凶" 者, 其要實不出此書, 而吾心之極, 亦庶乎其

爲之目及通書之作則既推一理二氣五行之分合以紀綱
道體之精微又決道義文辭祿利之取舍以振起俗學之卑
陋至論所以入德之方經世之具悉皆親切簡要不爲空言
奈終非學者所能驟而窺也程子既没又幸有朱夫子以發
其精蘊學者苟能求之於心主之以敬則知夫太極者此心
之妙用通書者又太極之妙用而圖說所謂君子脩之吉小
人悖之凶者其要實不出此書而吾心之極亦庶乎其可立
矣南軒先生曰二程先生之所講論答問雖不及此圖然其
說固多本之矣試嘗攷之當自可見朱夫子曰太極便是性
動靜陰陽是心金木水火土是仁義禮智信化生萬物是萬
事又曰無極之眞二五之精妙合而凝此數句尤妙是理與
氣合而成性愚故於四書圖纂必以此爲首述云

可立矣.

南軒先生曰 : "二程先生之所講論答問, 雖不及此圖, 然其說固多本之矣. 試嘗考之, 當自可見." 朱夫子曰 : "太極便是性, 動靜陰陽是心, 金木水火土是仁義禮智信, 化生萬物是萬事." 又曰 : "'無極之眞、二五之精, 妙合而凝', 此數句尤妙. 是理與氣合而成性." 愚故於『四書圖纂』, 必以此爲首述云.

【해석】 이 그림은『통서通書』「성상誠上」장으로 주렴계의『태극도太極圖』에 배합시켜 본 것이다. 이 장은 바로 이른바 성명性命의 근본을 파고들어 밝힌 것이고 그 뒤의 각 장은 사람들에게 실천의 조목을 보여준 것이 많다. 성인聖人이 가르친 내용과 현인이 배운 내용, 군자가 수양한 내용과 소인이 어긋난 내용에 대해 속속들이 밝혀서 배우는 이들에게 제시해 보여 주지 않은 것이 없다.『통서』전체 내용 속에 상세히 보인다. 이것과 관련하여 일찍이 다음과 같이 설명을 해 본 적이 있다. "역易에 태극太極이 있다'는 언명과 관련하여 주렴계가 그 그림을 그리기 전에 또한 이른바 '원도圓圖'라는 것이 있었다.[36] 주렴계가 그 그림을 그리고 나서는 오직 정자程子에게 전수하였고, 정자는 그 문인들과 강론할 때 또 한 마디도 이것에 대해 언급하지 않았다. 주자朱子는 주렴계의 이 그림이 상象을 제시하고 의도를 다

표현하며 은미한 부분까지 다 분석한 것에 대해 어쩔 수 없이 한 일이라고 여겼다. 만약 말에 담긴 직접적인 뜻을 넘어선 것까지 묵묵히 알지 못한다면 결국 마음을 공허하고 신묘한 곳으로 치달리거나 귀로 듣고 그냥 입으로 말하는 데 그칠 것이니 그 폐해가 이루 말할 수 없다. 그런 뒤에 주자朱子가 거기에 대해 주석을 쓰고 나자 읽는 사람들은 또 그 잘게 분석한 것을 문제로 삼게 되었고, 그러면서 그것을 해명하는 말이 어지럽게 일어났지만 거기에 충분히 대응할 수가 없었다. 주렴계가 이 『태극도설』을 정자에게만 전수하고 정자가 끝내 그 문인에게 말하지 않은 것이 마땅한 일이었다고 하겠다."

지금 무극無極에 대한 변론은 이미 잘 밝혀졌으니,[37] 이전에 그려졌던 그림이 갖추지 못한 내용이 전혀 없었다는 것을 알 수 있다. 단지 하나의 그림으로 음양陰陽을 정하자 태극太極, 양의兩儀, 사상四象, 팔괘八卦가 나누어진 것 그 그림[38]이 바로 이것이다. 주자周子가 그림을 그릴 때 가장 위쪽에 있는 한 권圈을 벗어난 적이 없다.[39] 음양권陰陽圈 안에서는 '태극太極'을 따로 표출함으로써 그 본연의 묘함을 보였으며, 아래의 여러 권圈은 음양권 내에서 각각 오행五行·남녀男女·만물萬物을 나누어 따로 표현함으로써 그 유행流行이 광대함을 보인 것이다.

그런데 주자周子의 그림을 『역易』과 대조해 보면 실로 서로 표리가 되지 않은 적이 없다. 『역易』「계사繫辭」에서 '역

易에 태극太極이 있다'라고 한 대목은 곧 주렴계의 그림에서 제일 위의 한 권圈이 이것이고, '이것이 양의兩儀를 낳는다'라고 한 대목은 곧 '양동음정陽動陰靜'이라는 한 권이 이것이며, '양의가 사상四象을 낳는다'라고 한 대목은 곧 '수水·화火·목木·금金'의 각 권이 이것이고, '사상이 팔괘八卦를 낳는다'라고 한 대목은 곧 '건도乾道가 남자를 이루고 곤도坤道가 여자를 이룬다'라는 한 권이며, '건乾·곤坤과 여섯 자식인 장남 진震·중남 감坎·소남 간艮·장녀 손巽·중녀 리離·소녀 태兌'인 것이 이것이다. '팔괘가 길흉吉凶을 정하고, 길흉이 대업大業을 낳는다'라고 한 대목은 곧 '만물을 화생한다'라는 한 권이며 이른바 '만물을 움직이는 것은 진震이고, 만물을 흔드는 것은 손巽이고, 만물을 말리는 것은 리離이고, 만물을 기쁘게 하는 것은 태兌이고, 만물을 윤택하게 하는 것은 감坎이고, 만물을 끝내고 만물을 시작하는 것은 간艮이다'라는 말[40]이 이것이다.

또 『통서通書』에 대조해 보면, 『태극도』와 『통서』가 또 서로 표리의 관계이다. 『통서』「성상誠上」장의 "성誠은 성인聖人의 근본이다"라는 말은 곧 『태극도』의 제일 위쪽 권圈인 태극太極이 이것이고, "크도다, 건乾의 원元이여! 만물이 이것을 바탕으로 시작되니, 성誠의 근원이다"라는 말은 곧 『태극도』의 '양동陽動(양의 움직임)'이 거기에 해당하고, "건乾의 도道가 변화하여 각각 성명性命을 바로 하니 성誠이 이에 세워진다"라는 말은 곧 『태극도』의 '음정陰靜(음의 고요함)'이 거기에 해당한다. "그것을 이어가는 것이 선善이다"라는 구절은 것은 '양陽'에 속하는 것이니 성誠의 근원이고, "이것을 이룬 것이 성性이다"라는 구절은 '음陰'에 속하는 것이니 성誠의 세워짐이다. "원元과 형亨은 성誠의 전개됨이고, 리利와 정貞은 성誠의 복원됨이다"라는 대목은 곧 '오행五行의 성性'이 거기에 해당한다.(주: 이상은 주자朱子의 『통서해通書解』에 바탕을 둔 것이다.)

또 제7장 「사師」에서 말한 '강剛과 유柔'는 곧 『역易』의 양의兩儀이고, 거기에 각각 선善과 악惡을 더하면 곧 『역易』의 사상四象이며, 또 갑절을 더하면 팔괘八卦가 된다. 그리고 주자朱子가 "이 『통서』와 『태극도』는 단지 사상四象까지 언급하는 데서 그치고는 수水·화火·금金·목木으로 삼고 그 안에서 토土의 자리를 설정하였다. 대개 도체道體는 하나인데 사람이 보는 정도는 상세하거나 소략한 차이점이 있는 것이다. 단지 그 본체에 대해서 어긋나지 않는다면 병립하여 모순되지 않는다"라는 말[41]은 이것을 가리킨다.

아, "형이상形而上의 것을 도道라고 하고, 형이하形而下의 것을 기器라고 한다. 자연의 변화에 맞게 재제하는 것을 변變이라고 하고, 확대시켜 행하는 것을 통通이라고 하며, 천하의 인류에게 적용시키는 것을 사업事業이라고 한다." 라고 하였으니, 이것은 『역易』이라는 책이 이처럼 규모가 광대하고 내용이 완벽히 갖추어져 있음을 설명한 것이다. 이 책에 생명을 불어넣어 세계에 실현시켜 내는 것은 실제로 사람에게 달려 있다.

공자께서 평소에 하신 말씀은 『시詩』와 『서書』와 집례執禮(예를 수행함)에 대한 것이었고,[42] 『역易』에 대해서는 드물게 언급하셨다. 주렴계는 『태극도』에서 음양과 오행 이후 부분에서는 사람과 다른 만물의 일에 대해서 말씀하셨고 그 윗부분에서는 실체實體에 대해 지시하여 사람들에게 보여 주었다. 하지만 여전히 성명性命의 근원에 대해서는 상세하게 설명한 반면 실천하는 조목에 대해서는 소략하였다. 그 뒤 『통서』를 짓게 되자 이미 하나인 리理, 둘인 기氣, 오행五行의 나뉘고 합함에 대해서까지 밝혀서 도체道體의 정미함에 대해 체계적으로 설명한데다가, 또 도의道義·문사文辭·녹리祿利 사이에서 취하고 버릴 것을 확정하여 속학俗學의 비루함으로부터 떨쳐 일어날 수 있게 하였다. 그리고 덕德으로 입문하는 방법과 세상을 경영하는 수단에 대해 논한 대목은 모두 친절하고 간명하여 헛된 말을 하지 않았다. 다만 끝내 배우는 이들이 곧바로 그 의미를 알아볼 수 있는 것은 아니었다.

정자程子가 이미 세상을 떠난 뒤에 또 다행히 주자朱子가 나와서 그 정밀한 내용을 드러내 밝혔으니 배우는 이들이 진실로 마음에서 구하고 경敬을 위주로 할 수 있다면, 『태극도』가 이 마음의 묘용妙用이 무엇인지 밝힌 것이고 『통서』가 또 『태극도』의 묘용을 밝힌 것이어서 『태극도설太極圖說』의 이른바 "군자는 수양하여서 길하고, 소인은 어긋나서 흉하다"라는 말의 요체가 실로 이 책을 벗어나지 않음을 알 수 있을 것이고, 내 마음의 극極이 또한 거의 세워질 수 있게 될 것이다.

남헌선생南軒先生[43]이 말하기를, "이정선생二程先生이 강론하고 문답한 내용에는 비록 이 그림을 언급한 대목이 없지만 그의 이론은 진실로 이것을 근본으로 삼은 것이 많았다. 한번 살펴본다면 저절로 알 수 있을 것이다."라고 하였고, 주자朱子가 말하기를, "태극太極은 바로 성性이고 동정動靜·음양陰陽은 심心이며 금목수화토金木水火土는 인의예지신仁義禮智信이고 '만물을 화생化生함'은 만사萬事이다."라고 하였다. 또 " '무극無極의 참됨과 음양·오행의 정수가 묘하게 합하여 응결되다'라는 이 몇 구절은 더욱 묘하다. 이것은 리理와 기氣가 합하여 성性을 이룬다는 의미를 담고 있고 있다."라고 하였다. 나는 그래서 『사서장도찬석四書章圖纂釋』을 저술하면서 반드시 이것을 첫머리에 기술하는 것이다.[44]

論朱子得道統之正 勉齋

其爲道也有太極而陰陽分有陰陽而五行具稟陰陽五行之氣以生則太極之理各具於其中天所賦爲命人所受爲性感於物爲情統性情爲心根於性則爲仁義禮智之德發於情則爲惻隱羞惡辭遜是非之端形於身則爲手足耳目口鼻之用見於事則爲君臣父子夫婦兄弟朋友之常求諸人則人之理不異於己參諸物則物之理不異於人貫徹古今充塞宇宙無一息之間斷無一毫之空闕莫不析之極其精而不亂然後合之盡其大而無餘先生之於道可謂建諸天地而不悖質諸聖賢而無疑矣

주자가 도통의 올바름을 얻었음에 대해 논함

論朱子得道統之正(면재勉齋)[45]

其爲道也：有太極而陰陽分，有陰陽而五行具，稟陰陽、五行之氣以生，則太極之理各具於其中. 天所賦爲命，人所受爲性，感於物爲情，統性、情爲心. 根於性，則爲仁義禮智之德；發於情則爲惻隱、羞惡、辭遜、是非之端；形於身，則爲手足耳目口鼻之用；見於事，則爲君臣、父子、夫婦、兄弟、朋友之常；求諸人，則人之理不異於己；參諸物，則物之理不異於人. 貫徹古今，充塞宇宙，無一息之間斷，無一毫之空闕. 莫不析之，極其精而不亂，然後合之盡其大而無餘，先生之於道，可謂建諸天地而不悖，質諸聖賢而無疑矣.

주자가 추구한 도道는 다음과 같다. 태극太極이 있고서 음양陰陽이 나뉘고 음양陰陽이 있고서 오행五行이 갖추어지는데 음양·오행의 기氣를 품부받아 태어나면 태극太極의 리理가 각각 그 속에 갖추

어진다. 하늘이 부여한 것을 명命이라 하고 사람이 받은 것은 성性이라 하며 사물에 감응한 것을 정情이라 하고 성性과 정情을 통괄하는 것을 심心이라 한다.그리고 성性에 뿌리를 두고 있는 것은 인의예지仁義禮智의 덕이고, 정情으로 발한 것은 측은惻隱·수오羞惡·사손辭遜·시비是非의 단서이며, 몸으로 나타나는 것은 손·발·귀·눈·입·코의 작용이고, 일로 드러나는 것은 군신君臣·부자父子·부부夫婦·형제兄弟·붕우朋友의 윤상倫常이다. 남들을 살펴보면 남들이 가진 리理가 나의 그것과 다르지 않고, 다른 만물을 살펴보면 다른 만물의 리가 사람의 그것과 다르지 않다. 고금에 걸쳐 관통해 있으며 우주에 가득 채워져 있으니 한순간의 끊어짐도 없고 조금의 빈 곳도 없다. 이러한 도道에 대해 어느 것 하나 분석하지 않은 것이 없고 그 정밀히 하기를 지극히 하여 혼란이 없게 된 뒤에 종합하기를 최대한으로 하여 남김이 없었다. 선생은 도道에 대해 가히 천지에 세워 놓아도 어그러짐이 없었고 성현에게 질정하여도 의구심이 없었다.

濂洛發明

易止言太極濂溪則發出無極之妙中庸止言天命之性而伊洛則發出氣質之性六經止言人倫之正而橫渠則又以西銘發天下皆兄弟父母之意

염계와 이락[46]이 발전시킨 내용에 대하여

濂洛發明

『易』 止言太極, 濂溪則發出無極之妙 ;『中庸』 止言天命之性, 而伊洛則發出氣質之性 ;『六經』 止言人倫之正, 而橫渠則又以『西銘』 發天下皆兄弟父母之意.

『역易』에서는 단지 태극太極을 말하였는데 염계濂溪는 무극無極의 묘함에 대해 거론하였고,『중용中庸』에서는 단지 '천명지성天命之性'에 대해 말하였는데 이락伊洛은 기질지성氣質之性을 거론하였으며,『육경六經』에서는 단지 인륜人倫의 일반적 의미에 대해 말하였는데, 횡거橫渠[47]는 또『서명西銘』으로 천하가 모두 형제·부모라는 의미를 거론하였다.

朱子發明

在天曰命　繼之者善　體　用　體　用

在人曰性　善　性之善猶水之下

易先言善後言性孟子先言性後言善蓋人之性得於天之命朱子所謂在天在人雖有性命之不同而其理未嘗不一也是以命之流行則曰繼之者善性之流行則曰道性善皆自其理之同言之也○在天曰命雖不離乎氣而實純乎理故同在人爲性雖不離乎理而實制乎氣故異

주자가 발전시킨 것에 대하여
朱子發明

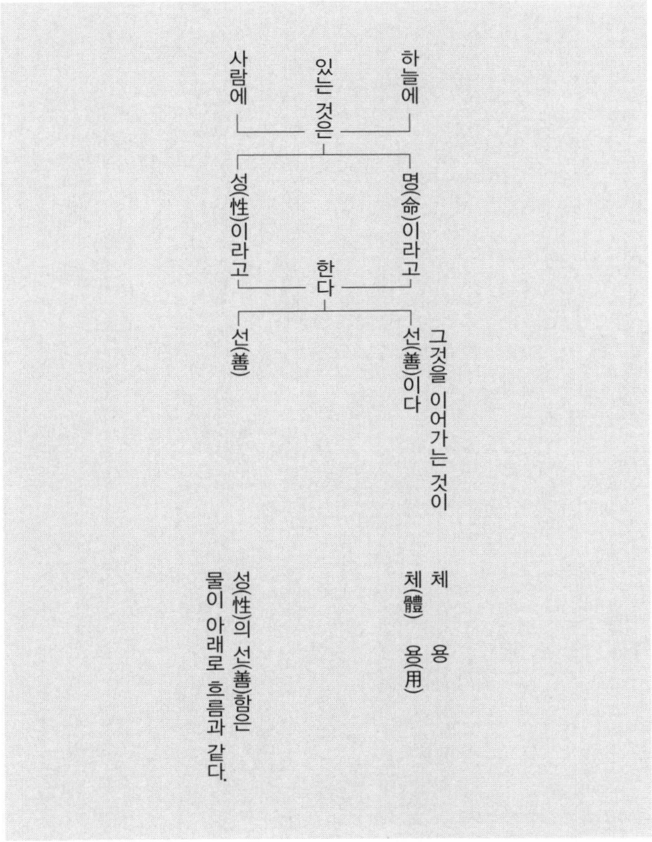

『易』先言善後言性,『孟子』先言性後言善. 蓋人之性, 得於天之命, 朱子所謂 “在天、在人, 雖有性、命之不同, 而其理未嘗不一也.” 是以命之流行, 則曰 “繼之者善”, 性之流行, 則曰 “道性善”, 皆自其理之同言之也. ○在天曰命, 雖不離乎氣, 而實純乎理, 故同 ; 在人爲性, 雖不離乎理, 而實制乎氣, 故異.

『역易』에서는 먼저 ‘선善’을 먼저 말하고 ‘성性’을 뒤에 말하였는데, 『맹자孟子』는 ‘성性’을 먼저 말하고 ‘선善’을 뒤에 말하였다. 대개 사람의 성은 하늘의 명으로부터 얻은 것이다. 주자朱子의 이른바 “(하나는) 하늘에 있는 것이고 (하나는) 사람에게 있는 것이어서 비록 성性과 명命이라는 다른 이름이 있지만 그 리理는 동일하지 않은 적이 없다.”라는 것이다. 그래서 명의 유행流行에 대해서는 “그것을 이어가는 것을 선善이라고 한다”라고 말하고, 성의 유행에 대해서는 “성은 선하다고 한다”라고 말한 것이니, 모두 그 리가 같다는 점에서 말한 것이다.

○하늘에 있는 것을 명이라고 하는데 비록 기氣를 벗어나 있지 않지만 실제로 순전하게 리理이기 때문에 (어느 경우나) 같은 것이고, 사람에게 있는 것을 성이라고 하는데 비록 리理를 벗어나 있지 않지만 실제로 기氣의 제어를 받기 때문에 (사람마다) 다른 것이다.

論性情體用

子思自體而言用故曰率性孟子自用而言體故曰若情子思自未發而達之已發故曰中而後和孟子自已發而看未發故以惻隱爲仁羞惡爲義

성과 정의 체용 관계에 대해 논함

論性情體用

子思自體而言用, 故曰 "率性", 孟子自用而言體, 故曰 "若情"; 子思由未發而達之已發, 故曰中而後和, 孟子自已發而看未發, 故以惻隱爲仁, 羞惡爲義.

자사子思는 체體로부터 용用을 말하였기 때문에 "성性을 따르다"라고 하였고,[48] 맹자孟子는 용用으로부터 체體를 말하였기 때문에 "정情이라면" 이라고 하였다.[49] 자사는 미발未發로부터 이발已發로 전개하였기 때문에 중中을 말하고 나서 화和를 말하였지만, 맹자는 이발已發을 통해 미발未發을 보았기 때문에 측은惻隱을 인仁이라고 하고 수오羞惡를 의義라고 한 것이다.[50]

論仁智先後

人之四德先於仁而後於智天有八卦始於震而終於艮知艮有終始萬物之理則智亦有可以爲仁之機智非仁也智而能擇焉而弗去則人之所以能仁也

仁屬木居方之東智屬水居方之北水有生木之機則智亦有爲仁之理此艮之所以終始萬物貫流行於震之間也

인과 지의 선후 문제를 논함

論仁智先後

人之四德, 先於仁而後於智. 天有八卦, 始於震而終於艮, 知艮有終始萬物之理, 則智亦有可以爲仁之機. 智非仁也, 智而能擇, 知而弗去, 則人之所以能仁也.

사람의 사덕四德은 인仁이 먼저이고 지智가 뒤이다. 하늘에 팔괘八卦가 있는데 진震에서 시작하여 간艮에서 마친다. 간艮에 만물을 시작하고 끝내는 이치가 있다는 것을 안다면 지智도 또한 인仁이 기틀이 될 수 있음을 알 것이다. 지智는 인仁이 아니지만, 지혜롭고 능히 택할 수 있으며 잘 알고서 벗어나지 않는 것이 사람이 능히 인仁하게 될 수 있는 조건이다.

仁屬木, 居方之東；智屬水, 居方之北. 水有生木之機, 則智亦有爲仁之理. 此艮之所以終始萬物, 實流行坎、震之間也.

인仁은 목木에 속하고 방위 중에서는 동東에 위치하며, 지智는 수水에 속하고 방위로는 북北에 위치한다. 수水에는 목木을 낳는 기틀이 있으니 지智에도 인仁으로 될 수 있는 이치가 있는 것이다. 이것이 간艮이 만물을 끝내고 시작하며 실제로 감坎과 진震 사이에 유행流行하는 까닭이다.

論理氣一貫之以神

山屋許先生月卿爲江西倉幹時主臨汝書院講中庸首章三句謂文公所謂陰陽五行之氣健順五常之理本於漢儒鄭氏注曰木神則仁金神則義火神則禮水神則智土神則信以爲水火木金土氣也仁義禮智信理也而有神之一字貫乎其間理形而上者氣形而下者神形而上下之間理不離乎氣氣不外乎理而有神以貫乎理氣之間提挈康成而不悖聖賢之學眞能發先儒未發之蘊宜乎爲蕭大山諸公所敬嘆也

리와 기를 신으로 관통함을 논함
論理氣一貫之以神

山屋許先生(月卿)[51]爲江西倉幹時, 臨汝書院[52]講『中庸』首章三句, 謂:"文公所謂'陰陽五行之氣、健順五常之理', 本於漢儒鄭氏注曰'木神則仁、金神則義、火神則禮、水神則智、土神則信', 以爲:水火木金土, 氣也;仁義禮智信, 理也;而有神之一字, 貫乎其間. 理, 形而上者;氣, 形而下者;神, 形而上、下之間. 理不離乎氣, 氣不外乎理, 而有神以貫乎理、氣之間." 提挈康成而不悖聖賢之學, 真能發先儒未發之蘊. 宜乎爲蕭太山諸公所敬歎也.

산옥山屋 허선생許先生(월경月卿)이 강서성江西省 제거상평사江西提擧常平事가 되었을 때 임여서원臨汝書院에서 『중용中庸』 수장首章의 3구句를 강론하면서 말하기를, "문공文公(주자)의 이른바 '음양·오행의 기氣'와 '건순健順·오상五常의 리理'라는 표현[53]은 한漢나라 유자儒

者인 정씨鄭氏(정현)의 『예기주禮記注』에 '목木의 신神은 인仁이고, 금金의 신은 의義이며, 화火의 신은 예禮이고, 수水의 신은 지智이고, 토土의 신은 신信이다'라고 한 것을 토대로 '수·화·목·금·토는 기氣이고 인·의·예·지·신은 리理인데 신神이라는 한 글자가 있어서 그 사이를 관통하고 있다'라고 설명한 것이다. 리理는 형이상의 실재이고 기氣는 형이하의 실재이며 신神은 형이상과 형이하의 사이이다. 리理는 기氣를 떠나지 않고 기氣는 리理의 밖에 있지 않으며, 신神이 있어 리와 기 사이를 관통한다는 것이다."라고 하였다. 정강성鄭康成(정현)의 이론을 끌어들이되 성현의 학설에서 어긋나지 않았으니 참으로 선유先儒가 미처 말하지 못한 내용을 말한 것이라고 할 수 있다. 소태산蕭太山 등 제공諸公이 경탄한 것은 당연한 일이다.

論乾坤健順之理

乾 健而無息其象爲天爲君爲父爲夫

坤 順而有常爲地爲母爲臣爲婦

天地者乾坤之形體乾坤者天地之性情健者乾之性無息者乾之情順者坤之性有常者坤之情性情爲體情爲用體用一致人能健順即人之乾坤故有天地之乾坤有人之乾坤不可專以天地爲乾坤也

건과 곤에 담긴 건과 순의 이치를 논함

論乾坤健順之理

건(乾) 강건하며 그침이 없다. 그 상(象)은 하늘이고, 임금이고, 아버지이고, 남편이다.

곤(坤) 유순하며 항상성이 있다. 땅이고, 신하이고, 어머니이고, 아내이다.

天地者, 乾坤之形體 ; 乾坤者, 天地之性情. 健者, 乾之性, 無息者, 乾之情 ; 順者, 坤之性, 有常者, 坤之情. 性爲體, 情爲用, 體用一致. 人能健順, 即人之乾坤, 故有天地之乾坤, 有人之乾坤, 不可專以天地爲乾坤也.

하늘과 땅은 건乾과 곤坤의 형체이고, 건과 곤은 하늘과 땅의 성정性情이다. '강건함'은 건의 성性이고 '그침이 없음'은 건의 정情이며, '유순함'은 곤의 성이고 '항상성이 있음'은 곤의 정이다.[54] 성은 체體이고 정은 용用이니 체와 용은 일치한다. 사람이 강건하고 유순할 수 있으면 그것이 바로 사람의 건과 곤이다. 그러므로 하늘과 땅의 건과 곤이 있고, 사람의 건과 곤이 있으니, 전적으로 하늘과 땅만을 건과 곤이라고 해서는 안 된다.

論陰陽動靜之氣

陰氣靜則爲陰非別是一氣而與陽異

陽氣動則爲陽非別是一氣而與陰異

陰陽本一氣之流行而有動靜耳如人之嘘吸嘘陽而吸陰也嘘吸豈有二氣哉故春夏者氣之動屬陽秋冬者氣之靜屬陰之作事爲陽休息爲陰物之發生爲陽凋謝爲陰皆非判然物前之乾坤以理言此之陰陽以氣言

음양·동정의 기에 대해 논함

論陰陽動靜之氣

음(陰)

기(氣)는 고요하면 음(陰)이 된다.

별도의 한 기(氣)로서 양(陽)과 다른 그런 것이 아니다.

양(陽)

기(氣)가 움직이면 양(陽)이 된다.

별도의 한 기(氣)로서 음(陰)과 다른 그런 것이 아니다.

陰陽本一氣之流行而有動靜耳. 如人之噓吸, 噓陽而吸陰也. 噓吸, 豈有二氣哉! 故春夏者, 氣之動, 屬陽 ; 秋冬者, 氣之靜, 屬陰. 人之作事爲陽, 休息爲陰 ; 物之發生爲陽, 凋謝爲陰. 皆非判然二物. 前之乾坤, 以理言 ; 此之陰陽, 以氣言.

음과 양은 본래 한 기氣의 유행인데 거기에 움직임과 고요함이 있는 것일 뿐이다. 마치 사람의 호흡에서 내쉬는 것은 양이고 들이쉬는 것은 음인 것과 같다. 호흡에 어찌 두 기가 있겠는가! 그래서 봄과 여름은 기의 움직임이어서 양에 속하고, 가을과 겨울은 기의 고요함이어서 음에 속한다. 사람이 일을 하는 것은 양이고 휴식하는 것은 음이고, 만물이 피어나는 것은 양이고 시들어서 지는 것은 음이다. 모두 판연하게 다른 두 실재가 있는 것이 아니다. 앞서 건과 곤은 리理로 말한 것이고, 이 음과 양은 기氣로 말한 것이다.

論理氣無迹有形

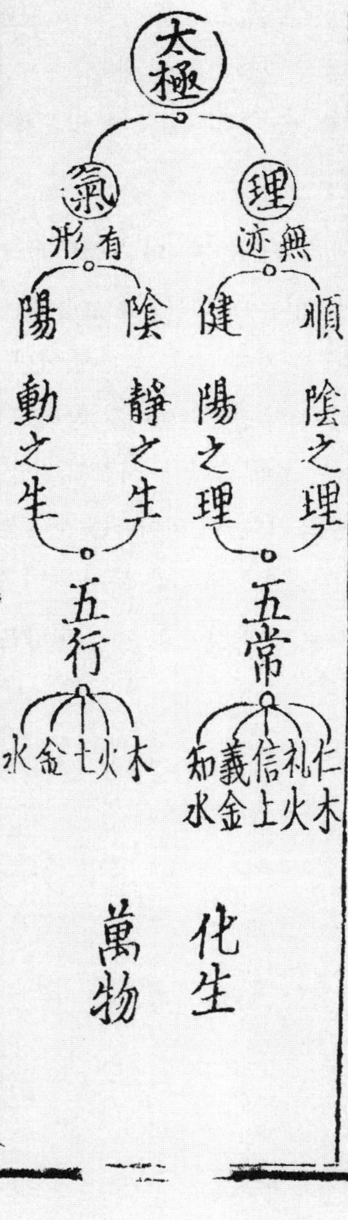

天地之初只有太極之理有此理便有此氣氣資理而立理附氣而行不可分散○人物得陰陽五行之理以成性故物雖至微其知覺運動榮悴開落莫不有自然之理至如虎狼之父子蜂蟻之君臣鴻鴈之兄弟雎鳩之夫婦麟之仁犬之義亦各有以全其天理之一端但以物得其偏拘乎氣質故不能通於全

리와 기의 자취 없음과 형체 있음을 논함
論理氣無迹有形

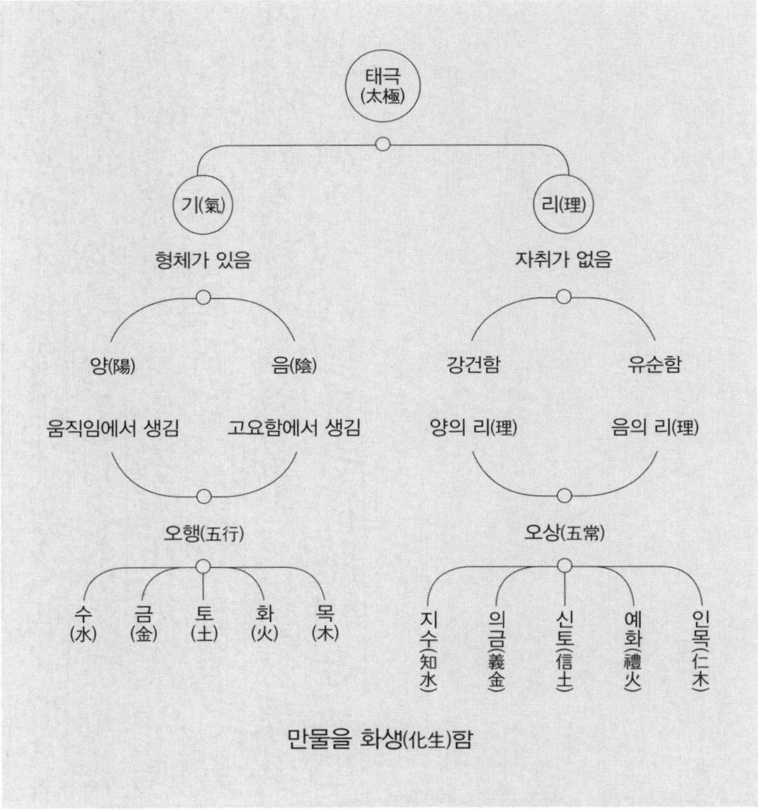

體惟人得其正故良知良能無所不備然其本然之性人物豈有異哉故曰萬物體統一太極人物均得五行之氣以成形但物受其昏濁之氣故得其偏且塞者是以草木有生而無知鳥獸雖有知而無識惟人受其清秀之氣而聖賢又稟其氣之秀者故得其正而能通是以有知有識而爲萬物之最靈然原其生生化化人物豈不同此一原也哉故曰民吾同胞物吾與也

天地之初, 只有太極之理. 有此理, 便有此氣. 氣資理而立, 理附氣而行, 不可分散.

천지의 처음에는 단지 태극太極의 리理만 있었다. 이 리가 있으면 바로 이 기氣가 있다. 기氣는 리를 바탕으로 하여 세워지고 리는 기氣에 의존하여 존재하고 운동하니 분리될 수 없다.

○人物得陰陽、五行之理, 以成性, 故物雖至微, 其知覺運動、榮悴開落莫不有自然之理. 至如虎狼之父子、蜂蟻之君臣、鴻雁之兄弟、雎鳩之夫婦、麟之仁、犬之義, 亦各有以全其天理之一端. 但, 以物得其偏, 拘乎氣質, 故不能通於全體, 惟人得其正, 故良知、良能無所不備. 然其本然之性, 人物豈能有異哉! 故曰:"萬物體統一太極." 人物均得五行之氣, 以成形, 但物受其昏濁之氣, 故得其偏且塞者, 是以草木有生而無知, 鳥獸雖有知而無識; 惟人受其清秀之氣, 而聖賢又稟其氣之秀者, 故得其正而能通, 是以有知有識, 而爲萬物之最靈. 然原其生生化化, 人物豈不同此一原也哉! 故曰:"民吾同胞, 物吾與也."

○ 사람과 다른 만물은 음양·오행의 리理를 얻어 성性을 이루기

때문에 만물들은 비록 지극히 미미하더라도 그 지각知覺 · 운동運動과 영췌榮悴(성하고 시듦) · 개락開落(피고 짐)의 현상들에 자연스런 리理가 없는 경우가 없다. 예를 들어 범과 이리의 부자父子 윤리, 벌과 개미의 군신君臣 윤리, 기러기의 형제 윤리, 물수리의 부부 윤리, 기린麒麟의 인仁, 개의 의義도 각각 천리天理의 한 편단을 온전히 갖추고 있는 것이다. 하지만 다른 만물들은 부분만 얻은 데다 기질氣質의 불완전함에 제약받기 때문에 전체에 통하지 못하고, 오직 사람만이 그 올바름을 얻었기 때문에 양지良知와 양능良能을 갖추지 못함이 없다. 하지만 그 본연지성本然之性을 품부받았다는 점에서는 사람과 다른 만물이 어찌 차이가 있겠는가! 그래서 "만물은 전체적으로 하나의 태극太極을 가진다"라고 말한 것이다. 사람과 다른 만물들은 균등하게 오행의 기氣를 얻어 형체를 이룬다. 하지만 다른 만물들은 그 혼탁한 기를 받았기 때문에 그 부분적이고 막힌 것을 얻게 되는 것이다. 그래서 초목은 생生만 있고 지知가 없으며, 조수鳥獸는 비록 지知는 있지만 식識은 없다.[55] 오직 사람은 그 맑고 빼어난 기를 얻었고 성현은 또 그 기 중에서 더 빼어난 것을 품부받았기 때문에 그 바른 것을 얻어서 모든 방면으로 통할 수 있다. 그래서 지知도 있고 식識이 있어 만물 중에서 가장 영명하다. 하지만 그 지속적으로 생명을 부여받고 지속적으로 변화해 가게 되는 까닭을 따져 보면 사람과 다른 만물이 어찌 이 하나의 근원을 공동으로 갖지 않겠는가! 그래서 "인류는 나의 동포이고, 다른 만물들은 나와 같은 부류이다."라고 말한 것이다.[56]

論天地理氣之流行

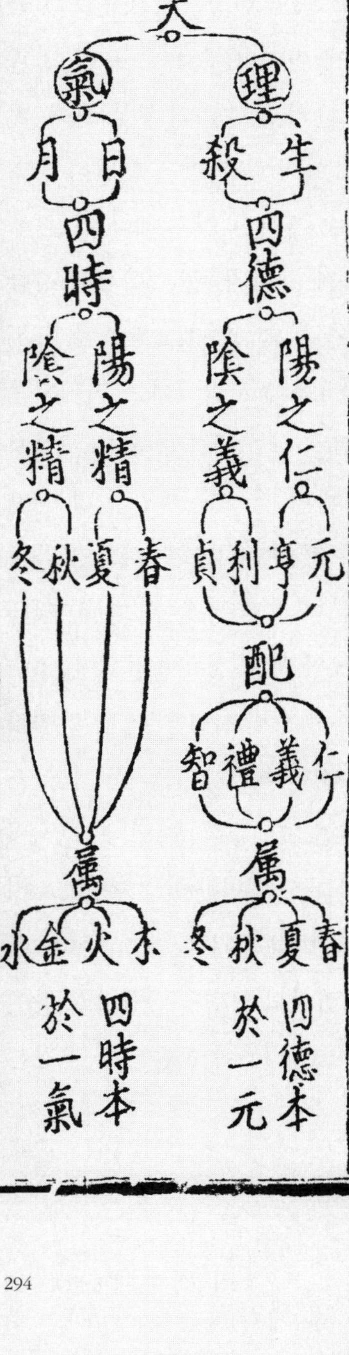
天
理
氣
生
殺
四德
陽之仁
陰之義
元
亨
利
貞
配
仁
義
禮
智
屬
春
夏
秋
冬
四德本於一元
日
月
四時
陽之精
陰之精
春
夏
秋
冬
屬
木
火
金
水
四時本於一氣

천지 차원에서 리와 기의 유행을 논함
論天地理氣之流行

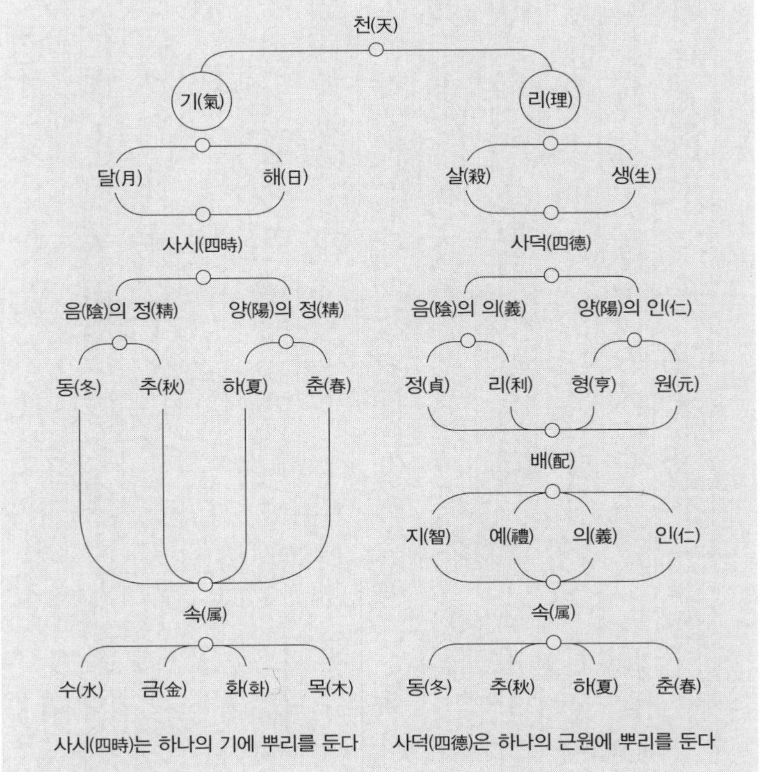

사시(四時)는 하나의 기에 뿌리를 둔다　사덕(四德)은 하나의 근원에 뿌리를 둔다

大極判而陰陽分則天地定位天秉陽以氣覆地秉陰以形載○春生秋殺則天地之仁義也仁義則健順之理也但乾健坤順只自判爲天地之性故於此指生殺以代之至天有四德以配仁義禮智而信獨無配者以信麗乎四德之中亦如土之寄旺於四季也但謂之本一元者以四德之元猶五常之仁偏言之則一事專言之則包四者蓋天地施生本一元耳元者元之始亨者元之通利者元之遂貞者元之復日月者陰陽之氣結聚而成形耳四時陰陽之運行也故春夏屬陽秋冬屬陰然有四時以配金木水火而土無所屬者以其寄旺於四季每季旺十八日也但謂之本一氣者四時之氣均主乎生物而已春者生意之生夏者生意之長秋者生意之斂冬者生意之藏實同一氣變易而成四時耳此五行本一陰陽陰陽本一太極也

太極判而陰陽分, 則天地定位. 天秉陽, 以氣覆 ; 地秉陰, 以形載.

태극太極이 갈라져서 음과 양이 나뉘어지면 하늘과 땅이 자리를 정하게 된다. 하늘은 양을 잡고서 기氣로 세계를 덮으며, 땅은 음을 잡고서 형形으로 만물을 싣는다.

○春生秋殺則天地之仁義也, 仁義則健順之理也. 但, 乾健坤順, 又自判爲天地之性, 故於此指生殺以代之. 至天有四德, 以配仁義禮智, 而信獨無配者, 以信麗乎四德之中, 亦如土之寄旺於四季也. 但謂之本一原者, 四德之元猶五常之仁, 偏言之, 則一事, 專言之, 則包四者. 蓋天地施生, 本一元耳. 元者, 元之始 ; 亨者, 元之通 ; 利者, 元之遂 ; 貞者, 元之復. 日月者, 陰陽之氣結聚而成形耳, 四時, 陰陽之運行也. 故春夏屬陽, 秋冬屬陰. 然有四時以配金木水火, 而土無所屬者, 以其寄旺於四季, 每季旺十八日也. 但謂之本一氣者, 四時之氣, 均主乎生物而已, 春者, 生意之生, 夏者, 生意之長, 秋者, 生意之斂, 冬者, 生意之藏, 實同一氣變易而成四時耳. 此五行本一陰陽, 陰陽本一太極也.

○ 봄에는 낳고 가을에는 죽이는 것은 천지의 인仁과 의義이다. 인과 의는 강건함과 유순함의 리理이다. 다만 건의 강건함과 곤의 유순함은 또 그 자체가 판연히 천지의 성性이기 때문에 여기에서는 살림과 죽임을 지목하여 그것을 대체한 것이다. 하늘에는 사덕四德(원형리정)이 있어 이것으로 인·의·예·지에 짝이 되는데 신信은 홀로 짝이 없는 까닭에 대해 말하자면, 신信은 사덕 안에 내재하여 또한 토土가 네 계절에 깃들어 왕성한 것과 같기 때문이다. 다만 "하나의 근원에 뿌리를 둔다"라고 말한 까닭은 사덕의 원元은 오상五常의 인仁과 같아서 부분으로서 말하면 한 가지 일이지만 단독으로 말하면 네 덕을 포괄하기 때문이다. 대개 천지가 생을 펼쳐 가는 것은 하나의 원元일 뿐이다. 원元은 원元의 시작이고, 형亨은 원의 전개이며, 리利는 원의 이룸이고, 정貞은 원의 복원이다. 해와 달은 음과 양의 기가 결합하여 형체가 이루어진 것일 뿐이고, 네 계절은 음과 양의 운행이다. 그래서 봄과 여름은 양에 속하고 가을과 겨울은 음에 속한다. 하지만 네 계절이 있어 금·목·수·화에 짝이 되는데 토土에는 배속되는 것이 없는 까닭은 그것이 네 계절에 깃들어 왕성하는 것이어서 매 계절에 18일간 왕성하기 때문이다. 다만 "하나의 기氣에 뿌리를 둔다"라고 하였으니 네 계절의 기氣는 균일하게 만물에 생명을 주는 것을 위주로 할 뿐이다. 봄은 생의生意(생명을 주려는 의지)의 낳음이고, 여름은 생의의 길러줌이고 가을은 생의의 거둠이고 겨울은 생의의 간직함이니, 실제로는 하나의 기가 변화하면서 네 계절을 이룰 뿐이다. 이것이 오행은 본디 하나의 음양이고, 음양은 본디 하나의 태극임을 설명해 준다.

論人物理氣之稟賦

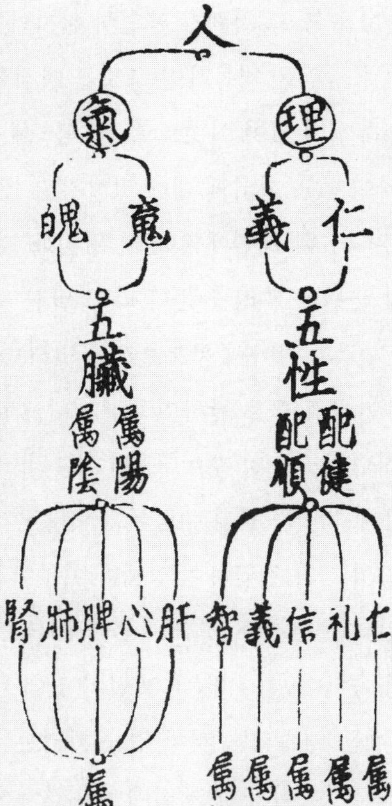

人得陰陽五行之理以成性得陰陽五行之氣以成形○人之有仁義即天之有健順也仁配陽故爲健義配陰故爲順別而言之又爲五德禮者仁之餘知者義之歸信者實有此仁義禮智之謂也是所謂得陰陽五行之理以成性如此然理不能自立故以此五者配五行而屬五臟○人之有魂魄即天之有陰陽人之有五臟即天之有五行是所謂得陰陽五行之氣以成

사람과 다른 만물이 리와 기를 품부받은 것에 대해 논함

論人物理氣之稟賦

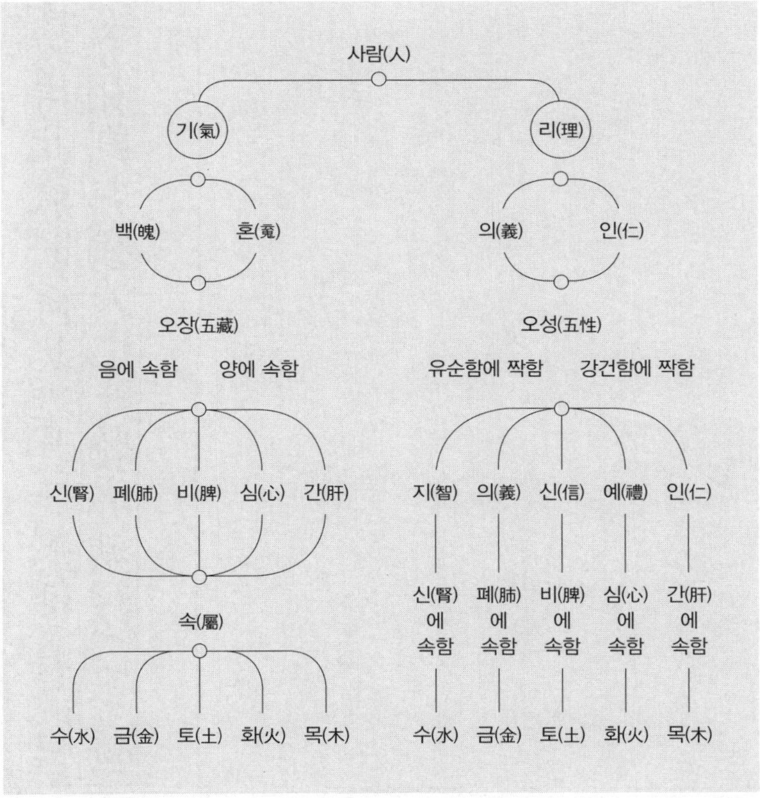

形如此然氣不能自運故得此氣則得此理具此形便具此性形性不可相離理氣不可相判非獨人也凡物亦然故曰一物各具一太極

人得陰陽五行之理以成性, 得陰陽五行之氣以成形.

사람은 음양·오행의 리理를 얻어 성性을 이루고 음양·오행의 기氣를 얻어 형체를 이룬다.

○人之有仁義, 即天之有健順也. 仁配陽故爲健, 義配陰故爲順. 別而言之, 又爲五德, 禮者, 仁之餘 ; 知者, 義之歸 ; 信者, 實有此仁義禮智之謂也. 是所謂得陰陽五行之理以成性如此. 然理不能自立, 故以此五者配五行而屬五臟.

○ 사람에게 인과 의가 있는 것은 곧 하늘에 강건함과 유순함이 있는 것이다. 인은 양에 짝이 되기 때문에 강건하고 의는 음에 짝이 되기 때문에 유순하다. 구별해서 말하면 또 오덕五德(인의예지신)이 된다. 예禮는 인仁의 나머지이고 지智는 의義의 귀결이며, 신信은 실제로 인·의·예·지를 가짐을 의미한다. 이는 이른바 '음양·오행의 리理를 얻어 성性을 이룸'이 이와 같다. 하지만 리理는 혼자 설 수 없기 때문에 이 다섯으로 오행에 각각 짝이 되고 오장五臟에 각각 속한다.

○人之有魂魄, 即天之有陰陽 ; 人之有五臟, 即天之有五行. 是所謂得陰陽五行之氣以成形如此. 然氣不能自運, 故得此氣, 則得此理 ; 具此形, 便具此性. 形性不可相離, 理氣不可相判. 非獨人也, 凡物亦然. 故曰 : "一物各具一太極."

○ 사람에게 혼과 백이 있는 것은 곧 하늘에 음과 양이 있는 것이다. 사람에게 오장이 있는 것은 곧 하늘에 오행이 있는 것이다. 이는 이른바 '음양·오행의 기氣를 얻어 형체를 이룸'이 이와 같은 것이다. 하지만 기氣는 저절로 운행할 수는 없기 때문에 이 기氣를 얻으면 이리理를 얻는 것이고, 이 형체를 갖추면 이 성性을 갖추는 것이다. 형체와 성은 서로 떨어질 수 없고 리와 기는 서로 나뉠 수 없다. 사람만 그런 것이 아니라 모든 만물이 또한 그러하다. 그래서 "하나의 만물이 각각 하나의 태극太極을 갖추고 있다."라고 하는 것이다.

論心統性情

心

未發爲性

已發爲情

性

理

本然之性

仁愛之理義宜之理信実之理礼敬之理智別之理

五者皆天理 固無不善

氣

氣質之性

純淸者全善

雜淸濁者善惡混

純濁者全惡

上智

中人

下愚

情

理

發爲四端

惻隱仁之發 羞惡義之發 辭讓礼之發 是非智之發

四者是正情 亦無不善

氣

發爲七情

發爲喜發爲怒發爲哀發爲懼發爲愛發爲惡發爲欲

中節者公而善

不中者私而惡

一心之中人所禀受於天者只有仁義禮智信而已由其體之

심이 성과 정을 통괄함을 논함

論心統性情

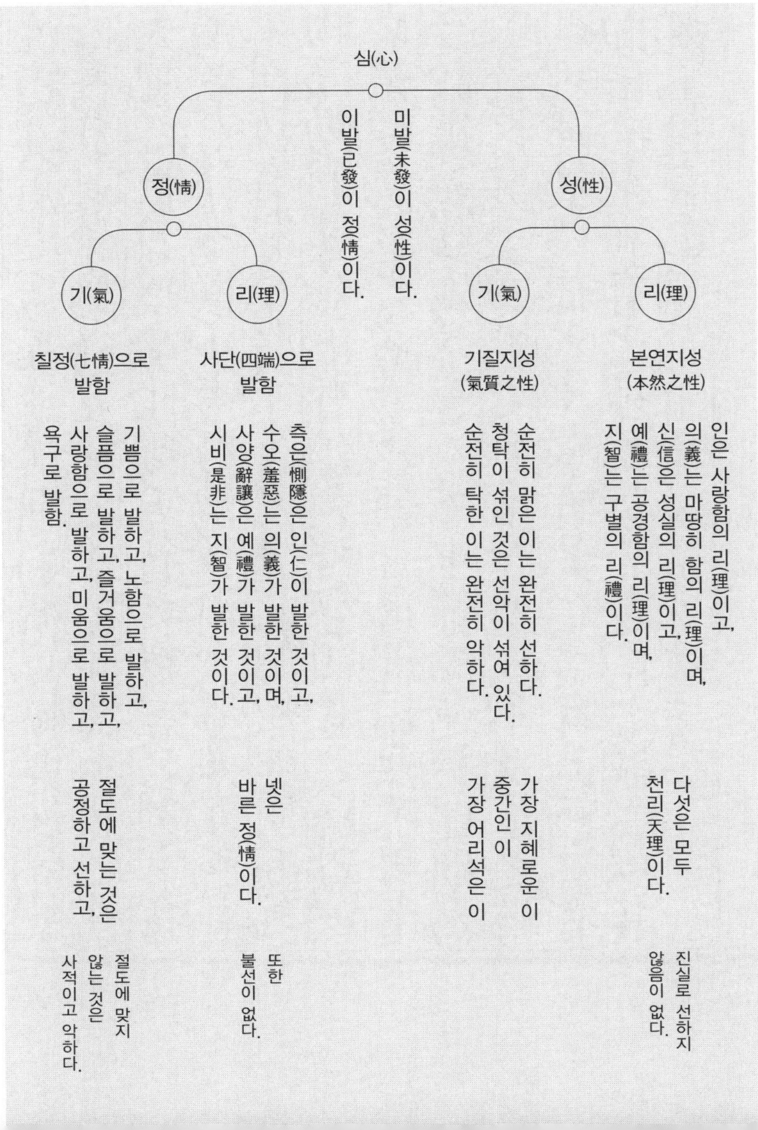

寂然不動則爲性由其用之感而遂通則爲情故情與性皆統
於心然性也有二義自稟受陰陽五行之理言則爲本然之性
爲固有之性爲天地之性自稟受陰陽五行之氣言之則有得
其清者有得其濁者有清多濁少者有濁多淸少者是爲氣質
之性惟其氣稟不同故有智愚賢不肖之分此所以理同而氣
異也及其心感物而動則其發也有仁義禮智四者之別蓋以
理言也有喜怒哀樂愛惡欲之名蓋以氣言也理固無不善者
氣則動而中節合於理然後爲盡善苟不中節而逆於理則爲
私情爲人欲而入於惡矣至四端之目孟子所以不及信之端
者則信爲實有之理麗於四德之中實有此仁實有此義實有
此禮實有此智即信也今實有之理雖發於忠信之誠亦以其
麗在四端之中故不復言也 已上係毅齋沈先生文六論

一心之中，人所稟受於天者，只有仁義禮智信而已．由其體之寂然不動則爲性，由其用之感而遂通則爲情，故情與性皆統於心．然性也有二義：自稟受陰陽五行之理言，則爲本然之性，爲固有之性，爲天地之性；自稟受陰陽五行之氣言之，則有得其清者，有得其濁者，有清多濁少者，有濁多淸少者，是爲氣質之性．惟其氣稟不同，故有智愚賢不肖之分．此所以理同而氣異也．及其心感物而動，則其發也有仁義禮智四者之别，蓋以理言也；有喜怒哀樂愛惡欲之名，蓋以氣言也．理固無不善者，氣則動而中節，合於理，然後爲盡善，苟不中節而逆於理，則爲私情，爲人欲，而入於惡矣．至四端之目，孟子所以不及信之端者，則信爲實有之理，麗於四德之中，實有此仁，實有此義，實有此禮，實有此智，即信也．今實有之理，雖發於忠信之誠，亦以其麗在四端之中，故不復言也．(已上系毅齋沈先生六論)

하나의 마음 안에서 사람이 하늘로부터 품부받은 것은 인의예지신일 뿐이다. 그 체體가 고요하여 움직이지 않는 것으로 말할 때는 성性이고, 그 용用이 감지하여 드디어 대응해 가는 것으로 말할 때는 정情이다. 그러니 정情과 성性은 모두 마음에 통괄된다. 하지만 성에는 두 가지 의미가 있다. 음양·오행의 리理를 품부받은 것으로 말할 때는 '본연의 성'이고, 고유한 성이고, 천지의 성이다. 음양·오행의 기를 품부받은 것으로 말할 때는 그 맑은 것을 얻은 것이 있고

그 탁한 것을 얻은 것이 있으며 맑음이 많고 탁함이 적은 것이 있고 탁함이 많고 맑음이 적은 것이 있는데 이것이 '기질의 성'이다. 오직 기를 품부받은 것이 같지 않기 때문에 지혜롭고 어리석으며 현능하고 불초한 구분이 있는 것이다. 이것이 리理는 같고 기氣는 다른 까닭이다. 그 마음이 사물을 감지하여 움직이게 되었을 때 그 발함에 인·의·예·지라는 네 가지 구별이 있는 것은 대개 리理로 말한 것이다. 기쁨·노함·슬픔·즐거움·사랑함·미워함·욕구함의 이름이 있는 것은 대개 기氣로 말한 것이다. 리理는 진실로 선하지 않은 것이 없고, 기氣는 움직인 것이 절도에 맞고 리理에 부합된 뒤에야 모두 선할 수 있다. 만약 절도에 맞지 않아 리에 어긋나게 되면 사사로운 정이고 인욕人欲이어서 악으로 귀결된다. 사단四端의 항목과 관련하여 맹자가 신信의 단서는 언급하지 않은 까닭에 대해 말하자면, 신은 '실제로 존재함'의 리理로서 사덕四德 안에 내재하니 실제로 이 인이 있고 실제로 이 의가 있고 실제로 이 예가 있고 실제로 이 지가 있는 것이 바로 신이어서, 지금 실제로 있음의 리가 비록 충신忠信의 성誠으로 발하더라도 또한 그것이 사단 안에 내재해 있기 때문에 다시 말하지 않은 것이다(이상은 의재毅齋 심선생沈先生의 육론六論이다).[57]

論天人心性情之分

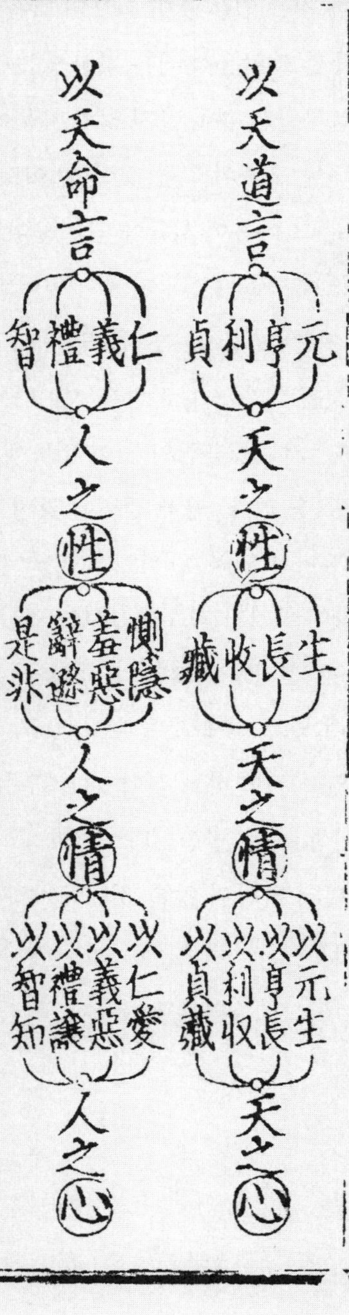

朱子曰元亨利貞性也生長收藏情也以元生以亨長以利收以貞藏者心也仁義禮智性也惻隱羞惡辭讓是非情也以仁愛以義惡以禮讓以智知心也性者心之理也情者心之用也心者性情之主也程子曰其體則謂之易其理則謂之道其用則謂之神正此謂也又曰言天之自然者謂之天道言天之付與萬物者謂之天命又曰天地以生物爲心亦謂此也

하늘과 사람의 성과 정에 대한 구분을 논함

論天人心性情之分[58]

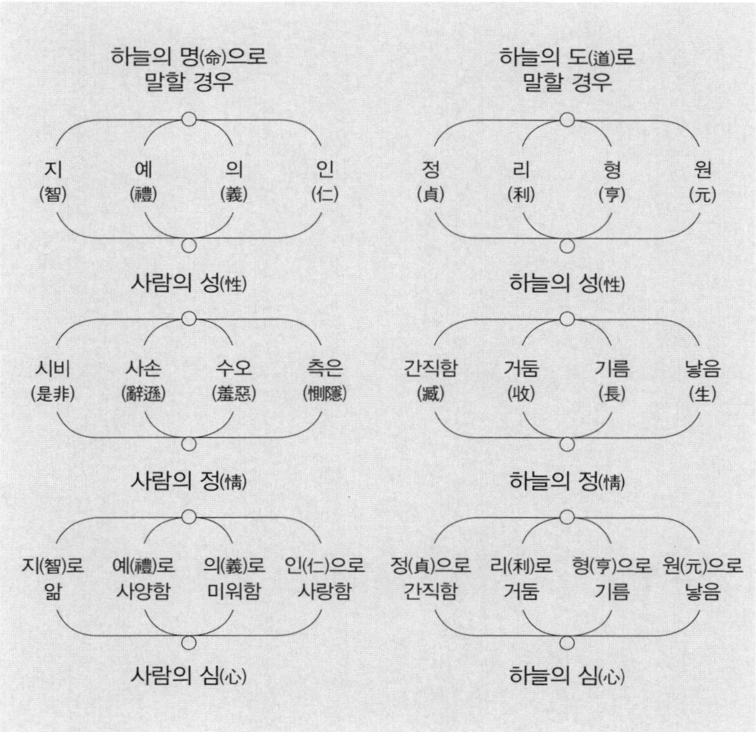

朱子曰："元亨利貞，性也；生長收藏，情也；以元生以亨長以利收以貞藏者，心也．仁義禮智，性也；惻隱羞惡辭讓是非，情也；以仁愛以義惡以禮讓以智知者，心也．性者，心之理也；情者，心之用也；心者，性情之主也．程子曰'其體則謂之易，其理則謂之道，其用則謂之神'，正謂此也．又曰'言天之自然者，謂之天道；言天之付與萬物者，謂之天命'，又曰'天地以生物爲心'，亦謂此也."

주자朱子가 말하기를, "원元·형亨·리利·정貞은 성性이고, 낳음·기름·거둠·간직함은 정情이며, 원으로 낳고 형으로 기르고 리로 거두며 정으로 간직하는 것은 심心이다. 인·의·예·지는 성이고, 측은·수오·사양·시비는 정이며, 인으로 사랑하고 의로 미워하고 예로 사양하고 지로 아는 것[59]은 심이다. 성은 심의 리理이고, 정은 심의 용用이며, 심은 성과 정의 주인[60]이다. 정자程子가 '그 체體로 말하면 역易이라고 하고, 그 리理로 말하면 도道라고 하며, 그 용用으로 말하면 신神이라고 한다'라고 한 말이 바로 이것을 일컬은 것이다.[61] 또 '하늘의 스스로 그러함을 말할 때는 천도天道라고 하고, 하늘이 만물에 부여되어 있음을 말할 때는 천명天命이라고 한다'라고 하였고, 또 '천지는 만물에 생명을 부여하는 것을 마음으로 가진다'라고 하였는데, 또한 이것을 일컬은 것이다."라고 하였다.

論形而上下道器之分

勉齋黃氏曰天地之間一陰一陽兩儀立焉陰陽有老少四象生焉形而上者謂之道形而下者謂之器語大天下莫能載語小天下莫能破皆不出是四者而已人之一身仁禮爲陽義智爲陰兩儀也仁爲木禮爲火義爲金智爲水四象也形而上者也肝心爲陽腎肺爲陰兩儀也肝爲木心爲火肺爲金腎爲水四象也形而下者也耳目口鼻之分少長老死之變喜怒哀樂之感惻隱羞惡辭讓是非之情與夫五常百行未有出四者之外也語大則天地日月四時鬼神不能違也語小則一草一木無不具也四者之妙其淵深廣大如此人之所以與天地並立而無間者於此器之中具此道也格物致知窮此道也存誠居敬守此道也無以窮之則罔然無所見無以守之則茫然無所得雖具人之形其與夷狄禽獸不遠矣

형이상과 형이하가 도와 기로 나뉘는 것에 대해 논함

論形而上下道器之分

勉齋黃氏曰："天地之間, 一陰一陽, 兩儀立焉. 陰陽有老少, 四象生焉. '形而上者, 謂之道；形而下者, 謂之器', '語大, 天下莫能載；語小, 天下莫能破', 皆不出是四者而已. 人之一身, 仁、禮爲陽, 義、智爲陰, 兩儀也；仁爲木, 禮爲火, 義爲金, 智爲水, 四象也, 形而上者也. 肝心爲陽, 腎肺爲陰, 兩儀也；肝爲木, 心爲火, 肺爲金, 腎爲水, 四象也, 形而下者也. 耳目口鼻之分、長老死之變、喜怒哀樂之感、惻隱羞惡辭讓是非之情與夫五常百行, 未有出四者之外也. 語大, 則天地、日月、四時、鬼神, 不能違也；語小, 則一草一木, 無不具也. 四者之妙, 其淵深廣大如此. 人之所以與天地並立而無間者, 於此器之中, 具此道也. 格物致知, 窮此道也；存誠居敬, 守此道也. 無以窮之, 則罔然無所見；無以守之, 則茫然無所得. 雖具人之形, 其與夷狄、禽獸不遠矣."

면재勉齋 황씨黃氏(황간)가 말하기를, "천지 사이에 하나의 음과 하나의 양이 있으니 양의兩儀가 세워진다. 음과 양은 노老와 소少가 있으니 사상四象이 생긴다. (『주역』에서) '형이상의 것은 도道라고 하고 형이하의 것은 기器라고 한다.'라고 하고, '큰 것에 대해 말할 때는 천하에 그것을 실을 수 있는 것이 없고, 작은 것을 말할 때는 천하에 그것을 깨뜨릴 수 있는 것이 없다'라고 하였는데, 모두 이 사상四象을 벗어나지 않는다. 사람의 한 몸에서 인仁과 예禮는 양이고 의義와 지智는 음이니, 양의兩儀이다. 인은 목木이고 예는 화火이며 의는 금金이고 지智는 수水이니 사상四象이다. 이것은 형이상의 것이다. 간肝과 심心(심장)은 양이고 신腎과 폐肺는 음이니 양의이다. 간은 목이고 심은 화이고 폐는 금이고 신은 수이니 사상이다. 이것은 형이하의 것이다. 귀·눈·입·코의 구분과 나고[62] 자라고 늙고 죽는 변화와 기쁨·노함·슬픔·즐거움의 감응과 측은·수오·사양·시비의 정과 오상五常(오륜)·백행百行(온갖 도덕행위)이 모두 이 넷을 밖으로 벗어난 것이 없다. 큰 것으로 말하면 천지·일월·사시·귀신이 이것을 어길 수 없고, 작은 것으로 말하면 풀 한 포기와 나무 한 그루가 이것을 갖추지 않은 것이 없다. 이 넷의 오묘함은 그 깊고 광대하기가 이와 같다. 사람이 천지와 병립하여 간극이 없을 수 있는 까닭은 이 기器 안에 이 도道를 갖추고 있기 때문이다.[63] 격물格物·치지致知는 이 도道를 궁구하는 방법이고, 존성存誠(성을 보존함)·거경

居敬(경을 지킴)은 이 도道를 지키는 방법이다. 궁구할 수 없으면 멍하게 아는 것이 없게 되고, 지킬 수 없으면 망연하게 얻는 것이 없게 된다. 비록 사람의 형체를 갖추고 있더라도 이적夷狄이나 금수禽獸와의 차이가 멀지 않을 것이다."라고 하였다.

論五性五臟所主

元亨利貞元實統之仁義禮智仁實包之以配木火土金水之五行則木之生氣貫乎五行以配肝心脾腎之五臟何獨不貫之以肝而獨主之以心哉蓋五行者造化之用也而化皆行於實五臟者一身之躰也而神則生於虛心爲靈室知覺所存也五臟莫不有神而心獨藏神五臟莫不有精而腎獨藏精五臟莫不有氣而肺獨藏氣五臟莫不有血而肝獨藏血五臟莫不有形而脾獨藏形至其知覺之所該者惟心之神爾是肝肺脾腎非心莫爲之宰而血氣形精非心莫爲之運也此心所以獨爲一身之君而爲五臟之主與朱子云心中一點血陽中陰腎中一點精陰中陽

泌先生曰一身之內稟此氣而爲五臟氣以靈者爲主故心統肝肺脾腎一心之內具此理而爲五性性以生者爲先故仁統義禮智信

오성과 오장이 주관하는 바를 논함
論五性五臟所主

元亨利貞, 元實統之；仁義禮智, 仁實包之. 以配木火土金水之五行, 則木之生氣貫乎五行, 以配肝心脾腎之五臟, 何獨不貫之以肝而獨主之以心哉? 蓋五行者造化之用也, 而化皆行於實；五臟者一身之體也, 而神則生於虛. 心爲靈室, 知覺所存也. 五臟莫不有神而心獨藏神；五臟莫不有精而腎獨藏精；五臟莫不有氣而肺獨藏氣；五臟莫不有血而肝獨藏血；五臟莫不有形而脾獨藏形. 至其知覺之所該者, 惟心之神爾. 是肝肺脾腎, 非心莫爲之宰, 而血氣形精, 非心莫爲之運也. 此心所以獨爲一身之君, 而爲五臟之主與? 朱子云：“心中一點血, 陽中陰；腎中一點精, 陰中陽.”

원元·형亨·리利·정貞은 원元이 실로 통괄하고, 인·의·예·지는 인仁이 실로 포괄한다. 목·화·토·금·수의 오행에 짝지어 보면 목의 '생성하는 기'가 오행을 관철하는데, 간肝 · 심心 · 비脾 · 신腎의 오장五臟에 있어서는 어찌하여 유독 간肝으로 관철하지 않고 심心 심장으로 주재하는 것인가? 대개 오행이란 조화造化의 작용인데 조화는 모두 실재하는 것에 의해 행해지고, 오장이란 한 몸의 체體이고[64] 신神은 '비어 있음'에서 생긴다. 심장은 영실靈室(신령스러운 방)로서 지각知覺이 존재하는 곳이다. 오장은 신神이 없는 곳이 없지만 심장이 홀로 신을 간직하고, 오장은 정精이 없는 곳이 없지만 신장腎臟이 홀로 정을 간직하며, 오장은 기氣가 없는 곳이 없지만 폐가 홀로 기를 간직하고, 오장은 혈血이 없는 곳이 없지만 간이 홀로 혈을 간직하며, 오장은 형形이 없는 곳이 없지만 비장脾臟이 홀로 형을 간직한다. 그리고 지각知覺 작용을 담고 있는 것을 말하자면 오직 심의 신神일 뿐이다. 이는 간 · 폐 · 비장 · 신장이 모두 심장이 아니고서는 주재할 수 없고 혈 · 기 · 형 · 정이 모두 심장이 아니고서는 운행할 수 없다는 의미이다. 이것이 바로 심장이 홀로 한 몸의 군주로서 오장의 주인이 되는 까닭인가! 주자朱子는 "심장 속의 한 점 혈血은 양陽 속의 음陰이고, 신腎 속의 한 점 정精은 음 속의 양이다."라고 하였다.

沈先生曰:"一身之內, 稟此氣而爲五臟, 氣以靈者爲主, 故心統肝肺脾腎; 一身之內, 具此理而爲五性, 性以生者爲先, 故仁統義禮智信."

심선생沈先生[65]이 말하기를, "우리의 몸은 이 기氣를 품부받아 오장이 되는데 기氣는 '신령함[靈]'을 위주로 하므로 심장이 간·폐·비장·신장을 통괄하는 것이고, 우리의 몸은 이 리理를 갖추어 오성五性이 되는데 성性은 '생성함'을 우선으로 하므로 인仁이 의義·례禮·지智·신信을 통괄하는 것이다."라고 하였다.

性說

程子曰生之謂性性卽氣氣卽性生之謂也人生氣禀性有善惡然不是性中元有此兩物相對而生也有自幼而善有自幼而惡是氣禀有然也善固性也惡亦不可不謂之性也蓋生之謂性人生而靜以上不容說才說性時便已不是性也凡人說性只是說繼之者善也孟子言性善是也夫所謂繼之者善也者猶水流而就下也皆水也有流而至海終無所汚此何煩人力之爲也有流而未遠固已漸濁有出而甚遠方有所濁有濁之多者有濁之少者淸濁雖不同然不可以濁者不爲水也如此則人不可以不加澄治之功故用力敏勇則疾淸用力緩怠則遲淸及其淸也則却只是元初水也不是將淸來換却濁亦不是取出濁來置在一隅也水之淸則性善之謂也故不是善與惡在性中爲兩物相對各自出來此性天命也順而循之則

성에 대하여

性說

程子曰：“生之謂性，性卽氣，氣卽性，生之謂也. 人生氣稟，性[66]有善惡，然不是性中元有此兩物相對而生也. 有自幼而善，有自幼而惡，見[67]氣稟有然也. 善固性也，惡[68]亦不可不謂之性也. 蓋生之謂性，人生而靜以上不容說，才說性時，便已不是性也. 凡人說性，只是說‘繼之者善也’，孟子言性[69]善是也. 夫所謂‘繼之者善也’者，猶水流而就下也. 皆水也，有流而至海，終無所汚，此何煩人力之爲也? 有流而未遠，固已漸濁，有出而甚遠方有所濁，有濁之多者，有濁之少者. 淸濁雖不同，然不可以濁者不爲水也. 如此則人不可以不加澄治之功. 故用力敏勇則疾淸，用力緩怠則遲淸，及其淸也，則卻只是元初水也. 不[70]是將淸來，換卻濁，亦不是取出濁來，置在一隅也. 水之淸，則性善之謂也，故不是善與惡在性中爲兩物相對，各自出來. 此性，[71] 天命也，順而循之，則道也；循此

道也循此而脩之各得其分則敎也自天命以至敎我無加損焉此舜有天下而不與焉者也

而修之，各得其分，則教也. 自天命以至於教，我無加損焉. 此舜有天下而不與焉者也."

정자程子가 다음과 같이 말하였다. "태어나면서 가지는 것을 성性이라고 한다.[72] 성性이 곧 기氣이고 기가 곧 성이니, 태어나면서 가지는 것을 관련하여 말한 것이다. 사람이 태어나 기氣를 품부받으니 성性[73]에는 선과 악이 있다. 그러나 성 속에 원래 이 두 가지가 서로 마주해 있는 채로 태어나는 것이 아니다. 어려서부터 선한 이도 있고, 어려서부터 악한 이도 있으니,[74] 기품氣稟에 그런 점이 있는 것이다. 선善은 진실로 성性이지만 악도 성이 아니라고 할 수 없다. 대개 태어나면서 가지는 것을 성性이라고 하는 것이니 '사람이 막 태어나 고요한 상태' 그 이상은 말을 할 수가 없다. 성性에 대해 말을 하자마자 이미 성性이 아니다. 무릇 사람들이 성性에 대해 말하는 것은 단지 '그것을 이어가는 것은 선善이다'라는 단계에 대한 것이니, 맹자孟子가 '사람의 성은 선하다'라고 한 것이 이것이다. 무릇 이른바 '그것을 이어가는 것은 선이다'라는 것은 물이 흘러서 아래로 가는 것과 같다. 모두 물이지만 어떤 것은 흘러서 바다까지 이르는 동안 끝내 아무 오염됨이 없으니 이 경우야 사람의 힘이 무슨 필요가 있겠는가! 어떤 것은 흐르다 멀리 가지 않아 이미 점점 혼탁해지고, 어떤 것은 나와서 아주 멀어진 뒤에 바야흐로 탁해지는 바가 있으며, 어떤 것은 탁한 것이 많고 어떤 것은 탁한 것이 적다. 맑고 탁한 것이 비록 같지 않지만 탁한 것을 물이 아니라고 할 수는 없다.

이 경우에는 사람이 그 물을 맑게 하는 일을 하지 않을 수 없다. 그래서 힘을 쓰는 것이 민첩하고 용감할 경우에는 빨리 맑게 되고 힘을 쓰는 것이 느슨하고 게으른 경우에는 느리게 맑게 되는데, 맑게 되고 나서는 단지 원래의 그 물이다. 맑은 물을 어디서 가져와서 탁한 것과 바꾼 것도 아니고, 탁한 것을 떠내서 한 귀퉁이에 둔 것도 아니다. 물이 맑다는 것은 성이 선하다는 것을 비유한다.[75] 그러므로 선과 악이 성 안에서 두 가지로서 서로 마주한 채 각자 발출되는 것이 아니다. 이 성은 하늘의 명이다. 이것을 순종하여 따르면 도道인 것이고, 이것을 따라 다듬어서 각각 그 몫을 얻게 하면 교敎이다. '하늘의 명'부터 '교敎'에 이르기까지 나는 아무 더하고 덜어낸 것이 없다.[76] 이것이 순舜임금이 천하天下를 다스리게 되었으면서 아무 관여를 하지 않았던 까닭이다."[77]

理氣說

沈毅齋先生曰天下固未有無理之氣亦未有無氣之理有陰陽則有木火金水者氣也有健順則有仁義禮智者理也氣非理則無所承理非氣則無所附是故未有陰陽已有太極不有此氣已有此理推所從來固不無先後之別然言太極則已不離乎陰陽言性則已不離乎氣質有則俱有又豈判爲一物而有先後之可言哉合而言之則太極無物不存萬物各具一太極性即氣氣即性蓋未始相離也初豈有所謂本然之性而又有所謂氣質之性哉分而言之則形而上者謂之道形而下者謂之器性自性氣自氣又未始相雜也豈無所謂本然之性又豈無所謂氣稟之性哉感通之謂情則四端者理之發七情者

리와 기에 대하여
理氣說

沈毅齋先生曰："天下固未有無理之氣，亦未有無氣之理. 有陰陽則有木火金水者，氣也；有健順則有仁義禮智者，理也. 氣，非理則無所承；理，非氣則無所附. 是故，未有陰陽，已有太極；未有此氣，已有此理. 推所從來，故不無先後之別，然言太極則已不離乎陰陽，言性則已不離乎氣質. 有則俱有，又豈判爲一物而有先後之可言哉! 合而言之，則太極無物不存，萬物各具一太極. 性即氣，氣即性，蓋未始相離也. 初豈有所謂'本然之性'，而又有所謂'氣質之性'哉! 分而言之，則形而上者謂之道，形而下者謂之器，性自性，氣自氣，又未始相雜也. 豈無所謂'本然之性'，而又豈無所謂'氣質之性'哉! 感通之謂情，則四端者理之發，七情者氣之發也. 能爲之謂才，則無不善者，出乎性(孟子所論才，是也)，而有不善者出於氣者也(程子所論才，是也). 由是觀之，理無不同也，所不同者氣

氣之發也能爲之謂才才則無不善者出乎性孟子所論才是也而有不
善者出於氣者也程子所論才是也由是觀之理無不同也所不同者
氣耳理無不善也所不善者才耳是猶水之流行雖一而器之
受水者則異也器有大小則受有多寡器有汚潔則受有清濁
氣禀雜而理亦爲之不純矣形質拘而理亦爲之不全矣智而
不賢者聰明通曉而乏柔順之德賢而不智者和順温柔而無
通曉之才薰染其中則理不能以管氣而氣反足以勝理矣偏
於惻隱而無羞惡其弊必至於貪淫墨氏之無父是亦偏於惻隱偏於羞惡
而無惻隱其弊必至於殘忍楊氏之无君亦是偏於羞惡是雖皆謂之性而
其惡莫大焉程子曰善固性而惡亦不可不謂之性清固水而濁亦不可不謂之水此無他性本
於天雖氣之本而氣存於人實性之用性如日月之明而氣則
如雲霧之昏矣程子曰人生而靜以上不容說纔說性時便已
不是性蓋謂此也夫形氣未有人物未生渾然天理未有降付

耳；理無不善也，所不善者才耳．是猶水之流行雖一，而器之受水者則異也．器有大小，則受有多寡；器有汙潔，則受有清濁．氣稟雜，而理亦爲之不純矣；形質拘，而理亦爲之不全矣．智而不賢者，聰明通曉，而乏柔順之德；賢而不智者，和順溫柔，而無通曉之才．薰雜其中，則理不能管氣，而氣反足以勝理矣．偏於惻隱而無羞惡，其弊必至於貪淫(墨氏之無父，是亦偏於惻隱)；偏於羞惡而無惻隱，其弊必至於殘忍(楊氏之無君，亦是偏於羞惡)．是雖皆謂之性，而其惡莫大焉．(程子曰："善固性，惡亦不可不謂之性." 清固水，濁亦不可不謂之水.) 此無他．性本於天，雖氣之本，而氣存於人，實性之用．性如日月之明，而氣則如雲霧之昏矣．程子曰 '人生而靜以上不容說，才說性時，便已不是性'，蓋謂此也．夫形氣未有，人物未生，渾然天理，未有降付，是 '人生而靜以上' 也，可名之以理，而不可名之以性．此所謂 '在天曰命'，是專以理言之也．(有天下公共之理，有一物各具之理) 及降而在人，墮於形氣，雖可謂之性，然已涉於有生，而不得超然於是理之本體矣．是 '纔說性時，則已非性也'．是所謂 '在人曰性' 也，是專以氣質而言之也．然性之本體，元未嘗離，亦未嘗雜，要當於未離之中，而見其未嘗雜之體，可也．橫渠曰：'形而後有氣質之性，善反之，則天地之性存焉．故氣質之性，君子有弗性者．' 又曰：'德不勝氣，性命於氣；德勝其氣，性命於德．窮理盡性，則性天德，命天理．所不可變者，獨生死之修夭而已．' 是又可不加學問是人生而靜以上也可名之以理而不可名之以性此所謂在天曰命是專以理言之也(有天下公共之理 有一物各具之理)及降而在人則墮於形氣雖可謂之性然已涉於有生而不得超然於是理之本體矣是纔說性則已非性也是所謂在人曰性也是專以氣質而言之也然性之本體元未嘗離亦未嘗雜要當於未離之中而見其未嘗雜之體可也橫渠曰形而後有氣質之性善反之則天地之性存焉故氣質之性君子有弗性者又曰德不勝氣性命於氣德勝其氣性命於德窮理盡性則性天德命天理所不可變者獨生死之脩夭而已是又可不加學問思辨之功以爲克治變化之術哉或曰性出於天而氣亦出於天者也豈遽若是差殊耶曰形而上者太極之妙也陰陽五行已不無純雜之辨矣或曰人品之不同固由氣稟之昏明厚薄在物言之抑其所本之性本不全耶抑亦因氣質之偏蔽而然耶曰惟其氣稟之

思辨之功, 以爲克治變化之術哉!" 或曰 : "性出於天, 而氣亦出於天者也. 豈遽若是差殊耶?" 曰 : "形而上者太極之妙也, 陰陽、五行已不無純雜之辨矣." 或曰 : "人品之不同, 固由氣之昏明厚薄. 在物言之, 抑其所本之性本不全耶? 抑亦因氣質之偏蔽而然耶?" 曰 : "惟其氣之所受者如此, 故其理之所得者亦止於此爾." 曰 : "然則所謂'一物各具一太極'者爲如何?" 曰 : "以理言之, 則無不全, 所以物性有近於人之性者(如貓相乳之類) ; 以氣言之, 則不能無偏, 所以人之性有近於物之性者(如世上昏愚之人). 然物有一善之通, 則能專而不變, 人有萬事之應, 未免泛而易昏, 故物無廣充之能, 而人則極廣充之妙者. 又可以觀理氣之異同矣. 嘗觀古人之論性, 孟子專以本然言性而不及於氣, 所謂'論性不論氣不備' ; 荀、揚誤以氣質爲性而不識其本, 所謂'論氣不論性不明'. 韓子之言性, 可謂備矣. 五性之說, 固已見其理之同 ; 三品之說, 乃不知其氣之異. 此濂溪、張、程所以不得不表章而發明之也. 然考之經典, 已有此意, 但古人未嘗明著其氣質之名爾.『書』曰'亶聰明, 作元后', 非氣稟之異乎? 其後孔子言'性相近, 習相遠'之說, 孟子'生之謂性'之辯, 皆此意也. 但張、程表章以示人耳. 其有功於前聖, 有補於後學, 豈淺淺哉! 近歲陸氏之學, 專謂'識得真心, 則萬法流出', 氣質之雜, 則以爲是心之妙理. 不知喜怒哀樂一毫少差, 則不得其正, 苟不假修爲存養, 安能徑造而頓悟哉! 顏、曾大賢, 所以戰戰兢兢, 未所受者如此故其理之所得者亦止於此尔曰然則所謂一物各具一太極者爲如何曰以理言之則無不全所以物性有近於人之性者（如猫相乳之類）以氣言之則不能無偏所以人之性有近於物之性者（如世上昏愚之人）然物有一善之通則能專而不變人有萬事之應未免泛而易昏故物無廣充之能而人則極廣充之妙者又可以觀理氣之異同矣嘗觀古人之論性孟子專以本然言性而不及於氣所謂論性不論氣不備荀楊誤以氣質爲性而不識其本所謂論氣不論性不明韓子之言性可謂備矣五性之說固已見其理之同三品之說乃不知其氣之異此濂溪張程所以不得不表章而發明之也然考之經典已有此意但古人未嘗明著其氣質之名尔書曰天降衷于下民又曰天乃錫王勇智又曰人爲萬物之靈又曰亶聰明作元后非氣禀之異乎其後孔子言性相近習相遠之說孟子生之謂性之辨

嘗一日廢修省克治之功者, 正謂是也. 陸氏之說行, 學者之弊將不止於淩虛躐等, 且將狂妄而無忌憚矣. 是由不知有氣稟之性故也." 作理氣之論.

심의재沈毅齋 선생[78]이 다음과 같이 말하였다. "천하에는 진실로 리理가 없는 기氣도 없고 기氣가 없는 리理도 없다. 음양陰陽이 있으면 목木·화火·금金·수水가 있는 것은 기氣이고, 건순健順(강건함과 유순함)이 있으면 인·의·예·지가 있는 것은 리理이다. 기氣는 리가 아니면 달리 받들 것이 없고, 리는 기가 아니면 달리 의존할 곳이 없다. 그렇기 때문에 음양이 있기 전에 이미 태극太極이 있고, 이 기氣가 있기 전에 이미 이 리理가 있는 것이다. 그 소종래所從來[79]를 따질 경우에는 선후의 구별이 없을 수 없지만, 태극太極을 말할 때는 이미 음양을 떠날 수 없고 성性을 말할 때는 이미 기질氣質을 떠날 수 없어서 존재하면 함께 존재하는 것이니 또 어찌 판연히 달라서 선후를 말할 수 있는 것이겠는가. 합하여 말하면 태극太極은 어떤 만물에든 존재하지 않는 곳이 없어서 만물은 각자 하나의 태극을 갖추고 있다. 성性은 곧 기氣이고, 기氣는 곧 성性이니 대개 서로 떨어진 적이 없다. 애초에 어찌 이른바 '본연지성本然之性'이라는 것이 있고 또 이른바 '기질지성質之性'이라는 것이 있겠는가! 나누어서 말하면 형이상의 것은 도道라고 하고 형이하의 것은 기器라고 하여 성性은 본디 성이고 기氣는 본디 기氣이니 또 서로 섞인 적이 없다. 또 어찌 이른바 '본연지성'이라는 것이 없겠으며 또 어찌 이른바 '기

皆此意也但張程表章以示人耳其有功於前聖有補於後学豈淺淺哉近歲陸氏之學專謂識得真心則萬法流出氣質之雜則以爲是心之妙理不知喜怒哀樂一毫少差則不得其正苟不假脩爲存養安能徑造而頓悟哉顏曾大賢所以戰戰兢兢未嘗一日廢脩省克治之功者正謂是也陸氏之說行学者之弊將不止於淩虛躐等且將狂妄而無忌憚矣是由不知有氣禀之性故也作理氣之論

질지성'이라는 것이 없겠는가! 감지하여 반응해 가는 것을 정情이라고 하니 사단四端은 리理가 발한 것이고, 칠정七情은 기氣가 발한 것이다. '할 수 있는 능력'을 재才라고 하니, 선하지 않음이 없다고 말하는 것은 그것이 성性에서 나온 것이라는 데 주목하였기 때문이고(원주: 맹자가 논한 '재才'가 이것이다),[80] 선하지 않음이 있다고 말하는 것은 그것이 기氣에서 나온 것이라는 데 주목하였기 때문이다(정자程子가 논한 '재才'가 이것이다).[81] 이것으로 보자면 리는 같지 않은 것이 없고 같지 않은 것은 기氣일 뿐이며, 리는 선하지 않는 것이 없고 선하지 않는 것은 재才일 뿐이다. 이것은 물이 흘러가는 것은 비록 동일하지만 그릇이 물을 담는 것은 다른 것과 같다. 그릇에 크고 작음이 있으면 담는 것이 많고 적음이 있으며, 그릇에 더럽고 깨끗함이 있으면 담는 것에 맑고 탁함이 있다. 기품氣稟에 맑고 탁함이 섞여 있으면 리理도 또한 그로 인해 순전하지 못하며, 형질形質이 제약이 있으면[82] 리理도 또한 온전하지 못하다. 지혜롭지만 현능하지 못한 사람은 총명하고 사리를 잘 알지만 유순한 덕이 결핍된 것이고, 현능하지만 지혜롭지 못한 이는 유순하고 온화하지만 사리를 아는 재능은 없는 것이다. 이런 상태로 그 안에 뒤섞여 있게 되면 리理가 기氣를 통괄하지 못하고 기氣가 도리어 리理를 이기게 된다. 측은惻隱한 마음에 치우쳐서 수오羞惡의 마음이 없으면 그 폐단은 반드시 탐음貪淫(탐욕스럽거나 음란함)에 이르게 되고(묵자墨子가 부모를 무시하였던 것도 측은에 치우친 경우이다), 수오羞惡에 치우쳐 측은惻隱이 없으면 그 폐단은 반드시 잔인殘忍에 이르게 된다(양주楊朱가 군주를 무시하였던 것도 수오에 치우친 경우이다). 이것은 비록 모두 성性이라고 부르지만 그 악함이 무엇보다 크다.(정자程子가 말하기를, "선은 당연히 성性이지만 악惡도 또한 성性이라고 하지 않을 수 없다"라고 하였다. 맑은 것은 당연히 물이지만 탁한 것도 또한 물이라고 하지 않을 수 없다.) 이것은 다른 까닭이 있는 것이 아니다. 성性은 하늘에 뿌리를 두고 있어서 비록 기氣의 뿌리이기는 하지만 기氣는 사람에게 있는 것으로서 실로 성性의 용用이 된다. 성性은 해와 달의 밝음과 같고, 기氣는 구름 안개의 흐림과 같다. 정자程子가 말하기를, '사람이 태어나서 고요한 상태 이상에 대해서는 말을 할 수 없으니, 성性에 대해서 말을 하자마자 이미 성이 아니다.'라고 하였으니 대개 이것을 말한 것이다. 무릇 형기形氣가 아직 있지 않고 사람과 다른 만물이 아직 생기지 않았을 때는 혼연히 천리天理만 있고 아직 내려와서 어디에 붙어 있지 않으니 이것이 '사람이 태어나서 고요한 상태 이상'이다. 이것에는 리理라는 이름을 붙일 수 있지 성性이라는 이름으로 부를 수는 없다. 이것이 이른바 '하늘에 있는 것은 명命이라고 한다'라는 말의 의미이니, 이것은 전적으로 리理로 말한 것이다(천하에 공공으로 해당되는 리理가 있고 한 사물마다 각자 갖춘 리理가 있다). 그러다 내려와서 사람 안에서 존재하게 되어 형기形氣 속에 떨어지면 비록 '성性'이라고 부를 수는 있지만 이미 생명을 가진 상태가 되어 버리니 이 리理의 본체本體처럼 초연할 수는 없다. 이것이 '성이라고 하자마자 이미 성이 아니다'라는 말의 의미이다. 이것이 이른바 '사람에게 있는 것은 성性이라고 한다'라는 말의 의미이니, 이것은 전적으로 기질氣質로 말한 것이다. 하지만 성性의 본체는 원래 이것에서 떨어져 있었던 적이 없고 또한 섞인 적이 없으니 요컨대 '떨어진 적이 없음'

속에서 '섞인 적이 없는 본체'를 볼 수 있어야만 한다. 횡거橫渠가 말하기를, '형체가 있고 난 뒤에 기질지성氣質之性이 있게 되니, 잘 회복하면 천지지성天地之性이 존재하게 된다. 그렇기 때문에 기질지성을 군자는 성이라고 간주하지 않는 점이 있다.'라고 하였고, 또 말하기를, '덕德이 기氣를 이기지 못하면 성명性命이 기氣에 의해 주도되고, 덕德이 기氣를 이기면 성명性命이 덕德에 의해 주도된다. 리理를 궁구하여 성性을 다하게 되면 성性은 천덕天德이고 명命은 천리天理일 수 있게 된다. 변할 수 없는 것은 오직 생명의 길고 짧음일 뿐이다.' 또 그런데도 '배우고 묻고 사유하고 변론하는' 공부를 해서 나쁜 기질을 극복하여 변화하는 방법으로 삼지 않을 수 있겠는가!" 라고 하였다.

누가 "성性은 하늘에서 나온 것이고, 기氣도 하늘에서 나온 것이오. 어찌하여 갑자기 이와 같이 차이가 생긴 것이오?"라고 물었다. 대답하기를, "형이상의 것은 태극太極의 묘함이고, 음양陰陽·오행五行은 이미 순수한 것과 잡박한 것의 구별이 없을 수 없소."라고 하였다.

그 사람이 "인품이 같지 않은 것은 기氣가 어두우냐 밝으냐, 두터우냐 박하냐에 달려 있소. 그런데 다른 만물에 대해서 말할 경우에는, 그 근본이 되는 성性이 본래 온전하지 못한 것이오? 아니면 또한 기질氣質의 치우침과 가림으로 인해서 그렇게 되는 것이오?"라고 물었다. 대답하기를, "오직 그 기氣로 받은 것이 이와 같기 때문에 그 리理로 얻은 것이 또한 이와 같은 데 그치는 것이오."라고 하였다.

그가 묻기를, "그렇다면 이른바 '한 사물이 각각 한 태극을 갖추고 있다'는 것은 어떤 의미이오?"라고 하였다. 대답하기를, "리理의 관점에서 말하면 온전하지 않는 것이 없으니, 그래서 다른 만물의 성性 가운데 사람의 성性에 가까운 것이 있소(예컨대 고양이가 젖을 먹이는 것 등이다). 기氣의 관점에서 말하면 치우침이 없을 수 없으니, 그래서 사람의 성性이 다른 만물의 성性에 가까운 것이 있소(예컨대 세상의 어둡고 어리석은 사람이다). 하지만 다른 만물은 한 가지 선이 통하는 것이 있으니 전일하여 변하지 않을 수 있는 것이고, 사람은 만 가지 일에 응할 수 있으니 범범하여 쉽게 어두워짐을 면할 수 없소. 그래서 다른 만물은 확충하는 능력이 없지만 사람은 확충하는 묘가 지극하오. 이를 통해 또 리와 기의 다르고 같음을 볼 수 있소. 일찍이 옛사람이 성性에 대해 논한 것을 살펴보았는데, 맹자孟子는 전적으로 본연本然이라는 의미로 성性을 말하고 기氣는 다루지 않았으니 이른바 '성을 논하고 기氣를 논하지 않으면 완전하지 못하다'라는 경우에 해당하고, 순자荀子와 양웅揚雄은 잘못하여 기질氣質을 성性이라고 여기고 그 본연을 알지 못하였으니 이른바 '기氣를 논하고 성을 논하지 않으면 밝지 못하다'라는 경우에 해당하오. 한자韓子(한유韓愈)가 성性에 대해 논한 것은 완벽하다고 할 수 있소.[83] 오성五性에 대한 설명은 진실로 이미 리理의 같음을 본 것인데, 삼품三品에 대한 설명에 있어서는 기氣의 차이를 알지 못하였소. 이것이 염계濂溪·장자張子·정자程子가 어쩔 수 없이 이 부분을 드러내서 밝히지 않을 수 없었던 까닭이오. 하지만 경전을 고찰해 보면 이미 이런 의미가 있었소. 단지 옛 사람이 '기질氣質'이라는 용어를 명확히 드러내지 않았을 뿐이오. 『서경』에 '진실로 총명하면 군주가 된다.'라고 하였으니 기질氣稟의 차이에 대한 말이 아니겠소? 그 뒤 공자孔子가 '성性은 서로 가깝고, 습관으로 서로 멀어진다'라고 한 말과 맹자孟子가 '생명활동을 성性이라고 한다'라는 (고자告子의) 주장에 대해 비판한 것이 모두 이 의미를 담고 있소. 단지 장자張子와 정자程子가 이 용어를 드러내서 사람들에게 보여 주었을 뿐이오. 그들이 이전 성현들에게 공을 세우고 후세의 학자들에게 보탬이 된 것이 어찌 얕겠소! 근세近歲에 육씨陸氏(육상산陸象山)의 학문은 전적으로 '참된 마음을 알면 만법萬法이 거기서 흘러나온다'라고 하여, 기질氣質의 잡박함을 마음의 묘한 리理로 간주하오. 희로애락喜怒哀樂은 조금이라도 어긋남이 있으면 올바르게 될 수 없는 것이니, 만약 실천을 통해 간직하고 기르지 않는다면 어떻게 지름길로 나아가 갑자기 깨달을 수 있겠소! 안자顔子와 증자曾子는 큰 현인이지만 삼가고 조심하여 하루도 성찰하고 극복하는 공부를 중단한 적이 없었던 것은 바로 이런 이유 때문이었소. 육씨의 주장이 유행하면서 학자들의 폐단은 장차 허공에 기반하여 공부의 순서를 무시하는 데서 그치지 않고 또 장차 미쳐버려서 아무 거리낌 없이 될 것이오. 이것은 '기품氣稟의 영향을 받는 성性'이라는 용어가 있음을 몰라서 그런 것이오."라고 하였다.

그렇게 대답하고서는 리와 기에 대한 논설을 짓게 되었다.

陰陽說

形而上者虛而爲道形而下者實而爲器天下之理無獨必有對則道之與器固已對峙而並立矣聖人所以分而言之也然旣有是理即有是氣旣有是氣即有是理天下無理外之物則道未嘗離乎器也故曰一陰一陽之謂道聖人所以合而言之也自道器之對立言之則動而生陽非自動也所以動者理之

음양에 대한 논의

陰陽論

形而上者虛而爲道, 形而下者實而爲器. 天下之理, 無獨必有對, 則道之與器, 固已對峙而並立矣. 聖人所以分而言之也. 然既有是理, 即有是氣, 既有是氣, 即有是理. 天下無理外之物, 則道未嘗離乎器也. 故曰 "一陰一陽之謂道". 聖人所以合而言之也. 自道器之對立言之, 則動而生陽, 非自動也, 所以動者, 理之動也; 靜而生陰, 非自靜也, 所以靜者, 理之靜也. 苟無此理, 氣何自而動靜乎? 自道器之合一言之, 方其動也, 理已存乎靜之中, 及其靜也, 理又在乎動之內. 其實, 理無窮則是氣亦與之無窮矣. 故曰 "太極者本然之妙也, 動靜者所乘之機", 則其動其靜, 皆乘載於氣, 有莫知其爲動而靜、靜而動者矣. 是故, 陰陽之理有自定位而言者焉, 有自流行而言者焉. "分陰分陽, 兩儀以立", 此以定位者言也, 天地之上下, 是也; "一動一靜, 互爲其根", 此以流行者言也,動也靜而生陰非自靜也所以靜者理之靜也苟無此理氣何自而動動靜乎自道器之合一言之方其動也理已存乎靜之中及其靜也理又在乎動之內其實理無窮則是氣亦與之無窮矣故曰大極者本然之妙也動靜者所乘之機則其動其靜皆乘載於氣有莫知其為動而靜靜而動者矣是故陰陽之理有自定位而言者焉有自流行而言者焉分陰分陽兩儀以立此以定位者言也天地之上下是也一動一靜互為其根此以流行者言也寒暑之往來是也論定位則為兩論流行則為一橫渠曰一故神兩故化合一不測為神推行有漸為化蓋神者是理之妙者也貫動靜而無不在超形氣而不可知其在陽也全体在陰而非動之所能管其在陰也全体在陽而非靜之所能拘所謂合一不測也兩在故不測化者是氣之消縮者也其去也無跡而難留其應也有漸而非遽自子至亥而化成一日自初一

寒暑之往來, 是也. 論定位則爲兩, 論流行則爲一. 橫渠曰 "一故神, 兩故化", 合一不測爲神, 推行有漸爲化. 蓋神者是理之妙者也, 貫動靜而無不在, 超形氣而不可知. 其在陽也, 全體在陰, 而非動之所能管 ; 其在陰也, 全體在陽, 而非靜之所能拘. 所謂合一不測也. (兩在故不測.) 化者是氣之消縮者也, 其去也, 無跡而難留 ; 其應也, 有漸而非遽. 自子至亥而化成一日, 自初一至三十而化成一月, 自一月至三月而一時成焉, 自春至冬而一歲成焉, 所謂推行有漸也. 一所以爲兩, 兩所以推行乎一. 非一則陰陽消長無自而見, 非陰陽消長則一亦不可得而見矣.

惟其一也, 則立天之道曰陰與陽, 陰陽以氣言, 陽中之陰陽也 ; 立地之道曰柔與剛, 剛柔以質言, 陰中之陰陽也. 推之四德, 則乾之利貞爲陽中之陰, 坤之元亨爲陰中之陽, 無適而非一也. (仁體柔而用剛, 義體剛而用柔)推之五行, 火中虛暗, 離中之陰(以內暗而外明) ; 水中虛明, 坎中之陽(水內明而外暗), 無適而非一也.

惟其兩也, 則天有陰陽, 而陰陽之中, 各自有陰陽, 故陽有大少, 而陰亦有大少 ; 地有剛柔, 而剛柔之中, 又各自有剛柔, 故剛有大少, 而柔亦有大少. 推之四德, 則仁, 陽也, 靜爲心之德而動爲愛之理 ; 義, 陰也, 靜爲心之制而動爲事之宜. 無適而非兩也. 推之五行, 則氣之行, 陽也, 而甲爲木之陽, 乙爲木之陰 ; 質之生, 陰也, 而金之有鑛爲陰, 其光氣爲陽.

至三十而化成一月自一月至三月而一時成焉自春至冬而
一歲成焉所謂推行有漸也一所以爲兩兩所以推行乎一非
一則陰陽消長無自而見非陰陽消長則一亦不可得而見矣
横渠所謂一不立則兩不可見兩不可見則一之用亦息矣惟
其一也則立天之道曰陰與陽陰陽以氣言陽中之陰陽也立
地之道曰柔與剛剛柔以質言陰中之陰陽也推之四德則乾
之利貞爲陽中之陰坤之元亨爲陰中之陽無適而非一也仁体
柔而用剛義体剛而用柔推之五行則火中虛暗離中之陰以內暗而外明水中虛
明坎中之陽水內明而外暗無適而非一也惟其兩也則天有陰陽而
陰陽之中各自有陰陽故陽有大少而陰亦有大少地有剛柔
而剛柔之中又各有剛柔故剛有大少而柔亦有大少推之四
德則仁陽也靜爲心之德而動爲愛之理義陰也靜爲心之制
而動爲事之宜無適而非兩也推之五行則氣之行陽也而甲

亦無適而非兩也.

乾之『本義』曰："天地之間, 本一氣之流行而有動靜爾. 以其流行之體統而言, 則但謂之乾, 而無所不包；以動靜言, 而後有陰陽剛柔之別也."[84]

"大哉乾元!萬物資始, 乾道變化, 各正性命." 萬物之生成, 皆統歸之乾, 則可見其流行之體統, 而天無不包矣. 但自氣之動而言之, 則謂之陽, 自氣之靜而言之, 則謂之陰, 而後有二者之別也. 由是而論, 陰陽之理, 統而言之, 則二而一；互而言之, 則一而二者也. 二氣循環, 無有間斷, 其間雖不容息, 然未始不以漸而進焉. 上下有六位, 卦畫有六爻(天地間自是六層), 陽生於初位, 復也；至六位皆陽而爲乾, 則陽極而消, 而陰已生於初位, 姤也；至六位皆陰而爲坤, 則陰極而消, 而陽已生於下矣. 在上者方消, 則在下者必長, 所謂無間可容息也.

然一爻三十分, 一月三十日. 坤爲純陰, 若無陽矣, 然自小雪之後, 累日而進, 陰之在上者有一分之消, 則陽之在下者有一分之長, 是坤卦之初, 已有一分之陽, 積三十日爲冬至, 則三十分足而一陽始成焉；乾爲純陽, 若無陰矣, 然自小滿之後, 累日而進, 陽之在上者有一分之消, 則陰之在下者有一分之長, 是乾卦之初, 已有一分之陰, 積三十日爲夏至, 則三十分足而一陰始成焉. 其消也以漸, 其長也亦以漸, 是陰陽皆自微而至著者也.

爲木之陽乙爲木之陰質之生陰也而金之有鐵爲陰其光氣爲陽亦無適而非兩也乾之本義曰天地之間本一氣之流行而有動靜尓以其流行之体統而言則但謂之乾而無所不包以動静言而後有陰陽剛柔之别也大哉乾元萬物資始乾道变化各正性命萬物之生成皆統歸之乾則可見其流行之体統而天無不包矣但自氣之動而言之則謂之陽自氣之静而言之則謂之陰而後有二者之别也由是而論陰陽之理統而言之則二而一互而言之則一而二者也二氣循環無有間断其間雖不容息然未始不以漸而進焉上下有六位卦畫有六爻（天地間自是六層）陽生於初位復也至六位皆陽而爲乾則陽極而消而陰已生於下矣陰生於初位姤也至六位皆陰而爲坤則陰極而消而陽已生於下矣在上者方消則在下者必長所謂無間可容息也然一爻三十分一月三十日坤爲純陰若無陽

散者自散, 生者自生, 無有終窮, 無有間斷, 豈以既屈之氣, 復爲方伸之氣也哉! 故一歲之氣, 雖裁而爲四, 而謂之四時(自一年冬至至來年冬至, 謂之氣之一周), 然長、生爲陽, 殺、藏爲陰, 其猶桔槹之往來. 五行一陰陽也. 四時之氣, 雖總而爲二而謂之二氣, 然陽者消之長, 陰者長之消, 其猶鼻之吸噓. 陰陽一太極也. 是統而言之, 則二而一者也.

自陰而陽謂之變, 退極而進也; 自陽而陰謂之化, 進極而退也. 變則自微而至著, 故浸長而有形, 是變固化之成矣; 化則自盛而至衰, 故消縮而無跡, 是化又爲變之成焉. 以一日言之, 晝陽而夜陰, 而一日有一日之變化; 以一月言之, 朔陽而望陰, 而一月有一月之變化. 陰陽無時而不存, 則變化無時而不有矣. 是互而言之, 則一而二者也.

若夫化而裁之謂之變, 則化如漸化, 化久而長, 變爲頓變, 變驟而短. 其變既以化而成, 則其化復由變而始. (自子至亥, 自今日變爲次日, 而次日之子又化矣. 自初一化至三十日, 則前月變而後月之初又化矣.) 是又當即前聖之所謂變化而互考之矣. 殆由論鬼神者, 以二氣言則陽爲神而陰爲鬼, 以一氣言則伸爲神而屈爲鬼.

坤之『本義』曰: "陰陽者, 造化之本, 不能相無, 而消長有常, 亦非人所能損益也. 然陽主生, 陰主殺, 則其類有淑慝之分焉. 故聖人作『易』, 於其不能相無者, 既以健順仁義之屬明之, 而無所偏主, 至其消長之際、淑慝之分, 則未嘗不致其扶矣然自小雪之後累日而進陰之在上者有一分之消則陽之在下者有一分之長是坤卦之初已有一分之陽積三十日爲冬至則三十分足而一陽始成焉乾爲純陽若無陰矣然自小滿之後累日而進陽之在上者有一分之消則陰之在下者有一分之長是乾卦之初已有一分之陰積三十日爲夏至則三十分足而一陰始成焉其消也以漸其長也亦以漸是陰陽皆自微而至著者也散者自散生者自生無有終窮無有間斷豈以既屈之氣復爲方伸之氣也哉故一歲之氣雖裁而爲四而謂之四時（自一年冬至至來年冬至謂氣之一周）然長生爲陽殺藏爲陰其猶桔槔之往來五行一陰陽也四時之氣雖總而爲二而謂之二氣然陽者消之長陰者長之消其猶鼻息之吸噓陰陽一太極也是統而言之則二而一者也自陰而陽謂之變退極而進也自陽而陰謂之化進極而退也變則自微而至著故浸長而有形是

陽抑陰之意焉. 所以贊化育而參天地者, 其旨深矣."[85]

由是言之, 則陰陽兩端, 有自動靜而言者, 有自善惡而言者. 晝往而夜來, 寒感而暑應, 陰陽之所以分動靜也, 其在人則有寂有感而爲性情, 未發已發而爲中和者也, 是皆不可以相無也；清明而昏濁, 一純而二雜, 陰陽之所以有善惡也, 其在人則天理人欲之分、君子小人之別也, 是當存其一而絕其一可也. 是故天地無兩立之理, 非陰勝於陽, 則陽勝於陰, 無時不然, 而無物不然也. 伊川曰："天地之間, 惟感應之兩端而已."[86] 有動皆爲感, 有感必有應. 所應復爲感, 而感復爲應. 一往一來, 其理無窮. 橫渠曰："陰陽之氣循環迭至, 聚散相盪, 升降相求, 絪縕相揉, 欲一之, 不能."[87] 蓋謂是也. 雖然, 無極之前, 陰含陽也, 有象之後, 陽分陰也. 故自動靜而言之, 則主乎陰, 所謂"乾不專靜則不直遂；坤不翕合則不發散",[88] 是也.

自小大而言之, 則陽常兼陰, 陰不兼陽, 又豈可以並言哉!論其分則陽一而陰二, 陽尊而陰卑也, 在人則君臣父子之分也；(尊無二上)論其氣則陽始而陰成, 陽倡而陰和也, 在人則子弟臣妾之順也.[89] (先迷後得, 無成有終)

以言其理, 則乾之進德修業, 兼知行而言；坤之內直外方, 則專自持守而言之. 以言其功用, 則乾不言所利, 而無所不利；坤利牝馬之貞, 而有所不利矣.

至乎天形周匝, 而包乎地之外；地形空闊, 而附乎天之中. 是變圜化之成矣化則自盛而至衰故消縮而無跡是化又爲變之成焉以一日言之晝陽而夜陰而一日有一日之變化以一月言之朔陽而望陰而一月有一月之變化陰陽無時而不存則變化無時而不有矣是互而言之則一而二者也若夫化而裁之謂之變則化如漸化化久而長變爲頓變變驟而短其變旣以化而成則其化復由變而始(自子至亥自今日變爲次日而次日之子又化矣自初一日化至三十日則前月變而後月之初又化矣)是又當即前聖之所謂變化而互考之矣於由論鬼神者以二氣言則陽爲神而陰爲鬼以一氣言則伸爲神而屈爲鬼坤之本義曰陰陽者造化之本不能相無而消長有常亦非人之所能損益也然陽主生陰主殺則其類有淑慝之分焉故聖人作易於不能相無者則以健順仁義之屬明之而無所偏主至於消長之際淑慝之分則未嘗不致其扶陽抑陰之意焉所以贊化育而參天地者其旨深矣由是言之

以形而言之也. 乾無十, 而有坤以承之；坤無一, 而有乾以始之. 是以數而言之也. 是皆陽全陰半之謂也.『易』曰："剛柔相摩, 八卦相盪." 張子所謂 "陰陽兩端, 循環不已, 而立天地之大義" 也. 又曰："乾道成男, 坤道成女." 張子所謂 "取氣紛擾, 合而成質而生人物之萬殊" 也. 故自天地之生化人物言之, "大哉乾元, 萬物資始", 陽也, 所謂 "繼之者善也"；"乾道變化, 各正性命", 陰也, 所謂 "成之者性也". 夫天地變化, 不爲無陰, 然人物未形, 則屬乎陽；各正變化, 不爲無陽, 然形氣已定, 則屬乎陰爾.

自人物之生也言之, 則動物本乎天(頭向上), 淸而有知, 天産之陽物也. 然胎生者九竅, 卵生者八竅, 則動物之中已自有對矣, 而乾男坤女, 未嘗無陰陽焉. 植物本乎地(頭向下), 濁而無知, 地産之陰物也. 然陰木疎理而柔, 陽木稹理而密, 則植物之中已自有對矣. 而乾男坤女, 又未嘗無陰陽焉. 是無物而無兩也.

至動植之物, 其稟氣殊類, 陽也, 而氣稟之中自有消長屈伸, 陽中之陰陽也；其賦形異狀, 陰也, 而形質之中自有上下內外, 陰中之陰陽也. 是豈所謂一者乎?

若夫人稟陰陽而配天地, 則固靈於萬物者也. 性靜而爲陰, 情動而爲陽, 而動靜相爲體用, 出作爲陽, 入息爲陰, 而作息相爲屈伸, 是固所以爲一也. 然陽爲公正, 陰爲私險, 陽爲剛明, 陰爲柔暗, 又不可不精別於兩者之間也.

則陰陽兩端有自動靜而言者有自善惡而言者善往而惡來寒感而暑應陰陽之所以分動靜也其在人則有寂有感而爲性情未發已發而爲中和者也是皆不可以相無也淸明而昏濁一純而二雜陰陽之所以有善惡也其在人則天理人欲之分君子小人之別也是當存其一而絶其一可也是故天地無兩立之理非陰勝於陽則陽勝於陰無時不然而無物不然也伊川曰天地之間惟感應之兩端而已有動皆爲感有感必有應所應復爲感而感復爲應一往一來其理無窮橫渠曰陰陽之氣循環迭至聚散相盪升降相求絪縕相揉欲一之不能蓋謂是也雖然無極之前陰含陽也有象之後陽分陰也故自動靜而言之則主乎陰所謂乾不專靜則不直遂坤不翕合則不發散是也自小大而言之則陽常兼陰陰不兼陽又豈可以並言哉論其分則陽一而陰二陽尊而陰卑也在人則君臣父子

知乎此, 則存養於靜, 謹察於動, 致中以立體, 致和以爲用, 天地之陰陽存乎我者, 既得其理, 在我之陰陽贊於天地者, 皆得其順. 其功用, 豈小補哉!
夫地附於氣, 則由地以上皆天氣也, 蒼蒼者遠極之色然爾. 人涵育於天地之中, 其一呼一吸, 假天氣以爲消息, 猶魚之在水而不知也. 吾之氣即天之氣爾, 寧有不相爲流通者乎? 否則, 陽明不足以勝陰暗, 德性不足以勝物欲, 則其於禽獸不遠矣.

형이상形而上의 것은 빈 것으로서 도道이고, 형이하形而下의 것은 실한 것으로서 기器이다.[90] 천하의 리理는 혼자인 것이 없고 반드시 짝이 있으니 도道과 기器는 진실로 이미 마주하여 병립한다. 이는 성인이 둘을 나누어서 말한 까닭이다. 하지만 이미 이 리理가 있으면 곧 이 기氣가 있는 것이며, 이미 이 기氣가 있으면 곧 이 리理가 있는 것이다. 천하에 리理의 밖에 존재하는 것은 없으니, 도道는 기器를 떠난 적이 없다. 그래서 "하나의 음陰과 하나의 양陽을 도道라고 한다"라고 말한 것이다. 이는 성인이 둘을 합하여 말한 까닭이다.

도道와 기器의 대립적 관계에서 말하면, '움직여 양陽을 낳는다'라는 말은 스스로가 움직이는 것이 아니고 그렇게 움직이게 하는 것은 '움직임'의 리理이고, '고요해져서 음陰을 낳는다'라는 말은 스스로 고요해지는 것이 아니고 그렇게 고요해지게 하는 것은 '고요함'의 리理라는 의미이다. 진실로 이 리理가 없으면 기氣가 어디서 기

之分也尊無二上論其氣則陽始而陰成陽倡而陰和也在人則子弟
臣妾之順也先迷後得无成有終以言其理則乾之進德脩業兼知行而言
坤之内直外方則專自持守而言之以言其功用則乾不言所利
而無所不利坤利牝馬之貞而有利有不利矣至乎天形周匝而
包乎地之外地形空闊而附乎天之中是以形而言之也乾無十
而有坤以承之坤無一而有乾以始之是以數而言之也是皆陽
全陰半之謂也易曰剛柔相摩八卦相盪張子所謂陰陽兩端循
環不已而立天地之大義也又曰乾道成男坤道成女張子所謂
取氣紛擾合而成質而生人物之萬殊也故自天地之生化人物
言之大哉乾元萬物資始陽也所謂繼之者善也乾道變化各正
性命陰也所謂成之者性也夫天地變化不爲無陰然人物未形
則屬乎陽各正性命不爲無陽然形氣已定則屬乎陰爾自人物
之生也言之則動物本乎天頭向上清而有知天産之陽物也然胎

원하여 움직이거나 고요해지겠는가?

도道와 기器의 합일적 관계에서 말하면, 그것이 움직이고 있을 때는 리理가 이미 고요함 속에 존재하고 있고 그것이 고요해졌을 때는 리가 또 움직임 속에 존재하고 있다.[91] 사실은 리理가 무궁하니 이 기氣도 또한 그와 함께 무궁한 것이다. 그래서 말하기를, "태극太極은 본연本然의 묘妙이고, 동정動靜은 타는 기틀이다"라고 한 것이니, 그 움직임과 그 고요해짐이 모두 기氣를 타고 이루어지는 것이기에 그것이 움직이다가 고요해지고 고요하다가 움직이는 것임을 사람들이 알지 못한다.[92]

그렇기 때문에 음과 양의 리理는 정해진 자리의 관점에서 말하는 경우도 있고, 흐름[流行]의 관점에서 말하는 경우도 있다. "음陰으로 나뉘고 양陽으로 나뉘니 양의兩儀가 서게 된다"라는 이 말은 정해진 자리로 말한 것이니, 하늘과 땅의 위와 아래가 이 경우이다. "한번 움직이고 한번 고요해져서 서로 그 뿌리가 된다"라는 이 말은 흐름의 관점에서 말한 것이니, 추위와 더위의 오고감이 이 경우이다. 정해진 자리를 논하면 둘이고, 흐름을 논하면 하나이다. 장횡거張橫渠가 말하기를, "하나이므로 신神이고 둘이므로 변화한다"라고 하였다.[93] 합일되어 있어 헤아릴 수 없는 것이 신神이고, 변화되어가는 방식이 점진적인 것이 화化이다.[94] 대개 신神은 리理의 묘함이니, 동정動靜을 관통한 것이어서 존재하지 않는 곳이 없고, 형기形氣를 초월한 것이어서 인식하는 것이 불가능하다. 그것이 양陽에 있을 때는 그 전체가 음陰에 있어서 '움직임'이 통괄할 수 있는 바가 아니고, 그것이 음陰에 있을 때는 그 전체가 양陽에 있어서 '고요함'이 국

生者九數卵生者八數則動物之中已自有對矣而乾男坤女未
嘗無陰陽焉植物本乎地(下頭向)濁而無知地產之陰物也然陰木
踈理而柔陽木稹理而密則植物之中已自有對矣而乾男坤女
又未嘗無陰陽焉是無物而無兩也至動植之物其稟氣殊類陽
也而氣稟之中自有消長屈伸陽中之陰陽也其賦形異狀陰也
而形質之中自有上下內外陰中之陰陽也是豈所謂一者乎若
夫人稟陰陽而配天地則固靈於萬物者也性靜而爲陰情動而
爲陽而動靜相爲體用出作爲陽入息爲陰而作息相爲屈伸是
固所以爲一也然陽爲公正陰爲私險陽爲剛明陰爲柔暗又不
可不精別於兩者之間也知乎此則存養於靜謹察於動致中以
立體致和以爲用天地之陰陽存於我者既得其理在我之陰陽
贊於天地者皆得其順其功用豈小補哉夫地附於氣則由地以
上皆天氣也蒼蒼者遠極之色然爾人涵育於天地之中其一呼

한할 수 있는 바가 아니다. 이것이 이른바 '합일되어 있어 헤아릴 수 없음'이다(양쪽에 존재하기 때문에 헤아릴 수 없는 것이다). '화化'란 기氣가 사그라지는 과정이다. 그것이 떠나갈 때는 흔적이 없어 머물게 하기 어렵고, 그것이 감응할 때는 점진적이지 갑작스럽지 않다. 자시子時로부터 해시亥時까지 이르러 변화하여 하루가 되는 것이고, 초하루로부터 30일에 이르러 변화하여 한 달이 되는 것이며, 1월로부터 3월에 이르러 한 계절이 이루어지는 것이고, 봄으로부터 겨울에 이르러 한 해가 이루어지는 것이다. 이른바 '변화하는 과정이 점진적인 면이 있음'이다. '하나'는 '둘'의 근원이고, '둘'은 '하나'의 변화가 이루어지는 장이다. 하나가 아니고서는 음陰과 양陽이 스러지고 자라나는 것이 생겨날 길이 없고, 음과 양이 스러지고 자라나는 것이 아니고서는 '하나'도 또한 볼 길이 없다.

오직 그것이 하나이기에, '하늘의 도道를 세우는 것은 음陰과 양陽이라고 하는데' 이 음과 양은 기氣로 말한 것이어서 이는 양陽 속의 음과 양이고, '땅의 도道를 세우는 것은 유柔와 강剛이라고 하는데', 이 강剛과 유柔는 질質로 말한 것이어서 이는 음陰 속의 음과 양이다.[95] 사덕四德으로 확대하여 적용해 보면, 건乾의 리利와 정貞은 양 속의 음이고, 곤坤의 원元과 형亨은 음 속의 양이다.[96] 그러니 어디를 가나 하나가 아닌 것이 없다(인仁은 체體가 부드럽고 용用이 강하며, 의義는 체가 강하고 용이 부드럽다). 오행五行으로 확대하여 적용해 보면, 화火 속의 비어서 어두운 부분은 리괘離卦 속의 음이고(불[97]은 안이 어둡고 밖이 밝다), 수水 속의 비어서 밝은 부분은 감괘坎卦 속의 양이다(물은 안이 밝고 밖이 어둡다).[98] 어디를 가나 하나가 아닌 것이 없다.

吸假天氣以爲消息猶魚之在水而不知也吾之氣即天之氣爾寧有不相爲流通者乎否則陽明不足以勝陰暗德性不足以勝物欲則其於禽獸不遠矣

오직 그것이 둘이어서 하늘에는 음과 양이 있고 음과 양 속에는 또 각자 음과 양이 있으므로 양에는 대大와 소少가 있고 음에도 대와 소가 있는 것이며, 땅에는 강剛과 유柔가 있고 강과 유 속에는 또 각자 강과 유가 있으므로 강剛은 대大와 소少가 있고 유柔도 대와 소가 있는 것이다. 사덕四德으로 확대하여 적용해보면, 인仁은 양陽인데 고요할 때는 마음의 덕德이고 움직일 때는 사랑의 이치이며, 의義는 음陰인데 고요할 때는 마음의 재단裁斷함이고 움직일 때는 일의 마땅함이다. 어디를 가나 둘이 아닌 것이 없다. 오행五行으로 확대하여 적용해보면, 기氣가 활동하는 것은 양陽인데 갑甲은 목木의 양이고 을乙은 목의 음이며, 질質이 생기는 것은 음陰인데 금金에 광석이 있는 것은 음이고 그 광기光氣는 양이다. 또한 어디를 가나 둘이 아닌 것이 없다.

건괘乾卦에 대한 『주역본의周易本義』의 설명에, "천지 사이에는 본래 하나의 기氣가 유행流行하며 움직임과 고요함이 있을 뿐이다. 그 유행流行하는 전체로 말하자면 단지 건乾이라고 말해도 포괄하지 않는 것이 없는 것이고, 움직임과 고요함으로 말한 뒤에야 음과 양, 강剛과 유柔의 구별이 있다."라고 하였다.

"크도다, 건乾의 원元이여! 만물이 이것을 바탕으로 시작한다. 건乾의 도道가 변화하여 각각 성명性命을 바로 한다."라고 하였는데, 만물이 생성되는 것을 모두 전적으로 건乾에 귀결시켰으니 그것이 유행流行의 전체여서 하늘이 포괄하지 못하는 것이 없음을 볼 수 있다. 단지 기氣의 움직임으로 말할 때는 양이라고 하고 기의 고요함으로 말할 때는 음이라고 한 뒤에야 둘의 구별이 있게 된다. 이것을 근거로 논할 경우, 음과 양의 리理는 통괄해서 말하면 둘이면서 하나이고, 대립시켜 말하면 하나이면서 둘인 것이다. 두 기氣의 순환은 간단間斷이 없으니 그 사이에는 비록 조그만 틈도 없지만 점진적으로 나아가지 않은 적이 없었다. 위아래에 여섯 위位가 있어 괘卦의 획에 여섯 효爻가 있는 것인데(하늘과 땅 사이는 본디 여섯 층이다), 양陽이 초위初位에서 생기는 것은 복괘復卦이고,[99] 여섯 위位가 모두 양이 되면 건괘乾卦이고, 양陽이 극에 이르러 스러지기 시작하면 음陰이 이미 초위初位에서 생기니 구괘姤卦이다. 여섯 위가 모두 음이 되면 곤괘坤卦이고, 음이 극에 이르러 스러지기 시작하면 양이 이미 아래에서 생긴다. 위에 있는 것이 스러지기 시작할 때 아래에 있는 것이 반드시 자라나게 되니 이른바 그 사이는 조그만 틈도 없다는 것이다.

하지만 한 효爻에는 30분分이 있고 한 달은 30일이다. 곤괘坤卦는 순전히 음효로 이루어진 괘여서 마치 양陽이 없는 것 같지만 소설小雪 뒤로 나날이 쌓여 나아가서 상위上位에 있는 음이 1분分 사라지면 초효初爻에 있는 양이 1분 자라나는 것과 같으니 이것은 곤괘坤卦의 초효에 이미 1(분)의 양이 있는 것이다. 이렇게 30일이 쌓여 동지冬至가 되면 30분分이 차서 하나의 양효陽爻가 드디어 이루어지게 된다.[100] 건괘는 순전히 양효로 이루어져 음이 없는 것 같지만 소만小滿 이후 나날이 쌓여 나아가서 상위에 있는 양이 1분分 스러지면 하위에 있는 음이 1분 자라나니 이것이 건괘乾卦의 초효에 이미 1분의 음이 있는 것이다. 30일 동안 쌓여 하지夏至가 되면 30분이 차서 하나의 음효가 이루어진다. 그 스러지는 것도 점진적이고 그 자라는 것도 점진적이니 이것이 음과 양이 모두 미약한 데서 현저한 데로 이르러 가는 것이다. 흩어지는 것은 흩어지고 생기는 것은 생겨서 끝이 없고 간단間斷이 없으니 어찌 이미 굽혀져 없어진 기氣가 다시 새로이 펴지는 기氣가 되는 것이겠는가. 그렇기 때문에 한 해의 기氣는 비록 넷으로 나뉘어 사시四時로 불리지만(1년의 동지冬至부터 이듬해 동지까지를 기氣의 한 주기라고 부른다.), 낳고 기르는 것은 양陽이고 죽이고 간직하는 것은 음陰이니 마치 방아두레박이 가고 오는 것과 같다. 오행五行은 하나의 음양陰陽이다. 사시四時의 기氣는 비록 총체적으로는 둘이어서 이기二氣라고 부르지만 양陽은 스러진 상태로부터 점차 자라나는 것이고 음陰은 자란 상태로부터 점차 스러져 가는 것이니 마치 코의 호흡과 같다. 이는 전체로 말하면 둘이면서 하나인 것이다.

음으로부터 양으로 되는 것을 변變이라고 하니 물러남이 극에 달하여 나아가기 시작하는 것이고, 양으로부터 음으로 되는 것을 화化라고 하니 나아감이 극에 달하여 물러나기 시작하는 것이다. 변變은 미미한 데서부터 현저한 데로 이르는 것이기 때문에 점차적으로 자라나서 형체가 있게 되니 이는 변變이 진실로 화化의 이루어짐인 것이다. 화化는 성대한 데서 쇠미한 데로 이르는 것이기 때문에 스러져 줄어들어 흔적이 없어지니 이는 화化도 또 변變의 이루어짐인 것이다. 하루로 말하면 낮은 양이고 밤은 음이어서 하루에 하루의 변變과 화化가 있다. 한 달로 말하면 초하루는 양이고 보름날은 음이어서 한 달에 한 달의 변變과 화化가 있다. 음과 양은 언제나 존재하지 않는 때가 없으니 변과 화는 언제나 있지 않은 적이 없다. 이는 상대해서 말하면 하나이면서 둘인 것이다.

'자연의 변화로 인하여 그에 맞게 재제裁制하는 것을 변變이라고 한다.'라는 규정에서 보면 화化는 점진적으로 변화하는 것을 지칭하는 듯하기에 화化는 오래되고 길며, 변變은 갑자기 변하는 것이어서 변變은 갑작스럽고 짧다. 그 변變이 이미 화化를 통해서 이루어지면 그 화化는 다시 변變으로부터 시작된다(자시子時로부터 해시亥時에 이르면 오늘이 변變하여 이튿날이 되는데 이튿날의 자시子時는 또 화化이다. 초하루로부터 화化하여 30일에 이르게 되면 전 달이 변變하고 다음 달 초하루가 또 화化하게 된다). 이는 또 응당 이전의 성현들이 언급하였던 '변變'과 '화化'라는 용어에 대하여 여러 관점에서 고찰해야 하는 까닭이다. 아마 귀鬼와 신神을 논하는 이가 그것을 두 기氣라는 관점에서 말할 경우에는 양陽이 신神이고 음陰이 귀鬼인데 반해 하나의 기氣라는 관점에서 말할 경우에는 펴지는 것이 신神이고 굽혀지는 것이 귀鬼이기 때문일 것이다.

곤괘坤卦에 대한 『주역본의周易本義』의 해석에, "음陰과 양陽은 조화造化의 근본이어서 어느 한쪽이 없을 수 없는데, 스러지고 자라나는 것이 일정한 규율이 있어서 또한 사람이 나서서 덜거나 더할 수 있는 바가 아니다. 하지만 양陽은 살리는 것을 주로 하고 음陰은 죽이는 것을 주로 하니 종류에 있어 선하고 악함의 구분이 있다. 그래서 성인聖人이 『역易』을 지을 때 그 어느 한쪽이 없을 수 없다는 점에서는 이미 건健과 순順, 인仁과 의義 등속으로 밝혀 어느 한쪽만을 위주로 하지 않게 하였으면서도 한편으로 그 스러지고 자람의 관계나 선하고 악함의 구분에 있어서는 양陽을 붙들어 주고 음陰을 억제하는 뜻을 표출하지 않은 적이 없었다. 이는 천지가 만물을 화육化育하는 것을 도와서 천지天地와 나란히 삼재三才가 될 수 있는 까닭이니 그 취지가 심원하다."라고 하였다.

이런 관점에서 말한다면 음과 양이라는 두 용어는 동動과 정靜의 관계로 말하는 경우도 있고 선과 악의 관계로 말하는 경우도 있다. 낮이 가고 밤이 오며 추위가 자극하면 더위가 응하는 것은 음과 양이 동動과 정靜으로 나뉘는 것이다. 그것이 사람에게 있어서는 '고요함'과 '감응함'이 있어 각각 성性과 정情이 되고, '미발未發(발하지 않음)'과 '이발已發(이미 발함)'이 있어 각각 '중中'과 '화和'가 되는 것이다. 이는 모두 음과 양의 어느 한 쪽이 없을 수 없는 사례들이다. 맑은 것은 밝고 어두운 것은 탁하며 하나인 것은 순수하고 둘인 것은 잡스러운 것은 음과 양이 선과 악의 구분이 있게 되는 까닭이다. 그것이 사람에게 있어서는 천리天理와 인욕人欲의 구분, 군자와 소인의 구별이니, 이 경우에는 응당 그중 하나는 보존하고 그중 하나는 완전히 제거해야만 한다. 그렇기 때문에 하늘과 땅은 양립할 수가 없어서 음이 양을 이기지 않으면 양이 음을 이기니 언제나 그렇지 않은 때가 없고 어느 것이나 그렇지 않은 것이 없다.

정이천程伊川이 말하기를, "천지 사이에는 오직 감感[101]과 응應 두 가지가 있을 뿐이다."라고 하였다. 움직임이 있는 것은 모두 감感이 되는 것이고, 감感이 있으면 반드시 응이 있다. 그 응한 바가 다시 감感이 되는 것이고, 감感은 다시 응이 된다. 한번 가고 한번 오는 방식으로 그 이치는 무궁무진하다. 장횡거張橫渠가 말하기를, "음과 양의 기氣는 순환하며 번갈아 이르고, 모이고 흩어지면서 서로를 흔들며, 오르고 내리면서 서로를 찾고, 꼭 엉긴 채로 서로가 뒤섞여 있으니, 그것을 하나로 만들려고 해도 불가능하다."라고 하였으니, 대개 이것을 말한 것이다. 비록 그러하지만 무극無極 이전에는 음陰이 양陽을 머금고 있고, 상象이 있고 난 뒤에는 양陽이 음陰으로부터 나뉘어진다.[102] 그래서 움직임과 고요해짐으로 말하면 음陰을 주로 하게 되니 이른바 "건乾은 전일하고 고요하지 않으면 곧게 이룰 수가 없고, 곤坤은 모으고 합하여 있지 않으면 발산할 수가 없다"라고 말한 것[103]이 이 문제에 대한 논의이다.

크기의 관점에서 말한다면, 양陽은 늘 음陰을 겸하고 있고 음陰은 양陽을 겸할 수 없으니 또 어찌 나란히 말할 수 있겠는가! 그 나뉨에 관해 논하자면 양陽은 하나이고 음陰은 둘이고, 양은 높고 음은 낮다. 사람에게 있어서는 임금과 신하, 아비와 아들의 구분이다(존귀함에 있어서는 윗사람이 둘일 수 없다). 그 기氣를 논하자면 양陽은 시작이고 음陰은 완성이며 양陽은 창도하고 음陰은 화답한다. 사람에게 있어서는 자제와 신첩이 순종하는 것이다.(앞서면 길을 잃고 뒤에 있으면 얻으니, 이루는 것은 없고 마무리 짓는 것은 있다.)[104]

그 리理를 논하자면, 건乾의 '덕德을 진전시키고 업業을 닦음'[105]은 지知와 행行을 겸해서 말한 것이고, 곤坤의 '안을 곧게 하고 밖을 바르게 함'[106]은 전적으로 자신을 지킴의 측면에서 말한 것이다. 그 공용功用(효용)에 대해 말하자면, 건乾에서는 어느 특정한 것에 이롭다는 식으로 말하지 않았으니 이롭지 않은 바가 없는 것이고, 곤坤의 경우 '빈마牝馬의 곧음이 이롭다'라고 하였으니 이롭지 않은 바도 있는 것이다.[107]

하늘의 형체는 둥글어서 땅의 바깥에서 땅을 포괄하고 있으며, 땅의 형체는 공활한데 하늘 속에 붙어 있다. 이것은 형체로 말한 것이다.

건乾은 10이 없는데 곤坤이 있어서 이어받고, 곤坤은 1이 없는데 건乾이 있어서 시작할 수 있다.[108] 이것은 수數로 말한 것이다.

이것은 모두 양陽은 전체이고 음陰은 반이라는 관점에서 한 말이다.『역易』에서 "강剛과 유柔가 서로 갈려지고, 팔괘八卦가 서로 섞인다"라고 하였으니,[109] 장자張子(장횡거)의 이른바 "음과 양이라는 양단이 순환하여 끝이 없어서 천지의 대의大義(근간이 되는 법칙)를 세운다."라는 말에 해당한다.[110] "건乾의 도道는 남자를 이루고, 곤坤의 도道는 여자를 이룬다."라고 하였으니,[111] 장자張子의 이른바 "떠도는 기氣는 어지럽게 흔들리는 데 합쳐져서 형질을 이루고 만물의 다양한 차이를 만들어 낸다."라고 한 말에 해당한다.[112] 그러므로 천지가 사람과 다른 만물을 만들어 낸다는 점에서 말하면, "크도다, 건乾의 원元이여. 만물이 이를 바탕으로 시작한다"라는 것[113]은 양陽이고 이른바 "이어가는 것은 선善이다."라는 말[114]에 해당하며, "건乾의 도道가 변화하여 각각 성명性命을 바로 한다"라는 것[115]은 음陰이고 이른바 "이룬 것은 성性이다"라는 말[116]에 해당한다. 무릇 천지가 변화하는 데는 음이 없을 수 없지만 사람과 다른 만물이 아직 형성되지 않았을 때는 양에 속하고, 각각 변화를 올바로 확정하게 되면 양이 없는 것은 아니지만 형기形氣가 이미 정해졌으니 음에 속하는 것일 뿐이다.

사람과 다른 만물의 생장이라는 관점에서 말하면, 동물은 하늘에 근본을 두기에(머리가 위로 향해 있다) 맑고 지각이 있으니 하늘이 낳은 '양에 속하는 존재'이다. 그런데 태생胎生(일반적으로 포유동물)인 것은 구멍이 아홉이고, 난생卵生인 것은 구멍이 여덟이어서 동물 중에도 이미 본디 대립되는 점이 있는 것이고, 건乾은 수컷이고 곤坤은 암컷이니 음과 양이 없었던 적이 없다. 식물은 땅에 근본을 두니(머리가 아래로 향해 있다) 흐리고 지각이 없어서 땅이 낳은 '음에 속하는 존재'이다. 그런데 음목陰木은 결이 거칠고 양목陽木은 결이 촘촘하니 식물 중에도 이미 본디 대립되는 점이 있는 것이고, 건은 수컷이고 곤은 암컷이니 음과 양이 없었던 적이 없다. 이것은 어느 사물이나 둘이 없는 것이 없다는 것이다.

동물과 식물이 기氣를 다르게 부여받는데 그 기는 양陽이지만 품부받은 기氣에는 본디 스러지고 자라며 굽혀지고 펴지는 것이 있으니 이는 양 속의 음과 양이다. 그리고 형질을 다르게 부여받는데 그 형질은 음陰이지만 형질 속에 본디 위와 아래, 안과 밖이 있으니 이는 음 속의 음과 양이다. 이것이 어찌 이른바 하나이겠는가.

사람이 음과 양을 품부받아 하늘과 땅에 짝이 된다는 점에서 진실로 만물에 비해 영명한 존재이다. 성性은 고요하니 음이고 정情은 움직이니 양인데 움직임과 고요함이 서로 체體와 용用이 되고, 나가서 일하는 것은 양이고 들어와 쉬는 것은 음이어서 일하는 것과 쉬는 것이 굽히는 것과 펴는 것의 관계이니 이것은 진실로 이 둘이 하나의 양면일 수 있는 까닭이다. 하지만 양은 공평하고 바른데 음은 이기적이고 바르지 않으며, 양은 강하고 밝은데 음은 유약하고 어두우니 또 둘 사이를 정치하게 분별하지 않을 수 없다.

이것을 안다면 고요할 때는 간직하고 기르며 움직일 때는 신중하게 살펴서, 중中을 완전히 이루어 체體를 세우고, 화和를 완전히 이루어 용用을 펼칠 수 있을 것이다. 천지의 음과 양으로서 나에게 있는 것에 대해 이미 그 이치에 맞게 처리할 수 있으면 나에게 있는 음과 양이 천지를 돕는 일이 모두 순조롭게 진행될 것이다. 그 공용功用이 어찌 작은 보탬이겠는가!

무릇 땅이라는 것이 기氣 안에 붙어 있는 것이라면 땅 위는 모두 하늘의 기氣이다. 푸르른 것은 지극히 멀리 있다 보니 색깔이 그런 것일 뿐이다. 사람은 하늘과 땅 사이에 안겨 길러졌으니 그 한번 숨을 내쉬고 한번 숨을 들이쉬는 것이 하늘의 기운을 빌어서 스러지고 자라고 있는 것이어서 물고기가 물속에 있으면서 알지 못하는 것과 같다. 나의 기氣는 곧 하늘의 기氣일 뿐이니, 어찌 서로 통하여 흐르지 못하는 것이 있겠는가. 그렇지 않다면 양陽의 밝음이 음陰의 어둠을 이기지 못할 것이고, 덕성이 물욕을 이기지 못할 것이니 금수와 멀지 않을 것이다.

論無極太極

蔡九峯天問云無極之極果無極乎有極之極果有極乎無極者周子圖說之文有極者孔子易傳之文(此九峯自註)問意若曰周子言無極而太極豈果以極爲無乎孔子言易有太極豈果以極爲有乎對曰極者至極而有定止之謂蓋謂之太極則已屬於有氣故周子以無極言謂雖不離於形氣而實無聲無臭非謂其無而淪於虛寂也謂之易則已形於無躰故孔子以有極言謂易不窮於變化而實有準有則非謂有而滯於一物也蔡節齋曰或問周子無極而太極與易有太極之說有異否曰易有太極易變易也夫子所謂無躰之易也太極至極也言變易

무극과 태극에 대하여
論無極太極

蔡九峰『天問』云："無極之極, 果無極乎? 有極之極, 果有極乎?"("無極" 者周子『圖說』之文, "有極" 者孔子『易傳』之文. ──此九峰自注)『問』意若曰 "周子言 '無極而太極', 豈果以極爲無乎? 孔子言 '易有太極', 豈果以極爲有乎?『對』曰："極者, 至極而有定止之謂. 蓋謂之 '太極', 則已屬於有氣, 故周子以 '無極' 言, 謂雖不離於形氣而實無聲無臭, 非謂其無而淪於虛寂也；謂之 '易', 則已形於無體, 故孔子以 '有極' 言, 謂 '易' 不窮於變化而實有准有則, 非謂有而滯於一物也."

채구봉蔡九峰[117]의 『천문天問(하늘에 물음)』에 이르기를, "'무극無極'에서 극極은 과연 극極이 없는 것인가? '극極이 있다'에서 극極은 과연 극이 있는 것인가?"라고 하였다.('무극無極'은 주렴계의 『태극도설太極圖說』에 있는 글이고, '극極이 있다'라는 용어는 공자孔子의 『역전易傳』에 있

無躰而有至極之理也先儒皆以太極二字便爲萬化之原而於易之一字但目爲易書故周子太極圖說特以無極而太極發明易有太極之義其所謂無極而太極者盖亦言無躰之易而有至極之理也是其無極之眞實有得於夫子易之一言而或以爲周子妄加者謬也又曰夫子言有皆主易而言也周子言無者主太極而言也主易則易無躰故曰有主太極則太極有朕故曰無曰有曰無由所主不同耳然其理無極之中萬象森列不可謂之無矣曰太極本無極則太極之躰冲漠無朕不可謂之有矣今按節齋之說似與考亭西山不同朱先生曰無極而太極是說無形而有理又曰因其極至故曰太極以理言之不可謂之有以物言之不可謂之無又曰無極而太極猶莫之爲而爲莫之致而至意若曰非若皇極民極之有方所形象而但有此理之極至耳此萬古不易之論也讀者詳之

는 글이다.－이것은 구봉九峰이 스스로 쓴 주석이다). 이 질문의 의미는 대략 "주자周子는 '무극無極이면서 태극이다太極'라고 하였는데, 어찌 정말 극極을 없다고 여긴 것이겠는가? 공자는 '역易에는 태극太極이 있다'라고 하였는데,[118] 어찌 정말 극極이 있다고 여긴 것이겠는가."라는 것이다. 『대對(대답)』에 이르기를, "극極은 지극하고 고정적임을 의미한다. 대개 '태극太極'이라고 하였으면 이미 기氣가 있는 상태에 속하기 때문에, 주렴계가 '무극無極'을 말한 것이니, 그 의미는 '비록 형기形氣를 떠나지는 않지만 실제로는 소리도 없고 냄새도 없다'라는 것이지, 아무 것도 없어 허무적멸虛無寂滅[119]에 빠짐을 의미하는 것이 아니다. '역易(변역)'이라고 불러 이미 '형체가 없음'으로 묘사되었기 때문에 공자가 '극極이 있다'라고 말한 것이니, 그 의미는 '역易은 무궁무진하게 변화하지만 실제로는 표준이 있고 법칙이 있다'라는 것이지, 그것이 정말로 존재하여 하나의 사물로 국한되어 있다는 의미인 것은 아니다."라고 하였다.

蔡節齋曰："或問 '周子 "無極而太極", 與 "易有太極" 之說有異否?' 曰 '"易有太極", 易, 變易也, 夫子所謂 "無體" 之易也；太極, 至極也. 言變易無體而有至極之理也. 先儒皆以 "太極" 二字便爲萬化之原, 而於 "易" 之一字但目爲『易』書, 故周子『太極圖說』特以 "無極而太極" 發明 "易有太極" 之義. 其所謂 "無極而太極" 者, 蓋亦言無體之易而有至極之理也. 是其「無極之真」, 實有得於夫子 "易" 之一言, 而或以爲周子妄加者, 繆也.'" 又曰 : "夫子言 '有' 者, 主 '易' 而言也 ; 周子言 '無' 者, 主 '太極' 而言也. 主 '易', 則 '易' 無體, 故曰 '有' ; 主 '太極', 則 '太極' 有朕, 故曰 '無'. 曰有、曰無, 由所主不同耳. 然其理無極之中萬象森列, 不可謂之無矣 ; 曰 '太極本無極', 則太極之體, 沖漠無朕, 不可謂之有矣."

채절재蔡節齋[120]가 말하기를, "누가 묻기를 '주자周子의 "무극無極이면서 태극太極이다"라는 표현은 "역易에 태극太極이 있다"라는 설명과 다른 점이 있지 않소?'라고 하였다. 대답하기를, "'역易에 태극太極이 있다'라는 말에서 역易은 변역變易이오. 부자夫子(공자)의 이른바 '형체가 없는' 역易이오.[121] 태극이란 '지극至極'이오. 변역은 형체가 없지만 지극한 리理가 있다는 뜻이오. 선유先儒들은 모두 '태극太極' 두 글자를 바로 모든 변화의 근원이라고 여기면서 '역易'이라는 한 글자에 대해서는 단지 『역易』이라는 책을 가리킨다고 여겼소. 그래서 주자周子의 『태극도설太極圖說』에서 특별히 '무극이면서 태극이다'라고 말하여 '역에 태극이 있다'라는 말의 의미를 밝혀준 것이오. 그 이른바 '무극이면서 태극이다'라는 말은 대개 또한 '형체가 없는 변역이면서 지극한 리理가 있다'라는 의미이오. 그러므로 그의 '무극無極의 참됨'이라는 표현은 실로 부자夫子의 '역易'이라는 한 글자로부터 터득한 것인데 어떤 이는 그것을 주자周子가 함부로 더 보탠 것이라고 여기니, 잘못된 생각이오."라고 하였다.[122] 또 말하기를,

"부자夫子께서 '있다'라고 한 것은 '역易(변역)'을 위주로 말한 것이고, 주렴계께서 '없다'라고 한 것은 '태극太極'을 위주로 해서 말한 것이다. '역易'을 위주로 하면 '역易'은 형체가 없기 때문에 '있다'라고 말한 것이고, '태극太極'을 위주로 하면 '태극'은 조짐이 있기 때문에 '없다'라고 말한 것이다. '있다'고 하고 '없다'고 하는 것은 위주로 하는 대상이 다른 것일 뿐이다. 하지만 그 리理는 무극無極 속에서 온갖 형상이 촘촘히 벌여 서 있으니 '없다'라고 할 수가 없으며, '태극太極은 본래 무극無極이니', 태극의 본체는 고요하고 조용하여 조짐이 없어서 '있다'라고 할 수가 없다."라고 하였다.

今按：節齋之說，似與考亭、西山不同. 朱先生曰："'無極而太極'，是說無形而有理." 又曰："因其極至，故曰太極. 以理言之，不可謂之有；以物言之，不可謂之無." 又曰："'無極而太極'，猶'莫之爲而爲，莫之致而至'意. 若曰'非若皇極、民極之有方所、形象，而但有此理之極至耳'."[123] 此萬古不易之論也. 讀者詳之.

지금 살피건대, 채절재의 말은 고정考亭[124]이나 서산西山[125]과는 같지 않은 듯하다. 주선생朱先生은 "'무극無極이면서 태극太極이다'라는 말은 형체가 없으면서 이치가 있다는 의미이다."라고 하였고, 또 말하기를, "그것이 지극한 것이기 때문에 '태극太極'이라고 부른 것이

다. 리理의 관점에서 말하면 있다고 할 수가 없고, 만물의 관점에서 말하면 없다고 할 수 없다."라고 하였다.[126] 또 말하기를, "'무극無極이면서 태극太極이다'라는 말은 '아무도 그렇게 하지 않는데 그렇게 되며 아무도 이르게 하지 않았는데 이른다'라는 말의 의미와 비슷하다.[127] '황극皇極이나 민극民極라는 용어에서 극極이 방소方所와 형상이 있는 것임과는 같지 않고 단지 이 리理의 극치가 있을 따름이다.'라고 말하는 것과 같은 의미이다."라고 하였다. 이것은 만고불변의 이론이다. 읽는 사람들이 상세히 살펴야 할 것이다.

張子西銘圖上

此分上一截專以明理一分殊之辨

乾稱父

坤稱母

予玆藐焉乃混然中處故

天地之塞吾其體

天地之帥吾其性

凡吾民物兄弟其理皆一

以並生之仁言

民吾同胞（人物分殊）

物吾與也

以推行之仁言

大君者吾父母宗子（君臣分殊）

其大臣宗子家相也

尊高年所以長其長（長幼分殊）

慈孤弱所以幼吾幼

聖其合德（聖賢分殊）

賢其秀也

凡天下之疲癃殘疾惸獨鰥寡（貧賤分殊）

皆吾兄弟之顛連而無告者也（理歸于一）

朱子云西銘上一截如棋盤下一半如下棋子詳見後圖

서명도西銘圖

장자 서명도 상(張子西銘圖上)

이것은 상반부로서 전적으로 '리일분수(理一分殊)'[128]의 의미를 밝힌 논변이다.

주자(朱子)가 말하기를, "『서명(西銘)』의 상반부는 마치 바둑판과 같고, 하반부는 바둑을 두는 것과 같다"라고 하였다. 상세한 내용은 다음 그림에 보인다.

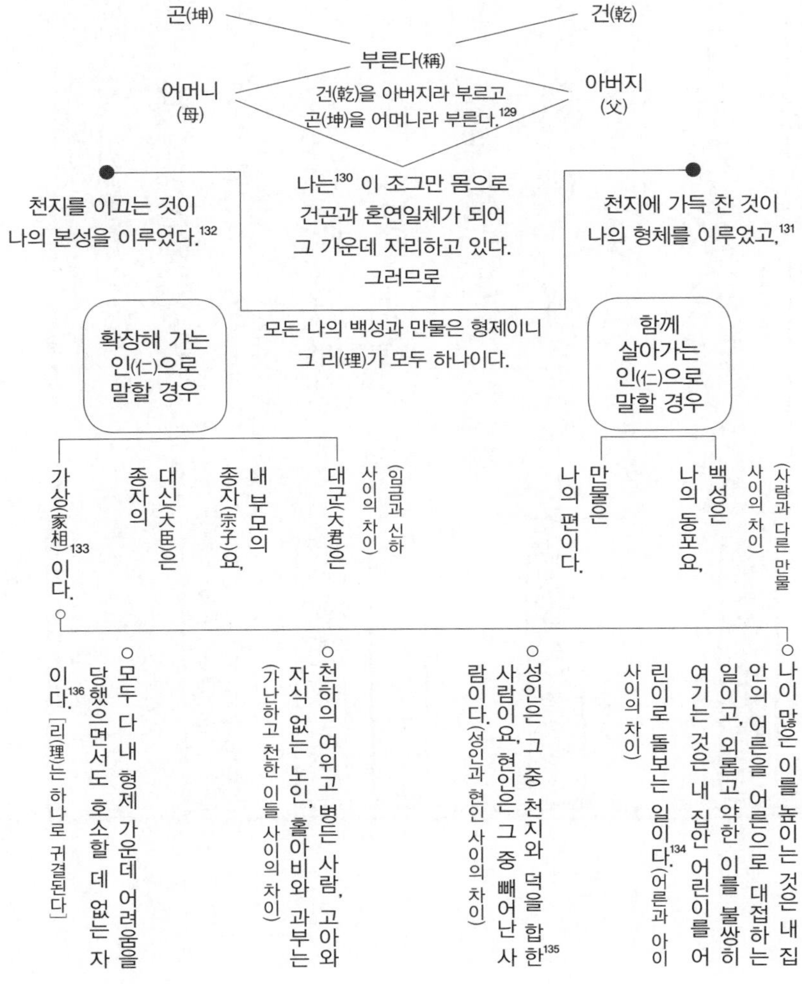

張子西銘圖下

此下一截分論盡事親之誠因以明事天之道

于時保之子之翼也 — 樂且不憂純乎孝者也 —— 盡道不盡道之分

違曰悖德害仁曰賊 — 濟惡者不才其踐形惟肖也

知化則善述其事 — 窮神則善繼其志 —— 聖合德故盡道

不愧屋漏爲無忝 — 存心養性爲匪懈 —— 賢其秀求盡道

惡旨酒崇伯子之顧養 — 育英材潁封人之錫類

不弛勞而底豫舜其恭也 — 無所逃而待烹申生其恭也 —— 聖賢各盡道

體其受而歸全者參乎 — 勇於從而順令者伯奇也

富貴福澤將以厚吾之生也 — 貧賤憂戚庸玉汝于成也

存吾順事 — 沒吾寧也 —— 盡道於此爲至

장자 서명도 하(張子西銘圖下)

이 하반부는 부모를 섬기는 효성을 다하는 것을 논하고 그것을 토대로 하늘을 섬기는 도리를 밝힌 것이다.

하늘을 두려워하여 스스로 하늘의 뜻을 보존하는 것은 자식으로서 부모를 공경하는 일이며[137] — 천도를 즐겨 근심하지 않는 것은 부모를 사랑하는 마음이 순수한 것이다.[138]

천리를 어기는 것을 패덕이라 하고,[139] 인을 해치는 것을 적(賊)이라 하며,[140] — 악행을 끝내 자행하는 것은 부재(不才)한 사람이고,[141] 타고난 본성을 다 실현하는 것[142]은 그 부모를 닮은 것이다.[143]

도리를 다하는 이와 도리를 다하지 않는 사람의 나뉨이다

조화(造化)의 도리를 알면 하늘의 일을 잘 이어갈 수 있고, — 신묘(神妙)한 도리를 궁구하면 하늘의 뜻을 잘 계승할 수 있다.[144]

성인은 천지와 덕이 합치하기 때문에 도리를 다하는 것이다

방구석에서도 부끄럽지 않게 하는 것이 부모를 욕되지 않게 하는 것이오,[145] — 마음을 보존하고 본성을 기르는 것이 부모를 섬기는 것을 게을리 하지 않는 것이다.[146]

현인은 그중 빼어난 사람이니 도리를 다하려고 추구하는 사람이다

맛있는 술을 싫어하는 것은 우(禹)가 부모 봉양을 생각하는 것이었으며,[147] — 영재(英才)를 기르는 것은 영고숙(穎考叔)처럼 효성스런 무리를 잇게 하는 것이다.[148]

힘들어도 게을리 하지 않아 마침내 어버이를 기쁘게 한 것은 순(舜)의 공적이며,[149] — 도망가지 않고 가마솥에서 삶겨 죽기를 기다린 것은 신생(申生)의 공손함이다.[150]

부모로부터 받은 몸을 온전하게 지켜 돌아간 사람은 증삼(曾參)이며,[151] — 용감하게 부모의 뜻을 따라 명령에 순종한 사람은 백기(伯奇)이다.[152]

성인과 현인은 각자 도리를 다한 것이다

부와 귀, 복록과 은택은 나의 삶을 풍요롭게 만들어 줄 것이며, — 빈천과 근심, 걱정은 너를 옥성(玉成)시켜 줄 것이다.[153]

살아있는 동안 나는 이치를 어기지 않고, — 죽을 때는 편안히 돌아갈 것이다.[154]

도리를 다하는 것은 여기에 이르러 지극하다

朱子曰西銘理一分殊知其理一所以爲仁知其分殊所以爲義蓋仁是泛然兼愛處義是截然分別處故天地化生萬物則爲理一然乾稱父坤稱母其分未嘗不殊民物並生天地之間其理未嘗不一然民稱同胞物稱吾與則其分未嘗不殊與夫合天下之人皆吾兄弟之親其理未嘗不一然至於大君家相長幼聖賢殘疾皆自有等差又其後因事親之誠以明事天之道蓋無適而非所謂分立而推理一者理一處便有兼愛之仁分殊處便有截然之義不然愛無差等墨氏之仁耳豈足以論西銘之大旨哉

右所列西銘之圖專以理一分殊者言也朱子又云西銘綱領渾在天地之塞吾其體天地之帥吾其性二句蓋又主以理氣爲說者也沈毅齋先生遂衍其義有曰自貴賤尊卑之等而言之則屬於天地之塞以氣言也而同一根源則本塞

朱子曰："『西銘』理一分殊，知其理一所以爲仁，知其分殊所以爲義. 蓋仁是泛然兼愛處，義是截然分別處. 故天地化生萬物，則爲理一，然乾稱父，坤稱母，其分未嘗不殊. 民物並生天地之間，其理未嘗不一，然民稱同胞，物稱吾與，則其分未嘗不殊. 與夫合天下之人皆兄弟之親，其理未嘗不一，然至於大君家相長幼聖賢殘疾，皆自有等差. 又其後因事親之誠以明事天之道，蓋無適而非所謂分立而推理一者. 理一處便有兼愛之仁，分殊處便有截然之義. 不然，愛無差等，墨氏之仁耳. 豈足以論『西銘』之大旨哉!"

주자가 다음과 같이 말하였다. "『서명西銘』은 '리理는 하나인데 개별들은 다르다'라는 의미를 담고 있다. 그 리가 하나임을 아는 것은 인仁을 행하는 길이고, 그 개별들이 다르다는 것을 아는 것은 의義를 행하는 길이다. 대개 인仁은 두루두루 다 같이 사랑하는 지점이고, 의義는 자르듯 분별하는 지점이다. 그래서 천지가 만물을 화생化生하는 것이니 이것은 리理가 하나인 점이다. 하지만 건乾은 아버지라 부르고 곤坤은 어머니라 부르니 그 개별은 다르지 않은 적이 없다. 인류와 다른 만물은 다함께 천지의 사이에서 살고 있으므로 그 리理는 하나이지 않은 적이 없지만, 인류에 대해서는 동포라고 부르고 다른 만물에 대해서는 나의 편이라고 부르니 그 개별은 다르지 않은 적이 없다. 그리고 천하의 사람들에 대해 모두 형제의 친함이 있으니 그 리는 하나이지 않은 적이 없다. 하지만 임금과 가

無理一者存不可以其　而不差其分之殊此推行之仁也
自聖賢善惡之別而言之則屬於天地之帥以理言也而未
嘗無分殊者在不可以其殊而不歸乎理之一此存養之仁
也仁之存養者同乎天而無別則仁之推行者施於人而有
別矣雖然氣在性分可得而變厚薄清濁是也氣在命分不
可得而變富貴脩短是也惡旨酒以克己育英才以輔仁所
以求變其在性分者勞佚生死不二其所之富貴貧賤一安
其所遇所以不變其在命分者惟其付命於天者輕則其責
成於己者重所以存順沒寧無忝於父母也先生此說發明
備至愚故因即朱子之意而圖之併述其說于左初學之士
詳玩其所以爲理一分殊之旨又參以理氣差別之說則西
銘旨義庶乎其盡得之矣

상家相, 어른과 어린이, 성인과 현인, 잔약한 사람과 질병이 있는 사람은 모두 본래 차등이 있다. 또 그 후반부는 부모를 섬기는 효성을 토대로 하늘의 섬기는 도리를 밝힌 것이다. 대개 어느 것이나 이른바 '개별을 확립하여 하나의 리理로 미뤄 나가는 것'이 아닌 것이 없다. 리가 하나인 지점에서는 곧 두루 사랑하는 인仁이 있는 것이고, 개별들이 다른 지점에서는 곧 자른 듯한 의義가 있는 것이다. 그렇지 않다면 사랑이 차등이 없어서 묵씨墨氏(묵자)의 인仁이 될 뿐이다. 그럴 경우에는 어찌 그것으로『서명西銘』의 주요 취지를 논할 수 있겠는가!"

(解釋) 右所列『西銘』之圖, 專以理一分殊者言也. 朱子又云:"『西銘』綱領, 渾在'天地之塞, 吾其體;天地之帥, 吾其性'兩句." 蓋又主以理氣爲說者也. 沈毅齋先生遂衍其義, 有曰:"自貴賤尊卑之等而言之, 則屬於天地之塞, 以氣言也. 而同一根源, 則未嘗無理一者存, 不可以其一而不差其分之殊. 此推行之仁也. 自聖賢善惡之別而言之, 則屬於天地之帥, 以理言也. 而未嘗無分殊者在, 不可以其殊而不歸乎理之一. 此存養之仁也. 仁之存養者, 同乎天而無別, 則仁之推行者施於人而有別矣. 雖然, 氣在性分, 可得而變, 厚薄清濁, 是也. 氣在命分, 不可得而變, 富貴修短, 是也. 惡旨酒以克己, 育英才以輔仁, 所以求變其在性分者;勞佚生死, 不二

其所之, 富貴貧賤, 安其所遇, 所以不變其在命分者. 惟其付命於天者輕, 則其責成於己者重, 所以存順沒寧, 無忝於父母也." 先生此說, 發明備至. 愚故因即朱子之意而圖之, 併述其說於左. 初學之士詳玩其所以爲理一分殊之旨, 又參以理氣差別之說, 則『西銘』旨義, 庶乎其盡得之矣.

【해석】 오른 쪽에 나열한 『서명西銘』에 대한 그림은 전적으로 '리는 하나인데 개별은 다르다'라는 관점으로 말한 것이다. 주자朱子는 또 말하기를, "『서명西銘』의 강령은 완전히 '천지를 가득 채운 그것이 나의 몸을 이루고, 천지를 이끄는 그것이 나의 성性이다'라는 두 구절에 있다."라고 하였다. 대개 또 리와 기氣를 위주로 말한 것이다. 심의재沈毅齋 선생이 드디어 그 의미를 풀어서 또 이렇게 말하였다. "귀천貴賤과 존비尊卑의 차등으로 말하자면, 그것은 '천지를 가득 채우고 있는 것'에 속하니 기氣로 말한 것이다. 동일한 근원이라는 점에서는 리理가 하나인 점이 있지 않은 적이 없지만, 그것이 하나라고 해서 그 개별의 차이를 다르다고 보지 않아서는 안 된다. 이것이 '미루어 행하는' 것[155]과 관련된 인仁이다. 성인과 현인, 선과 악의 구별로 말하면, '천지를 이끄는 것'에 속하니 리理로 말한 것이다. 개별이 다른 점이 있지 않은 적이 없지만, 그것이 다르다고 해서 리理가 하나라는 것으로 귀결시키지 않아서는 안 된다. 이것

은 '간직하고 기르는' 것[156]과 관련된 인仁이다. 인仁이 '간직하고 기르는 것'일 때는 하늘과 같아서 차별이 없고 인이 전개될 때는 사람에게 적용되어 차별이 있다. 그렇다고는 하지만 기氣는 성性의 차원에서는 변할 수가 있는데 바로 기질이 두텁거나 얕거나 맑거나 탁한 것이 이 경우이며, 기氣는 명命의 차원에는 변할 수가 없는데 부유하거나 가난하거나[157] 장수하거나 요절하는 것이 이 경우이다.

맛있는 술을 싫어함으로써 자신이 과도해지지 않게 할 수 있었던 것이나 영재를 기름으로써 자신의 인仁을 보완한 것은 모두 그 성의 차원에서 변화를 이끌어내는 길이고, 힘들거나 편하거나 살게 되거나 죽게 되는 것에 따라 자신의 의지가 꺾이지 않고 부귀나 빈천의 어느 경우에서나 편안하게 받아들이는 것은 모두 그 명命의 차원에서 변동되지 않는 길이다. 하늘에 운명을 돌려야 하는 문제들은 가볍게 보고 자신의 노력으로 이루어가야 할 일은 중시할 수 있다면 이것이 바로 생존해 있을 때는 하늘에 맞게 살고 죽게 되었을 때는 편안히 받아들여 부모에게 부끄럽지 않게 되는 길이다."

선생의 이 말은『서명西銘』의 취지를 완벽하고 지극하게 발휘한 것이다. 나는 그래서 주자의 뜻에 비추어 그림을 그리고 심선생의 말을 그 아래에 함께 기술해 둔다. 처음 배우는 선비들이 보편적 원칙은 하나인데 그 개별적 원칙은 다르게 된다는 이론을 상세히 완미하고 또 리의 차원과 기의 차원에서는 차별이 있다는 이론까지 더 보완한다면 『서명』의 전체 내용을 온전하게 이해할 수 있게 될 것이다.

張子東銘圖

非當作於

戲

言出於思也　發於心　謂非己心不明也欲人無己疑不能也

動作非謀也　見乎四支

或者謂

出於心者歸咎於己戲

失於思者自誣為己誠

不知

戒其出汝者　長傲

歸咎其不出汝者　遂非

不知孰甚

過

言非心也　失於声

動非誠也　繆迷其四體

謂己當然自誣也欲他人己從誣人也

迷

愚既為此圖又得毅齋先生詳述朱子與江西學者說此篇大旨不越乎過故二字先生且曰有心謔浪之謂戲無心差失之謂過夫有心而掩之以無心則以故為戲而至於長敖夫無心而誣之以有心則以過為誠而至於遂非是愚之甚

동명도 東銘圖[158]

장자 동명도(張子東銘圖)

장난스런

- 말은
  - 생각에서 나오고
  - 소리로 나오고
- 행위는
  - 꾀함에서 생긴다.
  - 손발로 나타난다.

자기 마음이 아니라고 말하는 것은 밝지 못한 것이고, 남이 자기를 의심하지 않기를 바라는 것은 불가능하다.

혹자는

- 마음에서 나온 것을 자신의 장난이라고 둘러대고
- 생각을 잘못한 것을 자기가 성실했노라 스스로 속인다.

모른다.[159]

- 네 마음에서 비롯된 것을 경계할 줄
  - 오만을 조장하는 것이며
- 네 마음에서 비롯되지 않은 것에는 자신을 탓할 줄
  - 죄악을 저지르는 것이다.

지혜롭지 못함이 누가 이보다 심하랴.

실수인

- 말은
  - 마음이 아니고
  - 소리로 잘못 나오고
- 행위는
  - 진심이 아니다.
  - 손발로 잘못 놀려진다.

자기가 당연히 그래야 한다고 말하지만 자기를 속이는 것이고, 남이 자기를 따르기를 바라는 것은 남을 속이는 것이다.

者也戲不可有朱子推其原而謂之故欲人深戒其言動未發之先以為正心誠意之本過不能無朱子指其流而謂之過欲人自咎於言動已失之後以為遷善改過之機其誨人之意深矣學者於是二端深戒而自咎焉則於處己待人亦庶幾矣

四書章圖櫽括總要卷之上

愚既爲此圖, 又得毅齋先生詳述朱子與江西學者說 "此篇大旨不越乎 '過'、'故' 二字." 先生且曰 : "有心譃浪之謂戱, 無心差失之謂過. 本有心而掩之以無心, 則以故為戱, 而至於長傲 ; 本無心而誣之以有心, 則以過為誠, 而至於遂非. 是愚之甚者也. 戱不可有, 朱子推其原而謂之故, 欲人深戒於言動未發之先, 以為正心誠意之本 ; 過不能無, 朱子指其流而謂之過, 欲人自咎於言動己失之後, 以為遷善改過之機. 其誨人之意深矣!" 學者於是二端深戒, 而自咎焉, 則於處己待人, 亦庶幾矣.

이는 이 그름을 그린 뒤에 또 의재毅齋 선생이, 주자朱子가 강서江西 학자에게 "이 편의 대지大旨는 '실수[過]'와 '고의[故]' 두 글자를 벗어나지 않는다."라고 설명해 준 것과 관련하여 상술한 말을 들었다. 선생은 또 말하기를, "의도를 가지고 함부로 한 것을 '장난으로'라고 하고, 의도 없이 실수로 한 것을 '실수로'라고 한다. 본래 마음이 있었으면서 마음이 없었던 것처럼 가리니 고의로 한 짓을 장난이라고 둘러대고 오만을 조장하는 데까지 이르며, 본래 마음이 없었으면서 마음이 있었던 것처럼 속이니 실수인 일을 진심이라고 우기며 결국 죄악을 저지르는 데까지 이른다. 이것은 어리석기 심한 것이다. 장난으로 하는 짓은 있어서는 안 되는 것이기에 주자는 그 근원을 파고들어 '고의'라고 규정한 것이니 사람들이 말이나 행동으로 나오기 전에 깊이 경계함으로써 정심正心·성의誠意 공부로 삼도록 한 것이며, 실수란 없을 수 없는 것이기에 주자는 그 잘못된 결과를 지목하면서도 '실수'라고 규정한 것이니 사람들이 말이나 행동을 이미 잘못하고 난 뒤에 스스로를 탓함으로써 개과천선의 계기로 삼도록 한 것이다. 사람들을 가르친 뜻이 심원하다!"라고 하였다.[160] 배우는 이가 이 두 가지에 대해 깊이 경계하고 스스로를 탓할 수 있으면 자기 처신이나 남을 대하는 일에 있어 거의 사리에 맞을 것이다.

사서장도 은괄총요 권상 끝

四書章圖檃栝總要卷之上

미주

1 『朱文公文集』 권78, 「袁州州學三先生祠記」, "蓋自鄒孟氏沒, 而聖人之道不傳. 世俗所謂儒者之學, 內則局於章句文詞之習, 外則雜於老子釋氏之言, 而其所以修已治人者, 遂一出於私智人爲之鑿. 淺陋乖離, 莫適主統, 使其君之德不得比於三代之隆, 民之俗不得躋於三代之盛. 若是者, 蓋已千有餘年於今矣. 濂溪周公先生奮乎百世之下, 乃始深探聖賢之奧, 疏觀造化之原, 而獨心得之, 立象著書, 闡發幽祕. 詞義雖約, 而天人性命之微, 修已治人之要, 莫不畢擧 ; 河南兩程先生, 旣親見之而得其傳, 於是其學遂行於世, 士之講於其說者, 始得以脫於俗學之陋, 異端之惑, 而其所以修已治人之意, 亦往往有能卓然不惑於世俗利害之私, 而慨然有志於堯舜其君民者. 蓋三先生者其有功於當世, 於是爲不小矣."

2 『朱文公文集』 권78, 「隆興府學濂溪先生祠記」, "蓋嘗竊謂先生之言其高極乎無極太極之妙而其實不離乎日用之間其幽探乎陰陽五行造化之賾而其實不離乎仁義禮智剛柔善惡之際其體用之一源顯微之無間秦漢以下誠未有臻斯理者而其實則不外乎六經論語中庸大學七篇之所傳也."

3 경전을 장章으로 구분하고 구句별로 구별하여 그 장이나 구의 의미를 설명하는 일을 말한다.

4 주렴계周濂溪(1017-1073, 자는 무숙茂叔, 이름은 돈이惇頤)를 가리킨다.

5 정명도程明道(1032-1085, 자는 백순伯淳, 이름은 호顥)와 정이천程伊川(1033-1107, 자는 정숙正叔, 이름은 이頤)를 가리킨다.

6 생수生數는 1, 2, 3, 4, 5까지의 수를 말하고, 성수成數는 6, 7, 8, 9, 10까지의 수를 말한다. 그림에서 북하北下에는 생수인 1과 그 성수인 6이, 남상南上에는 생수인 2와 그 성수인 7이, 동좌東左에는 생수인 3과 그 성수인 8이, 서우西右에는 생수인 4와 그 성수인 9가, 중앙에는 생수인 5와 그 성수인 10이 각각 배열되어 있다.

7 『易學啟蒙』, "河圖以五生數統五成數, 而同處其方. 蓋揭其全以示人, 而道其常數之體也."

8 『易學啟蒙』, "以運行之次言之, 則始東次南次中次西次北左, 旋一周而又始於東也."

9 이 그림은 남송南宋의 학자인 양갑楊甲의 『육경도六經圖』에 실려 있는데, 거기에는 "역유태극도易有太極圖"라는 큰 제목 아래에 먼저 주렴계周濂溪의 『태극도太極圖』를 소개하고 이어서 이 그림을 소개한 뒤에 "이전에 이 그림이 있었다[舊有此圖]"라는 설명을 붙여 놓았다. 원元나라 장리張理의 『대역상수구심도大易象數鉤深圖』에 동일한 방식으로 배치되어 있으며, 원元나라의 이간李簡이 지은 『학역기學易記』에는 이 그림이 "역유태극도易有太極圖"라는 이름으로 소개되어 있는데, 그 도설圖說은 상당히 다르다. '역유태극易有太極'은 『주역周易』「계사상繫辭上」에 있는 한 구절이다. 그 대목은 "역易에는 태극이 있는데 이것이 양의를 낳고 양의가 사상을 낳고 사상이 팔괘를 낳는다(易有大極, 是生兩儀, 兩儀生四象, 四象生八卦)."이며, 이 그림은 바로 이 내용을 담고 있다.

10 태극太極을 기氣라는 용어로 설명하는 이 대목에 대해 설선薛瑄의 『독서록讀書錄』이 비판한 적이 있고, 퇴계도 의혹을 가졌다.

11 그림에서 팔괘八卦의 방위는 『역학계몽易學啓蒙』의 이른바 '복희선천도伏羲先天圖'가 아닌 '문왕후천도文王後天圖'와 일치한다.

12 이 그림에서 팔괘八卦의 방위는 이른바 '복희선천도伏羲先天圖'와 일치한다.

13 『易學啓蒙』, "曰 '然則聖人之則之也奈何?' 曰 : '則河圖者, 虛其中, 則洛書者, 總其實也. 河圖之虛五與十者, 太極也 ; 奇數二十偶數二十者, 兩儀也 ; 以一二三四爲天六七八九者, 四象也 ; 析四方之合以爲乾坤離坎, 補四隅之空, 以爲兌震巽艮者, 八卦也."

14 이곳에 그려진 팔괘의 방위는 이른바 '선천도先天圖'와 일치하는 것이어서, 앞의 「역에 태극이 있음[易有太極]」이라는 그림의 팔괘 방위와 차이가 난다. 임은林隱은 이 문제에 대해 자세한 설명을 해 놓지 않았다.

15 통행본에는 이 뒤에 "움직임이 극에 달하면 고요해진다[動極而靜]"이라는 구절이 있다.

16 이 내용은 주자의 『태극도설해太極圖說解』에서 '오행五行'을 설명한 부분이다.

17 이 원은 「태극도」의 위쪽 원을 가리킨다. 흔히 이 원을 '극極'이라고 읽는다.

18 이 아래 「태극도」의 각 부분들에 대한 설명은 모두 주자朱子의 『태극도해太極圖解』를 원용한 것이다.

19 『주자어류』 권75, "如 '易有太極, 是生兩儀', 則先從實理處說. 若論其生則俱生, 太極依舊在陰陽裏. 但言其次序, 須有這實理, 方始有陰陽也. 其理則一. 雖然, 自見在事物而觀之, 則陰陽函太極 ; 推其本, 則太極生陰陽."

20 『주문공문집』 권37, 「答程可久」, "太極之義, 正謂理之極致耳. 有是理卽有是物, 無先後次序之可言. 故曰'易有太極'. 則是太極乃在陰陽之中, 而非在陰陽之外也."

21 리理가 실재한다는 관점에서 보면 양의兩儀보다 논리적으로 앞서 그 법칙으로서 리理인 태극이 존재한다고 할 수 있으며, 이런 관점에서 태극이 양의를 낳는다고 말할 수 있다는 의미이다.

22 이 원은 「태극도」의 아래에서 두 번째에 있는 원을 가리킨다.

23 남자와 여자의 탄생은 음과 양의 기氣로부터 생긴 변화라는 뜻이다.

24 이 원은 「태극도」의 가장 아래에 있는 원은 가리킨다.

25 남자의 형체를 가진 것과 여자의 형체를 가진 것 사이의 결합으로 만들어지는 것들이라는 뜻이다.

26 주자의 주석에 따르면 '신神은 양陽에서 발한다'. 신이 양에서 발하면 지각이 생긴다는 의미로 해석될 수 있을 것이다. '신神'에 대해서는 흔히 '정신'으로 번역하는데, 주자도 대체로 '신명神明'을 염두에 두고 해석한 것으로 보인다. 그렇다면 우리가 일상적으로 사용하는 정신과 비슷한 의미라고 하겠다.

27 흔히 '극極'이라고 읽는다.

28 오행五行을 말한다.

29 '회悔'는 나쁜 점을 반성하는 것이고, '린吝'은 길한 일을 행하려 하지 않는 것이다.

30 주자朱子에 따르면, '안정시키다'라는 것은 위에 나온 일반적인 사람들에게 존재하는 '어지럽게 뒤섞여 있는 움직임들'을 염두에 둔 표현이다. 즉 일반적인 사람은 길흉·회린이 뒤섞여 있는데 성인의 경우 이런 혼란을 안정시킨다는 의미이다. 중中·정正·인仁·의義는 바로 그 구체적인 방법에 해당한다. 중中과 정正은 각각 예禮와 지智를 대신하여 쓴 것으로, '적절함'과 '올바름'이다. 원주原註에 제시한 것처럼 이 네 가지가 방법이 되는 까닭은 원래 성인의 도道 자체가 인仁·의義·중中·정正이기 때문이다.

31 중中·정正·인仁·의義를 움직임과 고요함으로 구분하면 정正과 의義가 고요함에 해당한다. 주자는 이 네 가지 방법 중에서 고요함에 해당하는 이 둘을 더 근본으로 삼는다는 의미로 해석하였다. 주석에서 '욕구가 없다'라고 말한 것은 아직 구체적인 욕구가 생기지 않은 고요한 상태, 즉 미발未發의 상태를 의미한다.

32 사람이 가진 '극極'이 '인극人極'이다. 누구나 이것을 타고났지만 온전히 체현

하는 것은 성인뿐이다. 여기서 '세운다'라는 말은 그 인극을 체현하여 자신의 것으로 확립한다는 뜻이다.

33 이 원은 태극, 그 중에서도 인극을 가리킨다.

34 진덕수眞德秀(1178-1235)는 자가 실부實夫 혹은 경원景元이고 호는 서산西山이며 복건성 포성浦城 사람이다. 주자朱子를 사숙私淑하였으며 『서산독서기西山讀書記』 등을 남겼다. 그 중 『대학연의大學衍義』와 『심경心經』이 잘 알려져 있다.

35 이 주석은 송宋나라 웅절熊節이 편찬하고 웅강대熊剛大가 주석한 『성리군서구해性理羣書句解』 권1에 나오는 내용이다. 웅절의 자는 단조端操이고 건양建陽 사람으로 주자의 제자였고, 웅강대도 건양 사람으로 채연蔡淵과 황간黃榦에게 배웠으며 고계선생古溪先生이라 불렸다.

36 '원도圓圖'란 앞에 나온 『역유태극지도易有太極之圖』가 원형으로 생겼으니 이것을 지칭한다고 할 수 있겠다. 이 『역유태극도易有太極圖』를 처음 소개한 양갑楊甲의 『육경도六經圖』에서도 '역유태극도易有太極圖'라는 큰 제목 아래 먼저 『태극도』를 소개하고 이어 『역유태극도易有太極圖』를 제시하면서 '예전에 이 그림이 있었다[舊有此圖]'라고 설명하였는데, 바로 임은의 이 서술과 상당히 유사하다. 하지만 『역학계몽易學啟蒙』에서는 『복희팔괘방위도伏羲八卦方位圖』나 『문왕팔괘방위도文王八卦方位圖』 등을 '원도圓圖'라고 불렀다. 주자는 『복희팔괘방위도伏羲八卦方位圖』나 『문왕팔괘방위도文王八卦方位圖』의 가운데 빈 공간이 태극太極을 표현한다고 여겼다. 다만 '역易에 태극太極이 있다'라는 내용과 관련해서는 『역유태극도易有太極圖』와 『문왕팔괘방위도文王八卦方位圖』에 담긴 의미가 기본적으로 일치하는 것이어서 이런 일련의 그림을 포괄적으로 지칭하는 것으로 보는 것이 좋을 듯하다.

37 무극無極의 문제에 대해서는 육상산陸象山(1139-1192, 자는 子靜, 이름은 九淵)의 경우 이 개념이 도교에서 나왔다면서 비판하였다. 그는 바로 이 문제 때문에 『태극도』 전체에 대해 부정적인 입장을 보였다. '무극'을 '형체가 없음'의 의미로 설명하는 주자의 적극적인 해명으로 인해 이 문제가 일단락되었다고 보는 것이다.

38 앞에 나온 '원도圓圖', 즉 『역유태극지도易有太極之圖』를 가리키는 것으로 보인다.

39 '권圈'은 '일정한 범위'를 나타내는 말인데, 동그라미를 의미하기도 해서 거의 그의 동그라미로 이루어진 『태극도』의 경우 '동그라미'를 지칭하는 것으로 볼 수도 있다. 여기서는 '권'으로 번역하기로 한다.

40 『易・說卦』, "神也者, 妙萬物而爲言者也 ; 動萬物者莫疾乎雷, 撓萬物者莫疾乎

風, 燥萬物者莫熯乎火하고 說萬物者莫說乎澤, 潤萬物者莫潤乎水, 終萬物始萬物者莫盛乎艮, 故水火相逮, 雷風不相悖, 山澤通氣, 然後能變化, 旣成萬物也."

41 『통서해通書解』에 나오는 말이다. 임은은 이 대목을 『통서』와 『태극도』에 팔괘八卦가 나오지 않는 것에 대한 일종의 해명으로 간주하였다.

42 『論語』「述而」, "子所雅言, 詩、書、執禮, 皆雅言也."

43 장남헌張南軒(1133-1180, 자는 경부敬夫 혹은 흠부欽夫이고, 이름은 식栻)은 남헌 선생으로 불렸다. 시호가 '선宣'이어서 선공宣公으로도 불린다. 『태극해의太極解義』를 지었는데, 여러 형태로 다른 책들 속에 산재되어 있다.

44 주자의 『사서집주』는 성性과 심心의 문제 그리고 수양론에 있어 경敬의 문제 등에 대해 논하고 있는데, 주자의 이런 그 이론체계가 가까이로는 『태극도설』에 기초하고 있기 때문에 정복심은 이 『태극도설』에 대한 설명을 『사서장도찬석』의 시작하기 전에 서론처럼 둔다는 뜻이다.

45 황간黃榦(1152-1221)은 자가 직경直卿, 호가 면재勉齋이다. 이 글은 그가 지은 『조봉대부·문화각대제 증보모각직학사·통의대부 시문 주선생 행장朝奉大夫文華閣待制贈寶謨閣直學士通議大夫諡文朱先生行狀』, 즉 주자朱子의 행장에 나오는 내용이다. 황면재는 주자의 사위로 『면재집勉齋集』, 『사서통석四書通釋』 등 여러 저작을 남겼다.

46 정명도와 정이천은 황하黃河의 지류인 이천伊川와 낙수洛水 지역에서 살았기 때문에 그들을 지칭할 때 이락伊洛, 하남河南, 하락河洛, 낙洛 등으로 지칭되었다.

47 장재張載(1020-1077)는 자가 자후子厚, 이름은 횡거橫渠이다. 그는 섬서성陝西省 봉상鳳翔 미현郿縣 사람이기 때문에 그의 학문은 흔히 '관학關學'이라고 불린다.

48 『중용中庸』의 "성을 따른 것이 도道이다[率性之謂道]."라는 구절을 가리킨다. 『중용』에서는 성性을 천명天命으로부터 연역하여 설명하였다는 의미이다.

49 『맹자孟子·고자상告子上』에 "그 정情이라면 선을 행할 수 있다. 이것이 바로 이른바 선하다는 말의 의미이다[乃若其情, 則可以爲善矣, 乃所謂善也]."라고 하였다.

50 『맹자孟子·고자상告子上』에서는 "측은지심은 인이고, 수오지심은 의이며, 공경지심은 예이고, 시비지심은 지이다[惻隱之心, 仁也 ; 羞惡之心, 義也 ; 恭敬之心, 禮也 ; 是非之心, 智也]."라고 하였다. 표면적으로는 성性과 정情의 체용 관계를 무시한 듯한 표현인데, 임은은 이것을 '측은지심을 통해 인을 본다'라는 의미로 풀이하여 이 문제를 해명한 것이다.

51 허월경許月卿(1217-1286, 자는 태공太空이고 호는 천전자泉田子)은 위료옹魏了翁의 제자이고, 송宋나라 이종理宗 때 진사에 급제하여 강서 제거상평사江西提擧常平事 등을 역임하고, 가사도賈似道가 정권을 잡게 되자 말이 통하지 않아 고향으로 돌아가 저술을 하며 지냈다. 송나라가 망하자 3년간 최복衰服차림을 하고 말을 하지 않았다. 당시 사람들이 그를 산옥선생山屋先生이라고 불렀다.

52 임여서원臨汝書院은 강서성江西省 무주撫州에 있는 서원이다. 원래 남호도원南湖道院으로 불렸고, 송宋나라 순우淳祐 9년(1249)에 강서서로 제거상평차염사江西西路提擧常平茶鹽司 풍거질馮去疾이 세웠다. 요로饒魯와 정약용程若庸이 전후로 산장山長을 맡았고, 정문해程文海와 오징吳澄 등이 여기서 공부하였다.

53 주자朱子의 『중용장구中庸章句』에 『중용中庸』의 첫 장 첫 구절에 대한 해석에 나오는 표현으로, "하늘이 음양·오행으로 만물을 화생化生하여 기氣로 형체를 형성하게 되는데 리理도 또한 부여된다. 이에 사람과 다른 만물이 생성될 때 각각 그 부여된 리理를 얻어 건순健順·오상五常의 덕으로 삼으니 이른바 성性이다[天以陰陽五行化生萬物, 氣以成形, 而理亦賦焉, 猶命令也. 於是人物之生, 因各得其所賦之理, 以爲健順五常之德, 所謂性也]."라고 하였다.

54 '강건하며 그침이 없다'라는 구절을 굳이 성과 정으로 구분하고, '유순하고 항상성이 있다'라는 구절도 또한 성과 정으로 구분한 것이다. '건곤은 천지의 성정性情이다'라는 구절에서 '성정'을 굳이 성과 정으로 구분한 것인데, 굳이 그럴 필요가 없기도 하고 어색하기도 하다.

55 지知는 사람과 동물이 공통적으로 가지는 지각이나 운동을 말하고, 식識은 고등의 지성인 것으로 보인다.

56 『서명西銘』의 한 구절이다.

57 「건과 곤에 담긴 건과 순의 이치를 논함論乾坤健順之理」부터 여기까지 6편이 심의재沈毅齋(이름은 귀보貴瑤)의 논술이라는 의미이다. 다만 그 그림까지도 심의재의 것인지 명확하지는 않다. 심의재는 강서성江西省 덕흥德興 사람으로서 무원婺源 지역에서 활동한 개헌介軒 동몽정董夢程의 제자이고, 개헌은 황면재黃勉齋의 제자이다. 그의 제자로는 물재勿齋 정약용程若庸(자는 달원達原)이 있다. 물재는 신안新安의 휴녕休寧 사람으로 쌍봉雙峰 요로饒魯의 제자이기도 하며, 안정서원安定書院, 임여서원臨汝書院, 무이서원武夷書院의 산장山長을 역임하였다. 서원의 산장은 당시에 일종의 관직이었다.

58 『朱文公文集』 卷67, 『元亨利貞說』.

59 '사랑하다'는 측은을 대신해서 쓴 말이고, '미워하다'는 '자신의 악을 부끄러워

하고 남의 악을 미워하다'의 준말이고, '알다'는 '옳고 그름을 안다'라는 의미이다. 모두 사단四端을 이렇게 표현한 것이다.

60 원문은 '主'인데, 성과 정을 가진 당사자를 가리킨다.

61 『이정유서二程遺書』에 나오며 정명도程明道의 말로 알려져 있다. 여기서 '체體'는 당사자라는 의미로서 어떤 개념이 지칭하는 형이하의 실체를 가리킨다. '역易'은 형이하의 세계 전체를 지칭한다. 이 형이하의 세계의 법칙에 해당하는 것이 리理이고 그 신묘한 작용을 지칭할 때는 신神이라고 한다.

62 원문에는 없는데 문맥을 살펴 보충하였다.

63 사람의 경우 기器는 몸이고, 도道는 본성이다.

64 체體는 당사자라는 의미이다. 오장이 몸과 관련한 이런저런 개념의 실제 당사자라는 뜻이다.

65 의재毅齋 심귀보沈貴珤를 가리킨다.

66 원문에는 '理'로 되어 있다.

67 원문에는 '是'로 되어 있다.

68 원문에는 '然惡'으로 되어 있다.

69 원문에는 '人性'으로 되어 있다.

70 원문에는 '亦不'로 되어 있다.

71 원문에는 '理'로 되어 있다.

72 정복심의 설명에 따라 이렇게 해석하였다.

73 원문에는 '理'로 되어 있다.

74 원문의 주석에 "후직이 몸집이 크고 키가 컸던 것이나 월초越椒가 처음 태어났을 때 그가 나중에 필시 약오씨를 멸망시키게 될 것임을 사람들이 알아보았던 것과 같은 사례들이다(后稷之克岐克嶷, 於越椒始生, 人知其必滅若敖氏之類)."라는 내용이 있다.

75 이 이하에 언급되는 성性은 '사람이 막 태어나 고요한 상태' 이상의 것에 속하는 본성이다.

76 『중용中庸』의 첫 세 구절인 "하늘이 명한 것을 성이라고 하고, 성을 따른 것이 도이고 도에 맞게 다듬은 것이 교이다[天命之謂性, 率性之謂道, 修道之謂教]."를 가리킨다. '나'는 사람의 자의적인 판단이나 인위적인 노력을 의미한다.

77 『이정유서二程遺書』 권1에 있는 내용이다.

78 의재毅齋 심귀보沈貴珤를 가리킨다.

79 문자 그대로는 '어디서 왔느냐'라는 의미이지만, 여기서는 어떤 존재자가 어

면 이유로 존재하게 되었느냐의 문제이다.

80 『맹자孟子·고자상告子上』에 나오는 내용이다. "불선을 행하는 것은 재才의 죄가 아니다[若夫爲不善, 非才之罪也]."

81 『이정유서二程遺書』 권18에 나오는 내용이다. "性無不善, 而有不善者才也. 性卽是理. 理則自堯·舜至於涂人, 一也. 才稟於氣, 氣有淸濁. 稟其淸者爲賢, 稟其濁者爲愚."

82 사람을 완전한 형체로 상정하고, 사람에 비해 형체가 다르게 생긴 만물에 대해서는 형체의 차이에 따라 그만큼 제약이 있는 것으로 보는 것이다.

83 한유韓愈는 성性은 인·의·예·지·신 등 오성五性으로 구성되어 있고, 이 성을 구현하는 데는 세 등급, 즉 삼품三品이 있다고 하였다. 『원성原性』, 性也者, 與生俱生也 ; 情也者, 接於物而生也. 性之品有三, 而其所以爲性者五 ; 情之品有三, 而其所以爲情者七. 曰何也? 曰性之品有上中下三, 上焉者善焉而已矣, 中焉者可導而上下也, 下焉者惡焉而已矣. 其所以爲性者五, 曰仁曰禮曰信曰義曰智. 上焉者之於五也, 主於一而行於四 ; 中焉者之於五也, 一不少有焉, 則少反焉其於四也 ; 混下焉者之於五也, 反於一而悖於四.

84 『주역본의周易本義』, "天地之間, 本一氣之流行而有動靜爾. 以其流行之體統而言, 則但謂之乾, 而無所不包矣 ; 以其動靜分之, 而後有陰陽剛柔之別也."

85 『주역본의周易本義』, "夫陰陽者, 造化之本, 不能相無, 而消長有常, 亦非人所能損益也. 然陽主生, 陰主殺, 則其類有淑慝之分焉. 故聖人作『易』, 於其不能相無者, 既以健順仁義之屬明之, 而無所偏主, 至其消長之際、淑慝之分, 則未嘗不致其扶陽抑陰之意焉. 蓋所以贊化育而參天地者, 其旨深矣."

86 『이정유서二程遺書』 권15, "天地之間, 只有一箇感與應而已."

87 『정몽正蒙』「삼양편三兩篇」, "若陰陽之氣, 則循環迭至, 聚散相盪, 升降相求, 絪縕相揉. 蓋相兼相制, 欲一之而不能."

88 『이정유서二程遺書』 권11, "乾, 陽 〈一有物字〉也. 不動則不剛. 其靜也專 〈專一〉, 其動也直 〈直遂〉. 不專一則不能直遂. 坤, 陰 〈一有物字〉也. 不靜則不柔 〈不柔一作歸〉. 其靜也翕 〈翕聚〉, 其動也闢 〈發散〉. 不翕聚則不能發散.

89 이 대목은 『신간성리대전新刊性理大全』에 수록되어 있는데, 의재毅齋 심귀보沈貴珤의 말이라고 표시되어 있다. "自動靜而言之, 則主乎陰. 所謂 '乾不專靜, 則不直遂 ; 坤不翕合, 則不發散', 是也. 自小大言之, 則陽常兼陰, 陰不兼陽, 又豈可以並言哉! 論其分, 則陽一而陰二, 陽尊而陰卑也. 在人, 則君臣父子之分也. 論其氣, 則陽始而陰成, 陽唱而陰和也. 在人, 則子弟臣妾之類也." 청淸나라 왕

식王植이 지은 『정몽초의正蒙初義』에도 실려 있다.

90 형이상形而上은 현상세계 너머의 것이라는 뜻이고, 형이하形而下는 현상세계를 가리킨다. 현상세계 너머의 것이기 때문에 물리적으로는 '비어 있다'라고 하는 것이고, 현상세계의 것이기 때문에 물리적으로 존재한다는 의미에서 '실하다'고 한다. 기器는 현상세계에 존재하는 모든 것을 말하는 것으로, 형이상의 것인 도道를 싣는 도구라는 의미이다. 여기에는 음양의 기氣도 포함된다.

91 이는 기氣와 리理의 관계를 말한 것이며, 도道와 기器도 이와 동일한 관계라는 의미이다.

92 "태극太極은 본연本然의 묘妙이고, 동정動靜은 타는 기틀이다"라는 번역은 문맥을 고려한 것이다. 이 구절에 대해서 흔히 태극太極을 리理로, 동정動靜을 기氣로 상정하여 번역하는데, 여기서는 움직임과 고요해짐이 '기氣'를 탄다고 설명하고 있으므로 움직임과 고요해짐을 태극의 두 가지 내용으로 상정하여 번역하였다. 이른바 움직임의 리理나 고요해짐의 리理를 가리킨다고 하겠다.

93 『정몽正蒙』 권2, 「삼양편參兩篇」에 나오는 말이다. 여기서 '신神'은 흔히 '신묘하다'라는 형용사로 해석하는데, 아래의 설명에 따르면 이 신神은 실체가 되어야 할 것 같다. 그리고 장횡거張橫渠의 이 말 자체가 기氣에 대한 형용이어서 이것을 리理의 차원에서 설명하는 본문의 이론과는 다소 차이가 있어 보인다. 참고로 원문을 주자의 설명대로 해석하면 다음과 같다. "하나이면서 두 가지 몸이 있는 것이 기氣이다. 하나이기 때문에 신묘한 것이고두 곳에 존재하므로 헤아릴 수 없는 것이다, 둘이기 때문에 변화할 수 있는 것이니하나에 의해 운행되어진다, 이것이 하늘은 셋이라고 하는 까닭이다[一物兩體, 氣也. 一故神兩在故不測, 兩故化推行於一, 此天之所以參也]."

94 『정몽正蒙』 권2, 「신화편神化篇」에 나오는 말이다. 원문에서는 기氣에 대한 설명이다. "기氣에는 음陰과 양陽이 있다. 밀어나가기가 점진적인 것이 화化이고, 합일되어 있어 헤아릴 수 없는 것이 신神이다[氣有陰陽, 推行有漸爲化, 合一不測爲神]."

95 기氣는 양이고, 질質은 음이라는 관점에서 이렇게 설명한 것이다.

96 『주역周易』 건괘乾卦의 괘사卦辭는 "원형리정元亨利貞"인데, 성리학자들은 흔히 이 중 '원元'과 '형亨'은 양에 속하고, '리利'와 '정貞'은 음에 속한다고 한다. 곤괘坤卦의 괘사卦辭는 "원형리빈마지정元亨利牝馬之貞"이다.

97 원문은 '以'인데, 문맥을 살펴 '火'로 고쳐 번역하였다.

98 『주역周易』의 리괘離卦와 감괘坎卦는 각각 불과 물을 상징한다. 리괘는 세 효爻

중에서 아래와 위는 양효陽爻이고 가운데가 음효陰爻이며, 감괘는 아래와 위는 음효이고 가운데가 양효이다.

99 주역周易의 6효는 아래부터 초위初位, 이위二位, 삼위三位, 사위四位, 오위五位, 상위上位로 읽는다. 복괘復卦는 초위만 양陽의 효爻이고, 나머지 다섯 위位는 모두 음의 효이다. 괘기설卦氣說에서는 12개의 괘를 선정하여 12개월에 비유하는데, 여섯 위가 모두 음의 효 곤괘坤卦는 음력 10월이고 초위가 양의 효인 복괘는 11월이라고 한다. 그래서 복괘에 대해 양이 초위에서 생겼다고 하는 것이다.

100 소설小雪은 음력으로 10월 20일 경으로 곤괘坤卦의 시작이며, 동지冬至는 음력으로 11월 20일 경으로 복괘의 시작이다.

101 다른 사물이 어떤 반응을 하도록 자극하는 것을 말한다.

102 '무극無極 이전'이란 무극의 상태를 말한다. 이때는 음과 양이 나뉘지 않다가 움직임과 고요해짐이 생기면서 음과 양이 나뉘게 된다는 것이다. 『태극도太極圖』에서 제일 위쪽의 '무극이면서 태극이다[無極而太極]'라고 설명되어지는 것이 이른바 '무극 이전'이고, 흔히 '음양권陰陽圈'이라고 부르는 위에서 두 번째 부분이 음과 양이 나뉘는 단계이다. 이것은 이른바 우주발생론적인 설명방식인데, 이 글의 저자는 이런 우주발생론적인 설명이 한편으로 유효하다고 지적하고 있다.

103 『이정유서二程遺書』 권11, 乾, 陽 〈一有物字〉也. 不動則不剛. 其靜也專 〈專一〉, 其動也直 〈直遂〉. 不專一則不能直遂. 坤, 陰 〈一有物字〉也. 不靜則不柔 〈不柔一作歸〉. 其靜也翕 〈翕聚〉, 其動也闢 〈發散〉. 不翕聚則不能發散.

104 『역易』 곤괘坤卦의 내용이다.

105 『역易』 건괘乾卦의 문언전文言傳에 나오는 내용이다. '덕을 진전시킴'에 대해서 '충신忠信을 쌓아가는 것'이라고 설명하였는데, 이것은 행行의 측면이고, '업業을 닦음'에 대해서 '말을 가려서 하고 뜻을 돈독히 하는 것'이라고 설명하였는데, 이것은 지知의 측면이다. '업'이란 지속적으로 종사하는 일을 가리키므로, 학자인 경우 학업이라고 번역할 수 있겠다. "九三曰 '君子終日乾乾, 夕惕若厲, 无咎', 何謂也? 子曰'君子進德脩業. 忠信, 所以進德也 ; 修辭立其誠, 所以居業也.'"

106 『역易』 곤괘坤卦의 문언전文言傳에 나오는 내용이다. "君子敬以直內, 義以方外. 敬義立而德不孤."

107 『역易』 건괘乾卦의 괘사卦辭는 "원형리정元亨利貞"이다. 이 구절을 "크게 형통하

고 곧음이 이롭다"라고 하였다. 임은은 이것에 대해 그 이로움이 특정한 사안에 대한 것이 아니라 모든 일에 해당한다는 뜻으로 본 것이다. 『역易』 곤괘坤卦의 괘사는 "元亨利牝馬之貞"이다. 이 구절을 "크게 형통하고 암말의 곧음이 이롭다"라고 해석한 것이다.

108 기수奇數는 양陽이고 건乾이며, 우수偶數는 음陰이고 곤坤이다. 10을 완성된 수로 상정하고 하는 말이다.

109 『역易』「계사상전繫辭上傳」에 있는 말이다. 강과 유가 갈려서 사상이 되고, 이것이 다시 갈려서 팔괘가 되며, 팔괘가 섞여서 64괘가 된다는 의미이다.

110 『정몽正蒙』「태화편太和篇」에 있는 내용이다. "其陰陽兩端循環不已者, 立天地之大義."

111 『역易』「계사상전繫辭上傳」에 있는 말이다.

112 『정몽正蒙』「태화편太和篇」에 있는 내용이다. "游氣紛擾, 合而成質者, 生人物之萬殊."

113 『역易』「계사상전繫辭上傳」에 있는 말이다.

114 『역易』「계사상전繫辭上傳」에 있는 말이다. 한번 음이 되고 한번 양이 되는 도道를 그대로 이어 가는 것이 선善이라는 뜻인데, 아직 무엇이 된 것이 아니라 과정 중에 있는 것이어서 흔히 '움직임'에 해당하는 것으로 간주된다.

115 『역易』「계사상전繫辭上傳」에 있는 말이다.

116 『역易』「계사상전繫辭上傳」에 있는 말이다. 어떤 성향으로 형성지어지게 되는 완결된 것이기 때문에 '고요해짐'에 해당하는 것으로 간주된다.

117 채구봉蔡九峰(1167-1230, 자는 중묵仲默, 이름은 침沈)은 채원정蔡元定의 둘째 아들이며 주자朱子에게 배웠고, 『서집전書集傳』을 완성하였다.

118 『역易 · 계사상전繫辭上傳』에 있는 구절이다.

119 성리학자들은 도교의 허무虛無와 불교의 적멸寂滅은 정말 아무 것도 없는 완전한 무無를 의미한다고 여긴다.

120 채절재蔡节斋(1156-1236, 자는 백정伯静, 이름은 연渊)는 채원정의 맏아들로 무이정사武夷精舍와 창주정사滄洲精舍에서 주자에게 배웠다.

121 『역易 · 계사상전繫辭上傳』에 나오는 내용이다. "신神은 일정한 방소方所가 없고 역易은 형체가 없다[神无方而易无體]."

122 『민중리학연원고閩中理學淵源考』, 節齋蔡氏曰 : "'易有太極', 易, 變易也. 夫子所謂無體之易也. 太極, 至極也. 言變而無體而有至極之理也. 先儒皆以太極二字, 便爲萬化之原, 而於易之一字, 但目爲易書. 故周子太極圖說, 特以 '無極而

太極' 發明 '易有太極' 之旨. 其所謂 '無極而太極' 者, 蓋亦言其無體之易, 而有至極之理也. 是其無極之真, 實有得於夫子之一言, 而或者以爲周子妄加者, 謬也."

123 『주문공문집朱文公文集』 권36, 「答陸子靜」, "'無極而太極', 猶曰 '莫之爲而爲莫之致而至', 又如曰 '無爲之爲', 皆語勢之當然, 非謂別有一物也. 〈向見欽夫有此說, 嘗疑其贅, 今乃正使得著, 方知欽夫之慮遠也.〉 其意則固若曰 '非如皇極民極屋極之有方所形象, 而但有此理之至極耳.' 若曉此意, 則於聖門有何違叛而不肯道乎? 上天之載, 是就有中說無, 無極而太極, 是就無中說有. 若實見得, 卽說有說無, 或先或後, 都無妨礙. 今必如此拘泥, 强生分別, 曾謂不尙空言, 專務事實, 而反如此乎?"

124 주자朱子를 가리킨다. 만년에 복건성福建省 건양建陽의 고정考亭에서 창주정사滄洲精舍를 지어 지냈기 때문에 이렇게 부른 것이다.

125 채원정蔡元定(1135-1198)은 자가 계통季通이고 주자朱子의 제자이며, 사람들이 그를 서산선생西山先生이라고 불렀다. 『주역周易』에 밝았으며 『율려신서律呂新書』·『황극경세지요皇極經世旨要』 등을 저술하였다.

126 위의 두 말은 모두 『주자어류朱子語類』 권93에 있는 내용이다.

127 『주문공문집朱文公文集』 권36, 「답육자정答陸子靜」에 나오는 내용이다. "아무도 그렇게 하지 않는데 그렇게 되며 아무도 이르게 하지 않았는데 이른다"라는 표현은 『맹자孟子』 「만장상萬章上」에 나오는 말이다.

128 '리理'는 모든 만물이 동일하지만 개별적으로는 차이가 난다는 뜻이다.

129 건곤乾坤이란 천天과 지地의 속성을 표현하는 말로서 양陽과 음陰을 대표하는 것이다. 『서명도』 부분의 주석은 한국사상연구소 편, 『역주와 해설 성학십도』에 수록된 역자의 주석을 활용하였다.

130 퇴계는 「西銘證講義」에서 '나'라는 말의 의미를 정확히 이해해야 한다고 강조하고 있다. 즉 「西銘」에 나오는 10번의 '여予'와 '오吾'는 곧 나를 가리키는 말이지만 이는 사적인 나를 가리키는 것은 아니며, 또한 단순히 횡거橫渠가 자신을 칭했거나 혹 일반인을 가리키는 것으로 이해하지 말고 반드시 나의 일이라고 자임해야 그 뜻을 제대로 이해할 수 있다는 것이다. 「西銘」이 본래 인仁의 체를 형용한 것임에도 불구하고 횡거가 '나'라는 말을 많이 쓴 것은 반드시 먼저 자기 자신이 원천과 근본이 되고 주재가 되어야 비로소 물아物我가 일리一理여서 서로 매우 절실하게 상관되어 있다는 뜻을 알 수 있고, 저 몸속에 가득찬 것이 측은지심이어서 그것이 모든 것을 꿰뚫어 흘러 막힘이 없으

며 두루 하지 않는 곳이 없게 되니 바야흐로 이것이 인의 실체이기 때문이라는 것이다.

131 이 문장을 직역하면 "천지에 가득 찬 그것을 나는 체로 삼았다."이다. 위 번역문은 이를 의역한 것이다. '천지에 가득 찬 것'이란 맹자(『孟子』「公孫丑上」)의 "기氣는 몸에 충만한 것이다(氣, 體之充也)."라는 것과 또 "그 기운은 지극히 크고 지극히 강剛하니 곧음으로써 기르고 해치지 않으면 천지 사이에 가득 차게 된다(其爲氣也至大至剛, 以直養而無害, 則塞於天地之間)."에서 나온 것으로 곧 음양의 기를 가리킨다.

132 『맹자孟子』「공손추상公孫丑上」에서 "지志는 기를 이끄는 것이다(志, 氣之帥也)."라고 하였다.

133 가상家相은 집안의 살림을 맡아보는 가신들의 우두머리이다.

134 『맹자孟子』「이루상離婁上」에서 "사람마다 자기 어버이를 어버이로 모시고 자기 어른을 어른으로 모시면 천하가 다스려진다(人人親其親, 長其長, 而天下平)."라고 하였고, 『孟子』「梁惠王上」에서 "내 집안 어린이를 어린이로 돌보는 일이 남의 집 어린이에게까지 미치게 된다면, 천하는 손바닥 안에서 다스릴 수 있다(幼吾幼, 以及人之幼, 天下可運於掌)."고 하였다.

135 『주역周易』「건괘문언乾卦文言」에 "대인이란 천지와 더불어 그 덕이 합치된 자이다(夫大人者, 與天地合其德)."라고 하였다.

136 『맹자孟子』「양혜왕하梁惠王下」에서 "늙어서 아내가 없는 것을 홀아비라고 하고, 늙어서 남편이 없는 것을 과부라고 하며, 늙어서 자식이 없는 것을 고독한 사람이라고 하고, 아버지가 없는 아이를 고아라고 한다. 이 네 가지는 천하에서 곤궁한 사람으로 의지할 데 없는 사람이다."라고 하였다.

137 『시경詩經』「주송·아장周頌·我將」에 "내가 이른 아침부터 밤늦게까지 하늘의 위엄을 두려워하여 이에 하늘의 뜻을 보존한다(我其夙夜, 畏天之威, 于時保之)."라고 하였으며, 「大雅·文王·文王有聲」에 "자손을 위한 계책을 세워 공경하는 자식을 편안하게 한다(貽厥孫謀, 以燕翼子)."라고 하였다. 주자는 「西銘解」에서 '于時保之'를 "하늘을 두려워하여 스스로 하늘이 내려주고 살펴보는 뜻을 보존한다."라고 해석하였다. 여기에서는 이것들을 종합하여 번역하였다. 퇴계는 '천도를 즐긴다'와 앞의 '하늘을 두려워한다'를 성인과 현인의 일로 대비하여 봐야 한다고 하였다.

138 『주역周易』「계사상繫辭上」 4장에 "천도를 즐기고 천명을 알기 때문에 근심하지 않는다(樂天知命, 故不憂)."라고 하였고, 『左傳』에서 영고숙潁考叔을 '순효純孝'

라고 하였다. 여기에서의 번역은「西銘解」의 '부모를 사랑하는 마음이 순수한 것'이라는 풀이에 따른 것이다.

139『논어論語』「이인里仁」에서 "군자는 밥 먹는 사이에도 인을 어기지 않는다(君子無終食之間違仁)."라 하였고,『孝經』에 "자기 어버이를 사랑하지 않고, 남을 사랑하는 자를 패덕悖德이라 한다(不愛其親而愛他人者, 謂之悖德)."라고 하였다. 여기에서는「西銘解」의 "천리를 따르지 않고 인욕을 따르는 자는 그 어버이를 사랑하지 않고 다른 사람을 사랑한다. 그래서 패덕이라 한다."라는 풀이를 따랐다.

140『논어論語』「위령공衛靈公」에 "지사와 인자는 자신이 살자고 인을 해치지 않는다(志士仁人, 無求生而害仁)."라고 하였고,『孟子』「梁惠王下」에 "인을 해치는 자를 적이라 한다(賊仁者謂之賊)."라고 하였다.

141『좌전左傳』에 "혼돈渾敦·궁기窮奇·도올檮杌 3족이 있는데, 다 부재不才한 족속들이라 대대로 흉악한 짓을 하여 그 악명惡名을 더하였다."고 하였다. 부재란 여기에서 비롯된 말이다.

142 이는 천형踐形에 대한 번역이다.『孟子』「盡心上」에 "형색形色은 천성이다. 성인이 된 뒤에야 형색을 다 실현할 수 있다(形色天性也, 惟聖人然後, 可以踐形)."라고 하였다. 그래서 천형이란 타고난 본성을 다 실현한다는 개념어로 사용된다.

143 '닮았다'는 초肖의 번역이다.『書經』「說命」에 "열說이 부암의 들판에 살고 있었는데 오직 꿈에 본 모습과 닮았다(說築傅巖之野, 惟肖)."라고 하였다.

144『주역周易』「계사하繫辭下」 5장에 "신묘함을 궁구하고 조화를 아는 것이 덕의 성대함이다(窮神知化, 德之盛也)."라고 하였고,『中庸』에 "효라는 것은 부모의 뜻을 잘 계승하고 부모의 일을 잘 따르는 것이다(夫孝者, 善繼人之志, 善述人之事者也)."라고 하였다. 이 문장에서의 '그[其]'는 곧 만물의 부모인 천지를 가리킨다. 그래서 하늘이라고 번역하였다.

145『시경詩經』「대아·탕·억大雅·蕩·抑」의 "네가 방에 있는 것을 볼 때에도 거의 방구석에 부끄럽지 않게 할지니(相在爾室, 尙不愧于屋漏)."와,『詩經』「小雅·祈父·小宛」에서 "나는 날마다 힘쓰고 너는 달로 나아가, 아침 일찍 일어나고 밤 늦도록 노력하여 너를 낳아준 부모를 욕되게 하지 말라(我日斯邁, 而月斯征, 夙興夜寐, 無忝爾所生)."를 인용한 것이다.

146『맹자孟子』「진심하盡心下」에 "마음을 보존하고 본성을 기르는 것이 하늘을 섬기는 것이다(存其心, 養其性, 所以事天也)."라고 하였고,『詩經』「大雅·蕩·蒸民」

에 “밤낮으로 게을리 하지 않아 한 사람을 섬겼도다(夙夜匪懈, 以事一人).”라고 하였다. 주자에 따르면 ‘보존한다[存]’는 것은 잡아지켜 놓아버리지 않는다는 것이오, ‘기른다[養]’는 것은 본성에 순응하여 해치지 않는다는 것이다. 이 구절에 대해 퇴계는 “이는 횡거橫渠가 효자가 부모를 섬기는 일로써 하늘을 섬기는 것을 게을리 하지 않는 것에 비유한 것이다.”라 하였다.

147 『맹자孟子』「이루하離婁下」에 “우禹는 맛있는 술을 싫어하고 선한 말을 좋아하였다(禹惡旨酒而好善言).”라 하였다. 우의 아버지 곤鯀이 숭崇의 백伯으로 봉해졌기 때문에 숭백의 아들이란 곧 우를 말하는 것이다. 『孟子』「離婁下」에 “바둑 두고 술 마시기 좋아하며 부모 봉양을 돌아보지 않는다(博奕好飮酒, 不顧父母之養).”라는 말이 있다. 우禹가 맛있는 술을 싫어하였다는 고사는 『戰國策』에 나와 있다.

148 영고숙은 춘추시대 정鄭나라 장공莊公의 신하이다. 장공의 어머니는 장공을 미워하고 동생인 공숙단共叔段을 편애하였다. 장공은 공숙단이 반란을 일으킨 일 때문에 어머니를 영성潁城에 가두어 두고 맹서하기를, “황천黃泉에 가지 않으면 서로 만나보지 않겠다.”고 하였는데, 그 뒤에 장공은 이것을 후회하였다. 영고숙이 이 소식을 듣고 장공을 찾아뵈었다. 장공이 식사대접을 하자 영고숙은 고기반찬과 국을 상에서 내려놓으면서 “이것으로써 저의 어머님께 드리려고 합니다.”라고 하였다. 장공이 말하기를 “그대는 어머니가 있는데 나는 없구나.” 하며 슬퍼하자, 영고숙이 그 까닭을 물었다. 장공이 앞뒤 사정을 이야기하니, 영고숙이 말하기를 “그러면 땅 속을 파서 샘을 이루게 하고 굴을 뚫고 서로 만나보면 누가 잘못이라 하겠습니까?” 하였다. 장공은 그 말대로 땅굴을 뚫고 어머니를 만나 뵈었다. 이로부터 어머니와 아들 사이의 정이 다시 회복되어 즐거움이 충만하였다. 『春秋左氏傳』에서 이를 평하여 말하기를, “영고숙은 순수한 효자다. 어머니를 사랑하여 장공에게까지 영향을 끼쳤다. 『詩經』에서 ‘효자가 끊이지 않아서 길이 너와 같은 무리를 잇게 한다.’고 하니 이것을 말한다(考叔, 純孝也. 愛其母, 施及莊公. 詩曰 : 孝子不匱, 永錫爾類, 其此之謂乎!)”고 하였다. 시는 『詩經』「大雅·生民·旣醉」에서 인용한 것이다.

149 『맹자孟子』「이루상離婁上」 28장에 “순이 어버이 섬기는 도를 다하니, 고수瞽瞍(순의 아버지)가 기뻐하였다(舜盡事親之道, 而瞽瞍底豫).”라고 했다. 퇴계는 「西銘考證講義」에서 “군자가 하늘을 이와 같이 섬기면 하늘을 감격시키는 공이 순이 어버이를 기쁘게 한 공과 같을 것이다.”라고 하였다.

150 진晉나라 헌공獻公이 여희驪姬의 참소를 듣고 태자 신생申生을 죽이려 하였다.

어떤 사람이 신생에게 변명을 하라고 권했으나 불가하다 하였고, 다른 나라로 도망하라고 권했으나 역시 듣지 않고 자살하였다. 뒤에 시호를 공恭이라고 하였다.

151 이는『예기禮記』「제의祭義」의 "부모가 온전하게 낳아 주신 몸이니 자식이 마땅히 온전하게 가지고 돌아가야 한다(父母全而生之, 子全而歸之)."라는 것과,『孝經』의 "신체와 머리카락과 피부는 부모에게서 받은 것이니, 감히 손상시키지 않는 것이 효도의 시작이오, 몸을 세워 도를 행하여 후세에 이름을 남겨 부모를 드러나게 하는 것이 효의 완성이다(身體髮膚, 受之父母, 不敢毁傷, 孝之始也; 立身行道, 揚名於後世, 以顯父母, 孝之終也)."라는 것과, 증자曾子가 죽음에 임해 제자들에게 "나의 발을 펴보고 나의 손을 펴보아라 … 詩에서 '전전긍긍하여 마치 깊은 심연에 임한 듯 얇은 얼음을 밟는 듯'이라 하였는데 이제야 나는 불효를 면한 줄 알겠노라."라는 말을 종합한 것이다. 퇴계는 이 구절을 "이것은 사람이 하늘로부터 받은 본성을 온전히 체현하고 돌아가면 하늘에 대해 증삼과 같은 효가 된다는 것을 말한 것이다."라 하였다.

152 백기伯奇는『시경詩經』에 나오는 윤길보尹吉甫의 아들이다. 길보가 후처後妻의 말을 듣고 아들을 내쫓으니 백기는 이른 아침녘에 들판에 나가 거문고를 들고 '이상조履霜操'란 가곡을 부르며 노래하다가 강물에 투신하여 자살하였다고 한다.『안씨가훈顔氏家訓』「후취後娶」에 길보와 백기의 고사가 수록되어 있다. 퇴계는 이 구절에 대해 "사람이 하늘에 대해 동서남북 어디서나 오직 그 명을 따른다면 곧 하늘에 대해 백기같은 사람이 된다는 것이다."라 하였다.

153 주周나라 여왕厲王 때 대부들이 서로 경계한 시인,『시경詩經』「대아·생민·민로大雅·生民·民勞」의 "왕께서 그대를 옥과 같이 애지중지하려 하시니 이 때문에 크게 간언을 한다(王欲玉女, 是以大諫)."에서 유래한 말이다.

154 이 구절에 대해 주자는 "효자는 살아 있을 때는 그 부모를 섬기는 것이 그 뜻을 어기지 않는 것이오 죽을 때는 편안하여 부모에게 부끄러운 바가 없어야 하며, 인인仁人은 살아 있을 때는 그 하늘을 섬기는 것이 하늘의 이치를 어기지 않는 것이오 죽을 때는 편안하여 하늘에 부끄러운 바가 없어야 하는 것이니, 이는 공자의 '아침에 도를 들으면 저녁에 죽어도 좋다.'는 것과 증자의 '역책易簀'의 고사에서 말한 '내가 바른 예를 지키면서 죽을 수 있다면 이로써 된 것이다.'라는 것이다."라 하였다. 퇴계는「西銘考證講義」에서 '내가 바른 예를 지키면서 죽을 수 있다면 이로써 된 것이다.'에 대한 보충설명으로, 주자의 "옛사람은 예법을 삼가 죽고 사는 지경에서도 자신이 지키는 신념을 바꾸지

않는 것이 이와 같았다. 그래서 사람들로 하여금 한 가지라도 옳지 않은 일을 하거나 한 사람이라도 죄 없는 사람을 죽임으로써 천하를 얻게 되더라도 하지 않는다는 마음을 가지게 하였으니, 이것이 긴요한 곳이다."라고 한 말을 인용하였다. 퇴계는 이와 같이 하늘의 이치를 어기지 않고 하늘에 부끄럽지 않다는 말의 구체적인 내용을 밝혔다.

155 실천을 의미한다.

156 수양을 의미한다.

157 원문은 '富貴'이지만 문맥을 고려하여 '富貧'으로 고쳐 번역하였다.

158 이 부분은 현재의 덕신서당본에는 없는데, 교정본으로 보충하였다.

159 우리말 어순으로는 "자신을 탓할 줄" 다음에 있어야 한다. 정복심은 사안 사이의 관련성에 그림을 이렇게 배열하였다.

160 『정몽초의正蒙初義』 권17에 이 내용이 실려 있다. "沈毅齋先生詳述朱子之説, 謂 : "此篇大指不越 '過'、'故' 二字." 且曰 : "有心謔浪之謂戱, 無心差失之謂過. 本有心而掩之以無心, 則以故爲戱, 而至於長傲 ; 本無心而誣之以有心, 則以過爲誠, 而至於遂非. 是愚之甚者也. 戱不可有, 朱子推其原而謂之故, 欲人深戒於言動未發之先, 以爲正心誠意之本 ; 過不能無, 朱子指其流而謂之過, 欲人自咎於言動已失之後, 以爲遷善改過之機. 其誨人之意深矣!"

저자 소개

정복심程復心

1255년 중국 강서성江西省 무원婺源 출생.
신안학파新安學派인 주홍범朱洪範의 제자로 같은 학파인 심귀보沈貴珤의 영향을 많이 받음.
20대부터 40대까지 "사서장도四書章圖"와 "사서찬석四書纂釋"을 저술하고 1302년에 서문을 작성함.
1308년부터 그의 저술이 지방관의 추천을 받기 시작하여
1313년에는 무원의 국립학교 교수에 임용되었으나 부임하지는 않고 이 직함을 가진 채 퇴임함.
1337년에 복건성福建省 건양建陽의 덕신서당德新書堂에서 그의 저작이 『사서장도찬석四書章圖纂釋』이라는 이름으로 출판됨.
1340년에 세상을 떠남.

역자 소개

전병욱田炳郁

1969년 경남 의령 출생.
1992년 고려대학교 한문학과 입학, 1995년 고려대학교 철학과 석사학위, 2008년 고려대학교 철학과 박사학위(「朱子 仁論 체계와 工夫論의 전개」).
고려대학교 철학연구소 연구교수를 거쳐, 현재 중국 강서성 南昌大學校 江右哲學硏究中心의 연구교수로 재직 중이다.
중국과 한국의 성리학 관련 논문을 20여 편 발표하였다.
번역서로 『양명철학』(2003) 등이 있고, 공동 저술로 『역주와 해설 성학십도』(2009)가 있다.
한국고전번역원의 번역위원으로 《승정원일기》 번역에 참여하고 있다.

四書章圖 隱栝總要 上